漢字マスター N1 改訂版

Kanji for advanced level

アークアカデミー 編著

KANJI

三修社

漢字マスターN1 目次

はじめに	8
本書の特長	10
学習の進め方	11

必修編 …… 19

1章 …… 20
- 行為-1
  - 撮 拭 貼 磨 塗 浸 扱 為　□（　/　）…… 20
  - 聴 眺 叱 黙 唱 狙 蓄 操　□（　/　）…… 21
  - 掲 伏 隠 潜 駆 踏 跳 躍　□（　/　）…… 22
  - 添 伴 裂 奪 妨 遮 抑 揺　□（　/　）…… 23
  - 挑 尽 耐 悟 焦 慌 諦 誓　□（　/　）…… 24
  - 1章 復習　問/30問（　/　）…… 25

2章 …… 26
- 行為-2
  - 履 締 削 砕 挿 挟 縫 覆　□（　/　）…… 26
  - 遂 偽 控 輝 慎 憩 惑 諭　□（　/　）…… 27
  - 及 紛 免 併 劣 隔 興 漬　□（　/　）…… 28
  - 忍 狂 粘 惜 嘆 驚 奮 貪　□（　/　）…… 29
  - 尋 促 譲 陥 侮 辱 褒 慰　□（　/　）…… 30
  - 2章 復習　問/30問（　/　）…… 31
  - 1章・2章 アチーブメントテスト　/100（　/　）…… 32
  - 1章・2章 クイズ　　（　/　）…… 34

3章 …… 36
- 人間関係
  - 嫁 婿 縁 戚 系 姻 伯 叔　□（　/　）…… 36
  - 紳 淑 嬢 婆 涯 侶 恩 孝　□（　/　）…… 37
  - 称 俺 郎 己 扶 匿 孤 寂　□（　/　）…… 38
  - 慈 慕 懐 銘 誇 悦 慮 哀　□（　/　）…… 39
  - 憧 羨 憤 慨 嫉 妬 怪 恨　□（　/　）…… 40
  - 3章 復習　問/30問（　/　）…… 41

4章 …… 42
- 食・住
  - 桃 柿 芋 栗 旬 房 絞 盆　□（　/　）…… 42
  - 沸 騰 煮 炊 揚 炒 蒸 漬　□（　/　）…… 43
  - 舎 垣 邸 亭 郊 棟 倉 綱　□（　/　）…… 44
  - 箸 椀 鉢 串 鍋 巾 縄 網　□（　/　）…… 45
  - 扉 棚 卓 炉 呂 栓 鍵 枕　□（　/　）…… 46

4章 復習	問/30問 (／)		47
3章・4章 アチーブメントテスト	/100 (／)		48
3章・4章 クイズ	□ (／)		50

5章 — 52

状態-1

穏 朗 稚 怠 惰 寛 陰 卑	□ (／)	52
暇 凡 裕 乏 剛 俊 敏 悠	□ (／)	53
悔 哀 愉 飽 煩 惨 愁 憂	□ (／)	54
魅 愚 凝 妄 豪 敢 猛 烈	□ (／)	55
矛 盾 迅 奇 妙 巧 瞭 衡	□ (／)	56
5章 復習	問/30問 (／)	57

6章 — 58

状態-2

滑 濁 澄 透 潤 熟 腐 臭	□ (／)	58
丈 粗 緩 匂 芳 膨 唯 殊	□ (／)	59
雰 壮 閑 剰 疎 滅 粋 沿	□ (／)	60
斉 至 逐 寧 且 但 宜 錯	□ (／)	61
瞬 頃 頻 徐 微 恒 既 又	□ (／)	62
6章 復習	問/30問 (／)	63
5章・6章 アチーブメントテスト	/100 (／)	64
5章・6章 クイズ	□ (／)	66

7章 — 68

自然

芽 苗 茎 幹 樹 伐 柳 垂	□ (／)	68
芝 茂 凹 凸 氾 濫 堤 溝	□ (／)	69
潮 浪 没 漂 浦 湧 径 峠	□ (／)	70
霧 霜 露 曇 虹 圏 緯 磁	□ (／)	71
窒 素 亜 鉛 酸 硫 塊 晶	□ (／)	72
7章 復習	問/30問 (／)	73

8章 — 74

生物

昆 蛍 蚊 蝶 蜂 蜜 亀 蛇	□ (／)	74
雀 鳩 鴨 烏 鶴 鶏 翼 餌	□ (／)	75
猿 狼 猪 熊 虎 鯨 雄 雌	□ (／)	76
獣 尾 牙 爪 胴 肢 膚 胞	□ (／)	77
肺 腸 肝 腎 胆 膜 脊 椎	□ (／)	78
8章 復習	問/30問 (／)	79
7章・8章 アチーブメントテスト	/100 (／)	80
7章・8章 クイズ	□ (／)	82

9章 仕事

巡 継 貢 献 提 宣 派 遣	□ (/)				84
渉 把 摘 択 卸 佐 障 託	□ (/)				85
赴 抄 閲 措 排 披 還 顧	□ (/)				86
請 勘 俸 酬 該 諾 甲 乙	□ (/)				87
歓 奔 遇 妥 軸 軌 繁 概	□ (/)				88
9章 復習	問/30問 (/)				89

10章 産業

刈 稲 穂 耕 穫 穀 栽 培	□ (/)	90
肥 殖 獲 猟 狩 酪 壊 墾	□ (/)	91
俵 糧 殻 繭 蚕 桑 朱 淡	□ (/)	92
繊 維 麻 絹 紡 繕 織 染	□ (/)	93
汽 舶 搬 拓 搭 祉 属 鋼	□ (/)	94
10章 復習	問/30問 (/)	95
9章・10章 アチーブメントテスト	/100 (/)	96
9章・10章 クイズ	(/)	98

11章 教育

析 釈 訂 索 践 繰 載 翻	□ (/)	100
志 功 克 班 哲 啓 倫 偏	□ (/)	101
拠 擬 揮 誠 監 督 懸 礎	□ (/)	102
佳 秀 模 範 推 薦 奨 彰	□ (/)	103
項 欄 稿 諸 箇 桁 括 弧	□ (/)	104
11章 復習	問/30問 (/)	105

12章 物語

宮 廷 皇 帝 后 陛 妃 姫	□ (/)	106
冒 旗 弓 矢 剣 鎖 侍 騎	□ (/)	107
仙 仁 僧 尼 尚 禅 鐘 典	□ (/)	108
聖 魔 吉 凶 厄 冥 闇 謎	□ (/)	109
幻 架 幽 霊 獄 妖 鬼 竜/龍	□ (/)	110
12章 復習	問/30問 (/)	111
11章・12章 アチーブメントテスト	/100 (/)	112
11章・12章 クイズ	(/)	114

13章 文化

庶 趣 娯 創 鑑 幕 藩 暦	□ （ ／ ）	116
描 肖 墨 抽 漫 釣 陶 彫	□ （ ／ ）	117
琴 弦 鼓 笛 雅 奏 譜 唄	□ （ ／ ）	118
紀 郷 崇 祥 碑 墳 塔 堀	□ （ ／ ）	119
睦 如 弥 俗 抹 麺 煎 餅	□ （ ／ ）	120
13章 復習	問/30問 （ ／ ）	121

14章 司法・行政

秘 密 摩 擦 抵 抗 施 衝	□ （ ／ ）	122
弁 訴 訟 審 償 執 是 憲	□ （ ／ ）	123
廃 棄 却 陳 貫 賠 徴 斥	□ （ ／ ）	124
犠 牲 襲 逮 闘 詐 欺 阻	□ （ ／ ）	125
邦 准 轄 拘 迭 諮 遷 罷	□ （ ／ ）	126
14章 復習	問/30問 （ ／ ）	127
13章・14章 アチーブメントテスト	/100 （ ／ ）	128
13章・14章 クイズ	□ （ ／ ）	130

必修編 まとめテスト /100 （ ／ ） 132

熟達編 135

15章 慶弔

慶 弔 冠 儀 挨 拶 葬 喪	□ （ ／ ）	136
詣 旦 謹 賀 恭 奉 寿	□ （ ／ ）	137
威 謙 遜 汰 貞 忠 仰	□ （ ／ ）	138
貴 徳 呈 畏 勲 賜 誉 傑	□ （ ／ ）	139
逝 訃 遺 故 忌 棺 墓 魂	□ （ ／ ）	140
15章 復習	問/15問 （ ／ ）	141

16章 財務・行政

累 幣 倹 廉 租 賦 幾	□ （ ／ ）	142
抄 謄 款 遵 零 壱 弐	□ （ ／ ）	143
采 唆 粛 臨 撤 喚 嘱	□ （ ／ ）	144
逸 憾 旋 媒 懇 弊 綻 漏	□ （ ／ ）	145
枢 閲 宰 吏 頒 暫 漸	□ （ ／ ）	146
16章 復習	問/15問 （ ／ ）	147
15章・16章 アチーブメントテスト	/100 （ ／ ）	148
15章・16章 クイズ	□ （ ／ ）	150

17章 生活様式

椅 鞄 籠 箋 銭 斗 升 斤	□ （ ／ ）	152
醸 酵 薫 釜 蓋 酎 膳 衷	□ （ ／ ）	153
錠 頓 槽 窯 薪 斧 斎 鎌	□ （ ／ ）	154
桟 壇 塀 坪 陵 郭 楼 朽	□ （ ／ ）	155
舗 隙 柵 瓦 硝 寸 尺	□ （ ／ ）	156
17章 復習	問/15問 （ ／ ）	157

18章 伝統文化

謡 吟 詠 叙 随 韻 諧 儒	□ （ ／ ）	158
碁 棋 駒 楷 玩 紐 縛 戯	□ （ ／ ）	159
袖 裾 襟 芯 駄 珠 扇 呉	□ （ ／ ）	160
藤 藍 褐 錦 唐 紋 漆 鈴	□ （ ／ ）	161
匠 旨 伎 稽 丹 暁 宵 刹	□ （ ／ ）	162
18章 復習	問/15問 （ ／ ）	163
17章・18章 アチーブメントテスト	/100 （ ／ ）	164
17章・18章 クイズ	□ （ ／ ）	166

19章 犯罪・戦争

窃 拐 賄 賂 拉 虐 喝 賭	□ （ ／ ）	168
痴 賊 謀 踪 殉 拷 陣 偵	□ （ ／ ）	169
懲 戒 猶 陪 糾 劾 勃 搾	□ （ ／ ）	170
邪 虚 酷 禍 堕 嚇 征 覇	□ （ ／ ）	171
奴 隷 囚 屯 虜 墜 飢 餓	□ （ ／ ）	172
19章 復習	問/15問 （ ／ ）	173

20章 行為・状態

嗅 剥 据 斬 蹴 擁 鍛 錬	□ （ ／ ）	174
捉 倣 乞 詮 傍 堪 遡 悼	□ （ ／ ）	175
鎮 窮 萎 溺 遭 惧 享 葛	□ （ ／ ）	176
遍 庸 曖 昧 苛 緻 拙 恣	□ （ ／ ）	177
顕 泰 璧 凄 甚 僅 旺 寡	□ （ ／ ）	178
20章 復習	問/15問 （ ／ ）	179
19章・20章 アチーブメントテスト	/100 （ ／ ）	180
19章・20章 クイズ	□ （ ／ ）	182

21章 大陸・航海 184
- 漠 盤 隆 堆 潟 渓 勾 □ （ ／ ） 184
- 岳 峰 崖 坑 塁 窟 麓 □ （ ／ ） 185
- 帆 隻 艦 艇 羅 舷 □ （ ／ ） 186
- 渦 峡 礁 藻 岬 畔 □ （ ／ ） 187
- 郡 畿 滋 那 須 曽 □ （ ／ ） 188
- 21章 復習 問/15問 （ ／ ） 189

22章 感情 190
- 瞳 眉 頰 唇 膝 肘 脇 尻 □ （ ／ ） 190
- 艶 麗 醜 爽 淫 蛮 傲 朴 □ （ ／ ） 191
- 臆 摯 癖 嘲 怨 呪 蔑 罵 □ （ ／ ） 192
- 22章 復習 問/15問 （ ／ ） 193

23章 医療 194
- 喉 咽 拳 掌 股 孔 貌 顎 □ （ ／ ） 194
- 疾 疫 梗 塞 痘 篤 慢 醒 □ （ ／ ） 195
- 撲 臼 捻 挫 痢 腺 腫 瘍 □ （ ／ ） 196
- 摂 唾 尿 痕 循 矯 髄 癒 □ （ ／ ） 197
- 痩 耗 泌 胎 裸 骸 剖 盲 □ （ ／ ） 198
- 23章 復習 問/15問 （ ／ ） 199
- 21-23章 アチーブメントテスト /100 （ ／ ） 200
- 21-23章 クイズ （ ／ ） 202

熟達編 まとめテスト /100 （ ／ ） 204

難読編 207

24章 208
- 弄 憬 羞 虞 鬱 喩 彙 □ （ ／ ） 208
- 某 沙 赦 辣 慄 毀 蔽 錮 □ （ ／ ） 209
- 汎 韓 哺 塡 附 逓 厘 丙 □ （ ／ ） 210
- 斑 瑠 璃 塑 沃 畝 鋳 冶 □ （ ／ ） 211
- 勅 詔 賓 謁 戴 朕 嗣 璽 □ （ ／ ） 212
- 翁 帥 曹 尉 爵 侯 嫡 □ （ ／ ） 213

熟字訓 214
索引 216
解答 230

はじめに

　「漢字マスターシリーズ」は、日本語を学ぶ方が、ひらがな、カタカナの習得を経て、日本語の3つ目の文字である漢字を楽しみながらしっかりと学ぶことを目指して作成されました。本シリーズを使って学習を進めると、N5～N1の全シリーズ修了時には2010年11月30日告示の「常用漢字表」一覧に掲載された2136字に、その他に使用頻度の高いと思われる表外字14字を加えた2150字が習得できます。

　本シリーズは、常用漢字表にある漢字の読みを網羅してあり、漢字とともに、多くの語彙や慣用句も一緒に習得できるように作られています。提示した語例や例文は、日常生活の中で身近に接することが多いものをとりあげましたので、漢字そのものの学習とともに生活や新聞雑誌でよく使われる言葉や表現を増やすことが可能です。また、非漢字圏の方にも学びやすいように、漢字には全てルビを振りました。プレッシャーを感じることなく漢字の能力を伸ばすことができるからです。

　『漢字マスターN1』は、漢字の難易度によって「必修編」「熟達編」「難読編」の3つに分けて提示しました。必修編には、読み書きともに覚えていただきたい561字を掲載しました。これは日本語能力試験N1の核となる漢字を精選したものです。合格を目指す方は必ず習得してください。熟達編には、新聞や専門書などの読解にあたって読めなければ理解が不可能になる329字を掲載しました。読み書きの習得を目指していただくことが望ましいですが、学習に負担を感じる場合には、まずは読みの習得を優先してください。「常用漢字表」に掲載されている漢字であっても目にする機会の少ない漢字は難読編として扱い、46字を掲載しました。各編はさらに章立てしてカテゴリー別に分類してあります。原則として、各章40文字、1ページに8文字を提示してあります。たとえば、1日1～2ページ、1週間に1章のように計画を立てて学習することで、自律的な学びが可能になります。

　『漢字マスターN5～N2』の1214字に、N1の936字を加えると2150字の習得が可能です。それにより、さまざまな読み物を読解できるようになります。

　本シリーズは長きにわたる改訂を重ね、その結果、理想の教材に近づいたと自負しております。私たちを支えてくださった多くの皆様に心からお礼を申し上げます。皆様の漢字学習が成功することを執筆者一同心から願っています。

アークアカデミー

Introduction

"Kanji Master Series" has been prepared for students who have mastered hiragana and katakana to learn and enjoy the process of learning kanji, the third group of characters in Japanese. Students who complete this series from N5 to N1 will learn 2,150 characters including 2,136 characters listed in the "Joyo (Daily-use) Kanji List" released on November 30, 2010 as well as 14 characters considered frequently used but not listed in the Joyo (Daily-use) Kanji List.

This series covers reading of kanji listed in the Joyo (Daily-use) Kanji List so that students can learn rich vocabulary and idioms as well as kanji. As sample words and sentences given in the textbook are selected from daily and familiar situations, students can acquire words and expressions commonly used in daily life, magazines, and newspapers as they learn the kanji characters themselves. For those who are from non-kanji regions, all the kanji in the textbook have ruby (small hiragana characters above the kanji) for easy learning. Because of that, students can grow their ability in kanji without feeling overwhelmed.

In principle, "Kanji Master N1" classifies kanji in three parts of "Essential Part," "Advanced Part," and "Difficult-read Part," depending on the difficulty level. The Essential Part contains 561 kanji characters that should be memorized in both reading and writing. They are carefully selected from a core of kanji of Level N1 Japanese-Language Proficiency Test. If you aim to pass the test, please make sure to master them. The Advanced Part contains 329 characters that are necessary to understand newspapers and specialized books. Though it is desirable to master them in both reading and writing, please give priority to mastering reading if you feel overloaded in studying both. Kanji characters that are even listed in the Joyo (Daily-use) Kanji List but that people hardly have opportunities to see are shown in the Difficult-read Part, and 46 characters are chosen. Each part is divided into chapters and categorized. In principle, each chapter contains 40 characters, with eight characters per page. A study plan of one to two pages a day, or one chapter a week, enables you to study in a self-disciplined way. Combined with the 1,214 kanji characters from "Kanji Master N5, N4, N3, and N2" a total of 2,150 kanji are studied, which allows you to understand various kinds of reading materials.

We believe this series of textbooks is an ideal tool for learning after years of revisions. We sincerely appreciate those who have supported us. We wish you the very best for your success in kanji learning.

ARC Academy

最初

《主攻汉字丛书》是为那些初学日语者，学完平假名，片假名，进入学习日语的第3个文字汉字时，能愉快地学习汉字为目的而编制的。如果用本丛书学习，学完N5到N1时，您将能掌握2010年11月30日告示的"常用汉字表"一栏所示的2136字和被认为使用频率较高的此表以外的14个汉字，共计2150个汉字。

本丛书涵盖了常用汉字表的汉字读音，在学习汉字的同时，收录了许多词汇和惯用语，帮助您掌握。由于所提供的例句例文，大多都是在我们的日常生活中常见的实例，所以在学习汉字的同时，您可以增加许多在日常生活中和报刊杂志上常用的词汇与表达方式。还为非汉字圈的人们学习方便，所有汉字都注有读音。让您不必感到压力就能提高汉字能力。

《主攻汉字N1》根据汉字的难易度不同，分为"必修篇"、"精通篇"和"难读篇"。必修篇刊登了需要同时掌握读写能力的561个汉字。这些汉字都是从日本语能力测试N1的核心汉字中精选的。要想考试合格，请务必掌握。精通篇刊登了阅读理解报纸和专门书籍等时需要掌握的329个汉字。能同时掌握读写能力最为理想，但如果在学习中感到负担，请首先掌握阅读能力。有些出现在常用汉字表中但实际不常见的汉字，作为难读篇出现，共有46个汉字。各篇又按照类别分成各小章。原则上每章有40个汉字，1页展示8个汉字。按照一天学习1～2页，一周学习一章的学习计划，就能实现自主学习。

《主攻汉字N5～N2》中出现的1214个汉字，加上N1中出现的936个汉字，一共可以学习2150个汉字。全部掌握后可以阅读各种各样的读物。

本丛书经历了长期的多次修改，我们坚信这已经是一部近乎理想的教材。衷心感谢各位对我们的支持。我们执笔全体成员希望各位能够成功掌握汉字。

ARC Academy

LỜI NÓI ĐẦU

Bộ sách "Kanji Master" ra đời với mục đích giúp những ai đang theo học tiếng Nhật và đã hoàn thành xong hai bộ chữ cái Hiragana và Katakana, có thể tiếp tục theo học chữ Hán (chữ Kanji) - bộ chữ thứ 3 trong tiếng Nhật một cách thật chỉn chu nhưng không hề mang đến cảm giác căng thẳng, áp lực. Nếu theo học hết bộ sách này, sau khi hoàn thành toàn bộ các tập từ N5 đến N1, bạn đọc hoàn toàn có thể có trong tay 2150 chữ Hán, bao gồm cả 2136 chữ có trong "Bảng chữ Hán thông dụng" được công bố ngày 30 tháng 11 năm 2010, và 14 chữ Hán khác có tần suất sử dụng cao nhưng lại chưa được đưa vào trong bảng này.

Bộ sách bao hàm những cách đọc trong phạm vi "Bảng chữ Hán thông dụng", giúp bạn đọc học tập được đồng thời cả chữ Hán và rất nhiều từ vựng, quán ngữ liên quan. Người biên soạn sách đã chọn lọc và đưa ra những từ vựng, câu ví dụ gần gũi với cuộc sống thường ngày. Do đó, song song với quá trình học tập từng chữ Hán, bạn đọc hoàn toàn có thể nâng cao được vốn câu, vốn từ thông dụng trong cuộc sống hàng ngày, cũng như trong lĩnh vực báo chí. Ngoài ra, để giúp bạn đọc ở những quốc gia không sử dụng chữ Hán có thể học tập dễ dàng hơn, toàn bộ chữ Hán đều được phiên âm cách đọc. Nhờ đó, bạn đọc sẽ nâng cao được năng lực chữ Hán của mình mà không cảm thấy mệt mỏi, áp lực.

Dựa trên độ khó của từng chữ Hán, giáo trình KANJI MASTER N1 phân chia chữ Hán theo 3 phần lớn: "PHẦN BẮT BUỘC", "PHẦN NÂNG CAO", và "NHỮNG CÁCH ĐỌC KHÓ". "Phần bắt buộc" gồm 561 chữ Hán mà bạn đọc cần ghi nhớ đồng thời cả cách đọc và cách viết. Đây là những chữ Hán quan trọng, được người biên soạn sàng lọc kỹ lưỡng từ phạm vi chữ Hán của kỳ thi năng lực tiếng Nhật N1. Do đó, nếu mong muốn vượt qua kỳ thi N1, bạn đọc bắt buộc phải nắm vững toàn bộ các chữ Hán được đưa ra ở phần này. Với "Phần nâng cao", giáo trình đưa ra 329 chữ Hán cần thiết cho việc đọc hiểu báo chí, sách chuyên môn v.v. Với 329 chữ Hán này, chúng tôi cũng mong muốn bạn đọc có thể đọc viết thành thạo, song nếu cảm thấy áp lực trong quá trình học tập, trước hết, bạn đọc có thể ưu tiên nắm vững cách đọc của chữ Hán. Với những chữ Hán thuộc "Bảng chữ Hán thông dụng", nhưng lại không bắt gặp thường xuyên trong cuộc sống, sẽ được liệt kê vào phần "Những cách đọc khó". Trong phần này, giáo trình sẽ giới thiệu tới bạn đọc tổng cộng 46 chữ Hán. Ngoài ra, từng phần nội dung nói trên sẽ được chia thành nhiều chương, mỗi chương bao gồm nhiều chủ đề nhỏ khác nhau. Về cơ bản, mỗi chương học bao gồm 40 chữ Hán, với 8 chữ/ 1 trang. Bạn đọc hoàn toàn có thể tự học bằng việc xây dựng kế hoạch học tập cho riêng mình, ví dụ một ngày học 1~2 trang, mỗi tuần học một chương. Với 936 chữ Hán N1, cùng 1214 chữ Hán đã được giới thiệu trong các tập KANJI MASTER N5 ~ N2, bạn đọc sẽ có trong tay tổng cộng 2150 chữ Hán. Nhờ đó, có thể tự tin đọc hiểu được nhiều dạng văn bản khác nhau trong tiếng Nhật.

Là kết quả của một quá trình nỗ lực sửa đổi trong thời gian dài, chúng tôi tự hào rằng đây là một giáo trình đã chạm tới tiêu chuẩn của một giáo trình lý tưởng. Tập thể người biên soạn sách xin được gửi lời biết ơn chân thành tới tất cả những cá nhân, tổ chức đã giúp đỡ chúng tôi hoàn thành giáo trình này. Đồng thời xin chúc quý bạn đọc sẽ gặt hái được nhiều thành công trong quá trình học chữ Hán của mình.

ARC Academy

本書の特長

POINT 1．広い分野の漢字学習ができる

『漢字マスターN1』では、行為・人間関係・食住・状態・自然・生物等のカテゴリー別に分類しました。また、関係のある場面から効率的に学べるように配置しました。

例）1章　行為-1　　　　　　　　　　　3章　人間関係
　　撮 拭 貼 磨 塗 浸 扱 為　　　　　　嫁 婿 縁 戚 系 姻 伯 叔
　　　　　　〜　　　　　　　　　　　　　　　　〜
　　挑 尽 耐 悟 焦 慌 諦 誓　　　　　　憧 羨 憤 慨 嫉 妬 怪 恨

POINT 2．漢字学習の総仕上げ

本書は、「漢字マスターシリーズ」の総仕上げとなります。N5からN2まで初級、中級、中上級とレベルに合わせた学習を進めてきました。N1では、さまざまな読み物が読めるように、全ての常用漢字を提示しましたが、徐々に難易度が上がるように必修編から熟達編へと配列しました。提示した語例や例文はN1レベルにふさわしく、高度な内容の読み物も読めるようにと判断したものをとりあげました。難しい漢字もありますが、学習にチャレンジしてください。

POINT 3．美しく読みやすい文字が書ける

本書のフォントは、モリサワUDデジタル教科書体を採用しました。学習する方にとって文字の形がわかりやすく、間違えにくいフォントです。手本をよく見て、きれいな形の文字をマスターしてください。

POINT 4．学びの楽しさを知る

各章で学んだ漢字は、復習やアチーブメントテストで確認することができます。「クイズ」には、さまざまな形態の文章が掲載されていますので、難しくても多くの読み物に対応する漢字を学ぶ楽しさを知ることができます。

POINT 5．熟字訓を知る

漢字二字、または三字などからなる熟字を訓読みで読んだものを熟字訓といいます。漢字一字の音訓によらずに、言葉を全体として読む読み方です。熟字訓は100以上ありますが、本書では、N2、N1レベルの漢字を用いたものをとりあげました。

例）田舎・・・いなか　　　叔父／伯父・・・おじ　　　風邪・・・かぜ
　　景色・・・けしき　　　梅雨・・・つゆ　　　　　　素人・・・しろうと

POINT 6．自律学習に最適な教材

自律学習とは学習者が自分の学習に主体的にかかわり、学習全体に責任を持つ学習方法をさします。本シリーズでは、学習者が学習の目的、目標、方法、スタイルを自分で設定し、学習します。計画通りにいかなくても学習の過程を振り返り、再度計画を立てて学習を進めるといいでしょう。本シリーズで自律学習の方法を習得したら、他の学習にも利用することができます。

学習の進め方
がくしゅう　すす　かた

漢字学習の進め方を次に記します。学習中もこの「学習の進め方」を確認し、字形、筆順を常に意識しましょう。

- STEP 1. 必修編、熟達編、難読編に分かれています。それぞれ興味がある章から取り組むこともできます。まずは、どんな漢字を学ぶか確認します。
- STEP 2. 新しく学ぶ親字の横にある、訓読み、音読み、送りがなを確認します。
- STEP 3. 親字の横にある、画数を確認します。
- STEP 4. まず、薄い文字の上をなぞります。そして、手本を見て視写をくりかえし、正しい字形を覚えます。
- STEP 5. 親字を用いた語例や文例が示してあります。熟語や助詞をともなった形で覚えます。
- STEP 6. 復習、アチーブメントテスト、クイズ、まとめテストに進みます。

※言葉により常用漢字表外の漢字を使用している例もあります

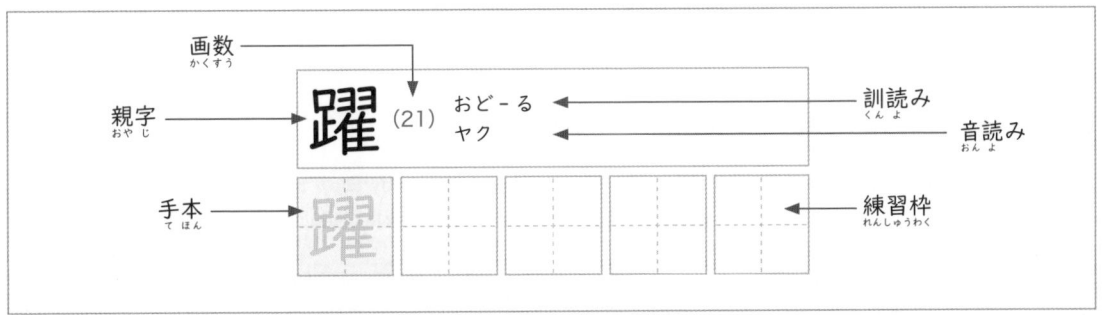

復習	学習した漢字の定着度を確認するために、1章ごとに問題を解きます。確認や苦手な漢字の発見に活用してください。
アチーブメントテスト	2章ごと（難読編は除く）にあります。アチーブメントテストを解き、自身のレベルチェックに利用してください。
クイズ	学習に変化をつけ、楽しく学べるようにクイズもあります。宿題やテスト等に活用してください。

漢字学習☑ ⇒ 復習☑ ⇒ アチーブメントテスト☑ ⇒ クイズ☑ ⇒ まとめテスト☑

まとめテスト	総復習として、必修編1章～14章、熟達編15章～23章のまとめテストがありますので、定着、確認のために利用してください。
目次	理解度の把握のために、チェック欄☑、および学習日程（　／　）をつけました。独学の場合も授業で取り扱う場合も、学習計画や定着度の確認等に役立ててください。

Features of this book

POINT 1. Learn kanji characters used in a wide range of areas

In "Kanji Master N1," kanji are divided into categories, including Action, Human relationships, Food/Housing, Situations, Nature, Living things, and others. Kanji characters are allocated to related scenes to study efficiently.

e.g.)　1章　行為-1　　　　　　　　　　　3章　人間関係
　　　　しょう　こうい　　　　　　　　　　　しょう　にんげんかんけい
　　　撮 拭 貼 磨 塗 浸 扱 為　　　　嫁 婿 縁 戚 系 姻 伯 叔
　　　　　　　　～　　　　　　　　　　　　　　　～
　　　挑 尽 耐 悟 焦 慌 諦 誓　　　　憧 羨 憤 慨 嫉 妬 怪 恨

POINT 2. Finish of kanji learning

This textbook is the final step and finish of the "Kanji Master Series." We have proceeded with learning from primary to mid-level to mid-advanced level through the textbooks from N5 to N2, depending on the learner's level. All kanji characters listed in the Joyo (Daily-use) Kanji List are shown in this textbook for N1 that allows you to read various kinds of reading materials, placed in the order-of-difficulty level from the Essential Part to the Advanced Part step by step. We pick up sample words and sentences that are considered suitable for the N1 level and considered to enable you to read high-level reading materials. Though some of them are difficult, we hope you try studying and learning them.

POINT 3. Write beautiful and legible characters.

Morisawa's UD Digital Kyokasho-tai, which is easy for those who study kanji to recognize the character form without mistakes, is adopted for this textbook. Let's learn to write legible characters by carefully modeling after examples.

POINT 4. Know fun of learning

You can confirm the kanji you learned in each chapter through Review and Achievement Tests. Through various types of sentences on Quizzes, you can enjoy learning and master the kanji that are used in many reading materials.

POINT 5. Learn reading of a kanji compound by meaning

Reading of a kanji compound with two or three kanji characters in its Japanese pronunciation is called jukujikun. Not corresponding to the original Chinese and the native Japanese readings of individual kanji characters, a kanji compound is read as a whole by meaning. There are more than 100 jukujikun, and we pick up ones using N2 and N1 level kanji characters.

e.g.)　田舎・・・いなか　　　叔父／伯父・・・おじ　　　風邪・・・かぜ
　　　景色・・・けしき　　　梅雨・・・つゆ　　　　　　素人・・・しろうと

POINT 6. Best suited textbook for self-disciplined learning

In self-disciplined learning, learners actively engage in their own learning and are responsible for the whole course of learning. In this series, learners decide the learning purpose, a goal, a study plan, and a style for themselves and proceed with learning. When the study seems not to be going well according to the plan, it is recommended that you review the learning process, make a plan again and then proceed with the study. When you master the self-disciplined learning, it can be very useful in other learning.

How to Study

Next let's look at how to study kanji. During your study, be aware of these steps, and pay attention to the correct character form and stroke order.

STEP 1. The textbook is divided into the Essential Part, the Advanced Part, and the Difficult-read Part. You can start from any chapter you are interested in. Understand what kind of kanji are included.

STEP 2. Check Kun-yomi, On-yomi, and Deslensional Kana Endings of a new index character, written next to it.

STEP 3. Check the number of strokes indicated to the right of the index kanji.

STEP 4. First, trace thin letters. Repeat it until you remember the correct character form.

STEP 5. Sample words and sentences using the index kanji are shown. Remember kanji as idioms or with postpositional particles.

STEP 6. Proceed to Review, Achievement Tests, Quizzes, and Summary Tests.

Kanji characters not listed in the Joyo (Daily-use) Kanji List are used in some samples because of included words.

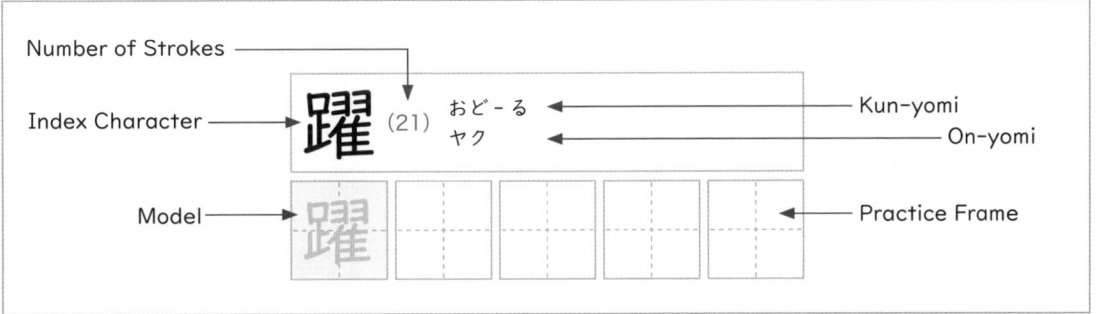

Review

Answer the review questions in every chapter to check your retention level. Use this review to find kanji that are difficult for you to remember.

Achievement Tests

These are once for every two chapters (excluding Difficult-read Part). Take the achievement test to check your level.

Quizzes

The textbook also provides Quizzes to give variation to learning and provide fun activities. Please use Quizzes for homework and tests.

Kanji Learning ✓ ⇒ Review ✓ ⇒ Achievement Tests ✓ ⇒ Quizzes ✓ ⇒ Summary Tests ✓

Summary Tests

Summary Tests are after the Essential Part (Chapter 1-14) and the Advanced Part (Chapter 15-23) as an overall review. Use the summary test to reinforce what you have learned and evaluate your study.

Contents

There are check boxes ✓ and Study Day columns (／) to measure your level of understanding. Use them to make a study plan and evaluate performance for either self or class study.

本书特点

要点1　能学习多种领域的汉字

《主攻汉字N1》从行为、人际关系、饮食居住、状态、自然、生物等类别将汉字进行了分类。通过有效分配，让读者可以从相关的场面来实现更有效率的学习。

例）　1章　行為-1　　　　　　　　　　3章　人間関係
　　　　しょう こうい　　　　　　　　　 しょう にんげんかんけい
　　　撮 拭 貼 磨 塗 浸 扱 為　　　　嫁 婿 縁 戚 系 姻 伯 叔
　　　　　　　　〜　　　　　　　　　　　　　　〜
　　　挑 尽 耐 悟 焦 慌 諦 誓　　　　憧 羨 憤 慨 嫉 妬 怪 恨

要点2　综合完成汉字学习

本书内容为《主攻汉字系列》的总完结篇。从N5至N2进行了初级、中级、中上级水平的相应学习，N1则是为了能够阅读各种各样的读物，展示了所有常用汉字，并进行了从必修篇至精通篇的排序，使难度逐渐增加。展示的例词和例句难度也与N1级别相符，掌握后可以阅读高难度的文章。其中也有难度较大的汉字，期待您来挑战学习。

要点3　能写出易读端正漂亮的汉字

本书字型采用森泽（morisawa）的UD数码教科书体。是学习日语汉字者容易分辨汉字字形，不易出错的字体。请您仔细按照字体写出端正的汉字。

要点4　了解学习的趣味

每章学习的汉字可以通过复习、成绩测验来检验学习成果。在小测验上刊登了各种形态的文章、可以愉快地学习对应内容难且多的读物的汉字。

要点5　学习特殊读音词汇

拥有特殊读音的由二字或三字构成的汉语词被称为"熟字訓"。"熟字訓"的读音不对应单个汉字，而是整体词语属于特殊读法。这种特殊读音词汇有100个以上，本书为大家列举了使用了N2、N1汉字的词汇。

例）　田舎・・・いなか　　　叔父／伯父・・・おじ　　　風邪・・・かぜ
　　　景色・・・けしき　　　梅雨・・・つゆ　　　　　　素人・・・しろうと

要点6　最适合自主学习的教材

自主学习是指以学习者为主参与学习，担负起整体学习的重任。在本丛书中，学习者将主动设定学习目的、学习目标以及学习方式和方法，推动学习。即使没有完全按照计划进行，也建议回顾学习过程，再次设定计划推动学习。一旦通过本丛书学会了自主学习，也能用于其他学习。

学习方法

下面为汉字学习的步骤。学习中也请确认"学习步骤"，注意汉字的字形和笔顺。

第1步， 本书分为必修篇、精通篇和难读篇。可根据兴趣分别选择章节开始学习。首先请确认要学习什么汉字。

第2步， 确认新学汉字边上的训读·音读及结尾假名

第3步， 要确认汉字右边的笔画数字。

第4步， 首先在浅色文字上临摹。然后边参照范本边重复练习书写，以记住正确的字形。

第5步， 本书刊登了使用了汉字的例词和例句。可伴随复合词和助词来记忆。

第6步， 进入复习、成绩测验、问答、综合测验。

※根据内容不同有可能用到常用汉字表以外的汉字。

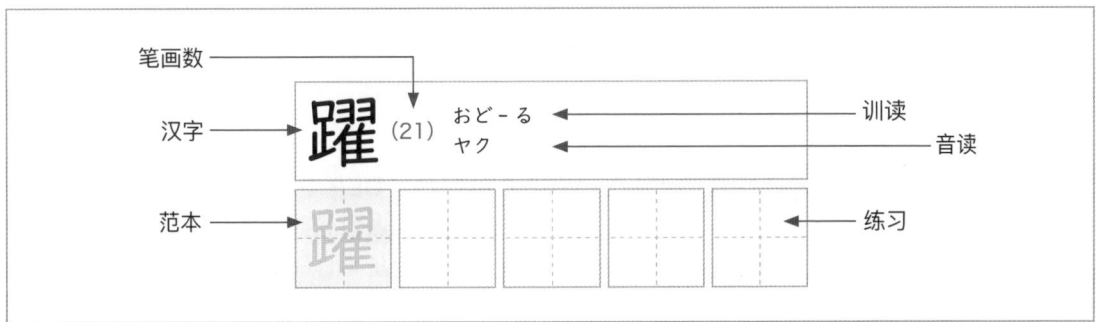

|复习|
为确认所学汉字的掌握程度，以章为单位分类解题。用于确认并发现自己不熟悉的汉字。

|成绩测验|
每两章1次（难读篇除外）。通过成绩测验，检查自己的水平。

|问答|
为变换花样，愉快的学习，本书还附有问答。请用于作业及考试。

学习汉字 ☑ ⇒ 复习 ☑ ⇒ 成绩测验 ☑ ⇒ 问答 ☑ ⇒ 综合测验 ☑

|综合测验|
必修篇1-14章、精通篇15-23章后有综合测验，可以进行总复习，确认掌握程度。

|目录|
为把握理解度，请注明复核栏，学习日栏。无论您是独学者还是授课学习者，请用于制定学习计划及掌握程度的确认。

ĐẶC TRƯNG GIÁO TRÌNH

Đặc trưng 1: CÓ THỂ HỌC CHỮ HÁN TRÊN PHẠM VI RỘNG

Giáo trình KANJI MASTER N1 được chia thành nhiều chủ đề như hành vi, mối quan hệ con người, bữa ăn và nơi ở, trạng thái, tự nhiên, sinh vật v.v. Bạn đọc sẽ được học tập một cách hiệu quả từ những tình huống thực tế liên quan tới từng chủ đề.

Ví dụ: 1章 行為-1
撮 拭 貼 磨 塗 浸 扱 為
〜
挑 尽 耐 悟 焦 慌 諦 誓

3章 人間関係
嫁 婿 縁 戚 系 姻 伯 叔
〜
憧 羨 憤 慨 嫉 妬 怪 恨

Đặc trưng 2: TỔNG KẾT CHƯƠNG TRÌNH HỌC KANJI

Giáo trình này sẽ là bước hoàn thiện cuối cùng cho Bộ giáo trình KANJI MASTER. Trong mỗi giáo trình từ N5 đến N2, bạn đọc đã được tiếp xúc với các chữ Hán tương ứng với từng trình độ từ sơ cấp, tới trung cấp, trung cao cấp. Ở giáo trình N1, với mục tiêu giúp bạn đọc đọc hiểu thông thạo nhiều dạng văn bản khác nhau, người biên soạn sách đã đưa vào giới thiệu toàn bộ chữ Hán thông dụng, với độ khó tăng dần từ "Phần bắt buộc" tới "Phần nâng cao". Từ và câu ví dụ được đưa vào chương trình học cũng đảm bảo phù hợp với trình độ N1, giúp bạn đọc đọc hiểu thành thạo những nội dung chuyên sâu. Mặc dù bạn đọc sẽ bắt gặp nhiều chữ Hán khó, song chúng tôi kỳ vọng đây sẽ là cơ hội để bạn đọc thử sức mình.

Đặc trưng 3: CÓ THỂ HỌC ĐƯỢC CÁCH VIẾT CHỮ HÁN ĐẸP, DỄ NHÌN

Font chữ được sử dụng trong giáo trình là font chữ dành cho giáo trình điện tử UD của công ty thiết kế Morisawa. Đây là font chữ có thể giúp người học dễ dàng nắm bắt hình thái chữ viết, mà không bị nhầm lẫn. Bạn đọc hãy quan sát kỹ chữ mẫu và nắm vững hình thái chuẩn của chữ.

Đặc trưng 4: TÌM THẤY NIỀM VUI TRONG HỌC TẬP

Sau mỗi chương học, bạn đọc có thể tự xác nhận chữ Hán đã học qua bài ôn tập và bài kiểm tra thành tích. Ngoài ra, ở phần câu đố, với sự xuất hiện của nhiều dạng văn bản khác nhau, sẽ giúp bạn đọc tìm thấy niềm vui, động lực, khi được tiếp xúc với những chữ Hán ở trình độ nâng cao, nhưng lại có tần suất ứng dụng cao trong thực tế.

Đặc trưng 5: NÂNG CAO VỐN TỪ HÁN TỰ "ĐỌC THEO ÂM KUN"

Những cụm từ mặc dù được ghép từ 2 hoặc 3 chữ Hán, nhưng vẫn được đọc theo âm KUN (âm thuần Nhật), được gọi là "Cụm Hán tự đọc theo âm KUN". Đây là cách đọc không tuân theo quy tắc âm ON – KUN của từng chữ Hán, mà là cách đọc dựa trên tổng thể ý nghĩa của từ. Mặc dù trên thực tế có khoảng hơn 100 cụm Hán tự đọc theo âm Kun, tuy nhiên, giáo trình chỉ đưa vào giới thiệu những từ có sử dụng các chữ Hán ở trình độ N2 và N1.

Ví dụ: 田舎・・・いなか　叔父／伯父・・・おじ　風邪・・・かぜ
　　　 景色・・・けしき　梅雨・・・つゆ　素人・・・しろうと

Đặc trưng 6: GIÁO TRÌNH PHÙ HỢP NHẤT CHO VIỆC TỰ HỌC

Tự học là phương pháp học mà học viên phải chủ động và tự chịu trách nhiệm về tổng thể việc học tập của bản thân mình. Với bộ giáo trình này, bạn đọc có thể tự quyết định mục tiêu, mục đích học tập, phương pháp và cách thức học tập của mình. Cho dù không thể thực hiện kế hoạch học tập theo đúng dự kiến ban đầu, bạn đọc vẫn cần tự đánh giá quá trình học tập, xây dựng lại kế hoạch và tiếp tục triển khai kế hoạch học tập. Nếu có thể nắm được phương pháp tự học thông qua bộ giáo trình này, bạn đọc hoàn toàn có thể ứng dụng vào các môn học khác của mình.

PHƯƠNG PHÁP HỌC

Phương pháp học chữ Hán sẽ được giải thích cụ thể như dưới đây. Trong suốt quá trình học, bạn đọc hãy xác nhận thường xuyên "PHƯƠNG PHÁP HỌC", đồng thời luôn chú ý tới hình thái, trình tự nét chữ của từng chữ Hán.

BƯỚC 1: Giáo trình được chia thành 3 phần: Phần bắt buộc, phần nâng cao, và những cách đọc khó. Bạn đọc có thể bắt đầu với những chương học mà mình có hứng thú. Trước tiên, hãy xác nhận chữ Hán mà bạn sẽ học hôm nay.

BƯỚC 2: Xác nhận cách đọc âm ON, âm KUN, hậu tố Kana (Okurigana) được giải thích bên cạnh chữ Hán mới học.

BƯỚC 3: Xác nhận số nét chữ được ghi bên cạnh chữ Hán.

BƯỚC 4: Đầu tiên, hãy tô đè lên nét chữ của chữ cái được in mờ. Sau đó, vừa nhìn chữ mẫu, vừa tập viết nhiều lần để ghi nhớ cách viết đúng.

BƯỚC 5: Ví dụ về từ và câu văn có sử dụng chữ Hán gốc. Hãy học thuộc chữ Hán theo cụm từ và trợ từ đi kèm.

BƯỚC 6: Lần lượt hoàn thành tiếp phần ôn tập, bài kiểm tra thành tích, câu đố và bài thi tổng hợp.

※ Sẽ có những ví dụ về từ vựng trong đó có sử dụng chữ Hán nằm ngoài Bảng chữ Hán thông dụng.

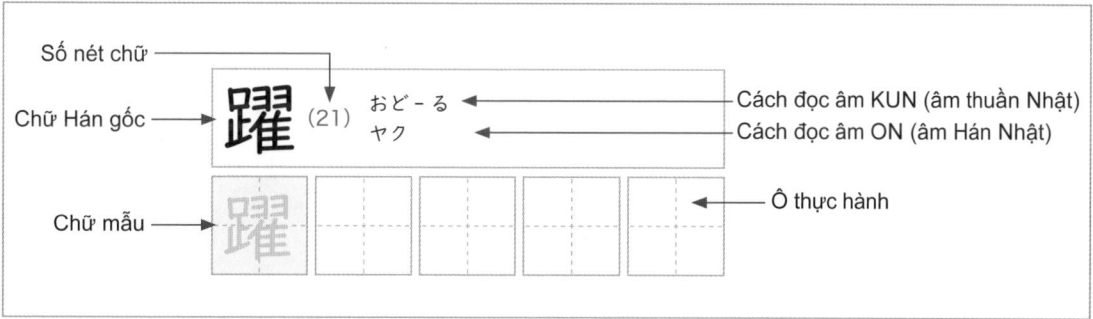

Ôn tập
Bạn đọc hãy làm bài tập ôn tập ở cuối mỗi chương để xác nhận mức độ hiểu và thuộc chữ Hán đã học. Hãy tận dụng tốt phần này để xác nhận kiến thức và tìm ra những chữ Hán mà bạn còn yếu.

Bài kiểm tra thành tích
Đây là bài kiểm tra sau mỗi 2 chương học (trừ phần "Những cách đọc khó"). Hãy tiến hành làm bài kiểm tra và tự xác nhận trình độ của bản thân.

Câu đố
Mục câu đố sẽ giúp thay đổi hình thức học và khiến việc học trở nên vui vẻ, thú vị hơn. Hãy tận dụng tốt phần này như một phần bài tập và kiểm tra.

Học chữ Hán ✓ ⇒ Ôn tập ✓ ⇒ Bài kiểm tra thành tích ✓ ⇒ Câu đố ✓ ⇒ Bài thi tổng hợp

Bài thi tổng hợp
Sau các chương 1~14 của PHẦN BẮT BUỘC và chương 15 ~ 23 của PHẦN NÂNG CAO, sẽ có bài thi tổng hợp. Bạn đọc hãy tận dụng bài thi để xác nhận và nắm vững hơn kiến thức của mình.

Mục lục
Để giúp bạn đọc nắm được mức độ hiểu bài của bản thân, giáo trình có sẵn cột đánh dấu tích ✓ và cột ghi chú ngày tháng học (/). Dù là tự học hay sử dụng giáo trình trong giờ học trên lớp, bạn đọc cũng hãy tận dụng phần này cho việc lên kế hoạch học tập, cũng như xác nhận mức độ hiểu bài, thuộc bài của bản thân.

漢字マスター N1 改訂版
Kanji for advanced level

必修編
ひっしゅうへん

1章 行為-1

Action 1
行为1
Hành vi 1

撮 (15) と-る／サツ

子どもの写真を撮る　映画を撮影する
記念撮影

拭 (9) ふ-く　ぬぐ-う／ショク
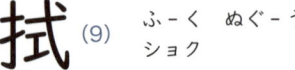
タオルで顔を拭く　汗を拭う
不安が拭いきれない　古いイメージを払拭する

貼 (12) は-る／チョウ
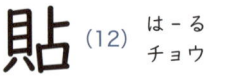
切手を貼る　履歴書に写真を貼付する

磨 (16) みが-く／マ

食後に歯を磨く　歯磨き粉　靴を磨く
ダイヤモンドを研磨する　腕を磨く

塗 (13) ぬ-る／ト

壁にペンキを塗る　塗り薬　船の塗装がはげる
塗料　恩師の顔に泥を塗る

浸 (10) ひた-る　ひた-す／シン
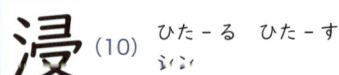
肩まで湯に浸る　同窓会で昔の思い出に浸る
汚れたセーターを洗面器の湯に浸す
大雨で床下まで浸水する

扱 (6) あつか-う

刃物を扱う　壊れやすいので丁寧に扱う
健康食品を扱う店　18歳は成人として扱う
身近なニュースを扱う番組　取り扱い説明書

為 (9) イ
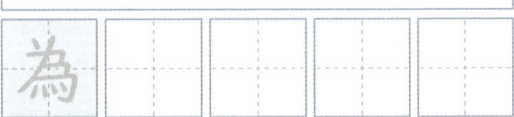
親切な行為　不正行為　人為的に起こった土砂災害
作為的に仕組まれた事故
データを無作為に抽出する

必修編 I章 行為−1

聴 (17) き-く / チョウ

静かに音楽を聴く　相談者の話を聴く
講義を聴講する　聴解問題　聴覚　視聴者
医師が聴診器を当てる

眺 (11) なが-める / チョウ

美しい景色を眺める　ぼんやりと月を眺める
眺めのよい部屋　窓からの眺望が素晴らしい

叱 (5) しか-る / シツ

いたずらした子どもを叱る　部下を叱責する
叱咤激励

黙 (15) だま-る / モク

彼は話の途中で急に黙った
不機嫌になって黙りこむ
人のものを黙って使う　沈黙を守る

唱 (11) とな-える / ショウ

呪文を唱える　他者の発言に異議を唱える
混声合唱団　協会の設立を提唱する

狙 (8) ねら-う / ソ

的の中心を狙って投げる
シャッターチャンスを狙う　優勝を狙う
作者の狙いを読み取る　狙撃する

蓄 (13) たくわ-える / チク

食糧を蓄える　知識を蓄える　老後の蓄え
災害に備えて備蓄する　貯蓄　疲労が蓄積する

操 (16) あやつ-る　みさお / ソウ

3か国語を操る　人形を操る　パソコンの操作
朝の体操　飛行機の操縦士　操を貫く

行為 − 1 (こうい)

Action 1
行为 1
Hành vi 1

掲 (11) かか-げる / ケイ

国旗を掲げる　看板を掲げる
ポスターを掲示する　掲示板
新聞に投書が掲載された　目標を掲げる

伏 (6) ふ-せる ふ-す / フク

読みかけの本を机に伏せる　地面に伏す
目を伏せる　名前を伏せる　うつ伏せに寝る
起伏の多い土地　白旗をあげて降伏する

隠 (14) かく-れる かく-す / イン

月が雲に隠れる　見つからないよう隠れる
貴重品を家の中に隠す　店を譲って隠居する
証拠を隠滅する

潜 (15) もぐ-る ひそ-む / セン

水の中に潜る　犯人が物陰に潜む
事件の背後に潜む組織　潜入捜査
潜在的な力　インフルエンザの潜伏期間

駆 (14) か-ける か-る / ク

ゴールまで全速力で駆ける　階段を駆け上がる
不安に駆られる　最新の技術を駆使する
害虫の駆除

踏 (15) ふ-む ふ-まえる / トウ

ブレーキを踏む　3年ぶりに故郷の土を踏む
場数を踏む　現実を踏まえて意見を言う
前例を踏襲する　都会の雑踏

跳 (13) は-ねる と-ぶ / チョウ

うさぎが跳ねる　泥が跳ねて服が汚れた
とび箱を跳ぶ　走り高跳び　跳馬

躍 (21) おど-る / ヤク

網の中で魚が躍る　躍り上がって喜ぶ
希望に胸が躍る　躍動感のある写真
3回目の跳躍で世界新記録が出た　世界で活躍する

必修編 I章 行為-1

添 (11)　そ-う　そ-える
　　　　　テン

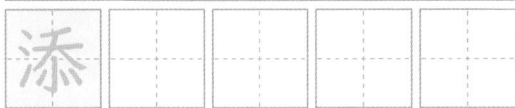

花にカードを添えて贈る　高齢の母に添って歩く
通院に付き添う　希望に添う　食品添加物
メールに資料を添付する

伴 (7)　ともな-う
　　　　ハン　バン

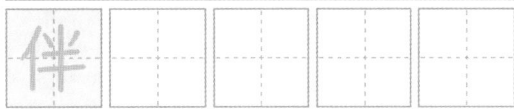

部下を伴って出張する　危険を伴う仕事
彼は言動が伴わない　夫人同伴のパーティー
ピアノの伴奏

裂 (12)　さ-ける　さ-く
　　　　　レツ

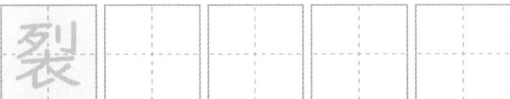

落雷で木が真っ二つに裂けた　布を裂く
二人の仲を裂く　細胞分裂　風船が破裂する
交渉が決裂する　口が裂けても言えない

奪 (14)　うば-う
　　　　　ダツ

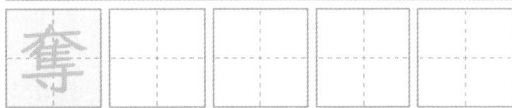

財産を奪う　美しい景色に目を奪われる
先取点を奪う　金品を略奪する
政権を奪回する

妨 (7)　さまた-げる
　　　　ボウ

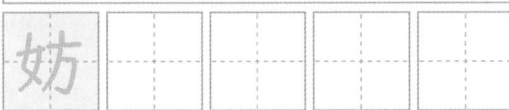

電話の音が会議を妨げる
ゲームは勉強の妨げになる　演説を妨害する

遮 (14)　さえぎ-る
　　　　　シャ

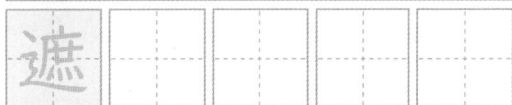

発言者の言葉を遮る　カーテンを閉めて光を遮る
道路を封鎖して交通を遮断する　踏切の遮断機
外の音を遮断できるカーテンを買った

抑 (7)　おさ-える
　　　　ヨク

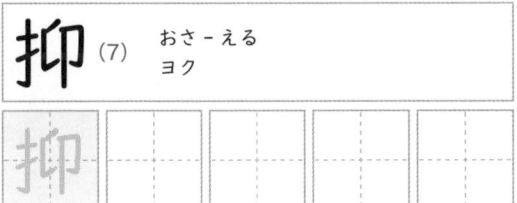

反対派の動きを抑える　怒りを抑える
毎月の出費を10万円に抑える　言論の抑圧
インフレを抑制する

揺 (12)　ゆ-れる　ゆ-る　ゆ-らぐ　ゆ-るぐ
　　　　　ゆ-する　ゆ-さぶる　ゆ-すぶる
　　　　　ヨウ

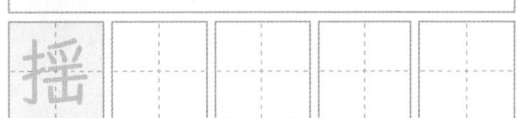

船が揺れる　揺りかご　風に枝が揺らぐ
揺るがない信念　体を揺する癖　枝を揺さぶる
心を揺さぶる　足を小刻みに揺すぶる　動揺する

行為－１

Action 1
行为 1
Hành vi 1

挑 (9)
いど-む
チョウ

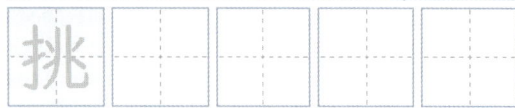

ライバルに勝負を挑む　国家資格試験に挑む
難問に挑戦する　挑戦者

尽 (6)
つ-きる　つ-くす　つ-かす
ジン

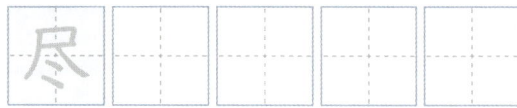

水も食糧も尽きた　話が尽きない
家族のために尽くす　愛想を尽かす
プロジェクト成功のために尽力する　理不尽な要求

耐 (9)
た-える
タイ

苦しい練習に耐える　夏の暑さに耐える
重圧に耐える　耐震構造の家　耐熱ガラス
耐久性の高い材料

悟 (10)
さと-る
ゴ

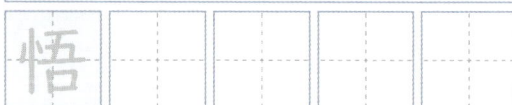

力の限界を悟る　修行して悟りを開く
死を覚悟する　覚悟を決めて困難に向かう

焦 (12)
こ-げる　こ-がす　こ-がれる
あせ-る
ショウ

魚が焦げる　たばこの火で服を焦がす
再会を待ち焦がれる　時間がなくて焦る
レンズの焦点　議論の焦点を絞る

慌 (12)
あわ-てる　あわ-ただしい
コウ

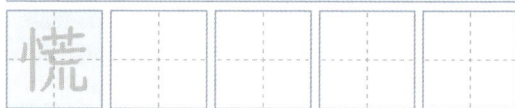

突然の地震に慌てる　慌ただしい時期
慌ただしく変化する社会情勢
大慌てで出かけた　世界恐慌

諦 (16)
あきら-める
テイ

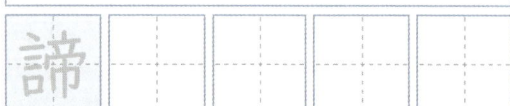

大雨で外出を諦める　歌手になる夢を諦める
諦めが早い　諦めがつかない
諦観の境地で運命を受け入れる

誓 (14)
ちか-う
セイ

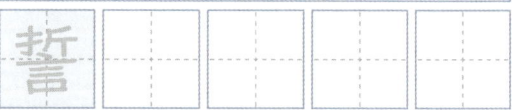

神に誓う　再会を誓い合う
２度と失敗しないと心に誓う
結婚式で誓いを交わす　誓約書にサインする

1章 復習

1. 漢字の読み方を書いてください。

① 彼は電話を切ると、慌ただしく部屋を出ていった。
② 人が話しているのに、彼はそれを遮って自分の話を始めた。
③ 厳しい練習に耐え、見事チャンピオンの座を手に入れた。
④ 健康を意識し、添加物を使用していない食品を買うようにしている。
⑤ 緊急着陸のアナウンスが流れ、乗客に動揺が広がった。
⑥ 操作マニュアルを見ながら、パソコンの初期設定を行う。
⑦ 理不尽な要求に対し、怒りを抑えて冷静に対応した。
⑧ 二人組の男が店に押し入り、あらゆる金品を略奪していった。
⑨ 今回活躍が期待されているのは、前回大会で優勝した細川選手だ。
⑩ 席を譲ってくれた人の親切な行為に感謝する。
⑪ この店のシェフはフランスで修行を積み、料理の腕を磨いた。
⑫ 被疑者が未成年である場合、名前は伏せて報道される。
⑬ 朝と晩の2回、この薬を患部に塗ってください。
⑭ 過ちを反省し、もう二度と繰り返さないと心に誓った。
⑮ 家の近くを通る電車の音で睡眠が妨げられ、困っている。

2. 漢字を書いてください。

① 忘れずに切手をはってから、ポストに出してください。
② 電車の遅延で会議に遅れそうになってあせったが、間に合った。
③ 家の近くの公園で、ドラマのさつえいをしていた。
④ 飼い猫が寝ているのに気が付かず、足をふんでしまった。
⑤ 可能性は低くても、難関校にちょうせんして合格をつかみたい。
⑥ 夜遅く帰ったら、いつもは優しい父親にしかられた。
⑦ 災害が起こったときのことを考えて、食糧をびちくしておく。
⑧ 今度の引っ越し先は、部屋からのながめがよくて気に入っている。
⑨ 息子が傷だらけで帰って来たが、だまったままで理由を言わない。
⑩ 夏になると、家の近くの海にもぐって遊んだことを思い出す。
⑪ 案が決まりかけたところで、ただ一人課長が異議をとなえた。
⑫ 出血を止めるために、布を縦にさいて包帯のように巻く。
⑬ 大雨でたくさんの建物がしんすいしたというニュースを聞いた。
⑭ 成果を出すには、目標をかかげて行動することが大切だ。
⑮ 彼はいつも偉そうな態度だが、発言に行動がともなっていない。

2章 行為 − 2

Action 2
行为 2
Hành vi 2

履 (15)   は−く / リ

靴を履く　履き物　履歴書　契約を履行する
専門科目の履修登録　草履

締 (15)   し−まる　し−める / テイ

ネクタイを締める　ねじを締める
引き締まった体　犯罪を取り締まる　締め切り
条約を締結する　身の引き締まる思い

削 (9)   けず−る / サク

ナイフで鉛筆を削る　名簿から名前を削る
予算を削減する　作文を添削する
メールを削除する

砕 (9)   くだ−ける　くだ−く / サイ

グラスが粉々に砕けた　アイスピックで氷を砕く
波が砕ける　試合に負けて優勝の夢が砕け散った
来客の対応に心を砕く　敵を粉砕する

挿 (10)   さ−す / ソウ

花瓶に花を挿す　本の挿し絵
文書に図を挿入する

挟 (9)   はさ−まる　はさ−む / キョウ

電車のドアに荷物が挟まる　本にしおりを挟む
休憩を挟んで会議を再開する　口を挟む
うわさを小耳に挟む　前後から挟撃する

縫 (16)   ぬ−う / ホウ

シャツを縫う　縫い目がほどける　裁縫
傷を縫合する

覆 (18)   おお−う　くつがえ−る　くつがえ−す / フク

シートで車を覆う　空が厚い雲で覆われている
判決が覆って無罪になった　予想を覆した
覆面をした強盗　船が転覆する

必修編　2章　行為－2

遂 (12)　と－げる　スイ

当初の目的を遂げる　進歩を遂げる
与えられた任務を遂行する
失敗に終わった未遂事件

偽 (11)　いつわ－る　にせ　ギ

年齢を偽る　本心を偽る　偽物
お札を偽造する　情報の真偽を確かめる

控 (11)　ひか－える　コウ

出番まで部屋で控える　控え室　塩分を控える
翌日に試験を控えている　手帳に連絡先を控える
出しゃばらず控え目な態度　医療費の控除　控訴

輝 (15)　かがや－く　キ

星が輝く　目がきらきらと輝いている
光輝を放つ

慎 (13)　つつし－む　シン

暴飲暴食を慎む　言葉を慎む
彼は慎み深く軽はずみな言動がない
慎重に行動する

憩 (16)　いこ－う　いこ－い　ケイ

木陰に憩う　憩いの場　しばらく休憩する

惑 (12)　まど－う　ワク

無職になって人生に惑う　火災で人々が逃げ惑う
慣れない仕事に戸惑う　突然のことに困惑する
迷惑をかける　疑惑を持たれる　誘惑　惑星

諭 (16)　さと－す　ユ

命の大切さについて諭す　小学校教諭

行為 − 2
こうい

Action 2
行为 2
Hành vi 2

及 (3) およ−ぶ およ−ぼす およ−び　キュウ

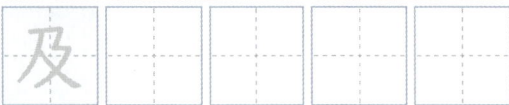

被害は全国に及ぶ　子どもの成長に影響を及ぼす
ひがい ぜんこく およ　こ　　せいちょう えいきょう およ

東京、大阪及び京都を巡る旅行プラン
とうきょう おおさかおよ きょうと めぐ りょこう

インターネットが普及する　責任を追及する
ふきゅう　せきにん ついきゅう

紛 (10) まぎ−れる まぎ−らす まぎ−らわす まぎ−らわしい　フン

人込みに紛れて姿を見失う　気が紛れる
ひとご まぎ すがた みうしな　き まぎ

酒で悲しみを紛らす　映画で退屈を紛らわす
さけ かな まぎ　えいが たいくつ まぎ

紛らわしい表現　書類を紛失する　紛争
まぎ ひょうげん しょるい ふんしつ ふんそう

免 (8) まぬか−れる　メン

地震の被害を免れた　一次試験を免除される
じしん ひがい まぬか　いちじしけん めんじょ

免税品　車の免許を取る　懲戒免職
めんぜいひん くるま めんきょ と　ちょうかいめんしょく

併 (8) あわ−せる　ヘイ

両校を併せて 3,000 人の学生がいる
りょうこう あわ　にん がくせい

肺炎を併発する　美術館に併設されたカフェ
はいえん へいはつ　びじゅつかん へいせつ

会社の合併　複数の言語を併記する
かいしゃ がっぺい ふくすう げんご へいき

劣 (6) おと−る　レツ

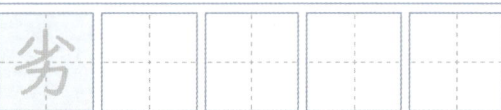

型は古いが性能は劣らない　劣悪な環境
かた ふる せいのう おと　れつあく かんきょう

劣等感にさいなまれる
れっとうかん

二人の能力に優劣はない
ふたり のうりょく ゆうれつ

隔 (13) へだ−たる へだ−てる　カク

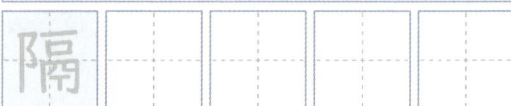

二人の仲が隔たる　道路を隔てた向かいの家
ふたり なか へだ　どうろ へだ む いえ

20 年の歳月を隔てて再会する　間隔が狭い
ねん さいげつ へだ さいかい　かんかく せま

隔週　ICT を活用した遠隔授業　隔離
かくしゅう かつよう えんかくじゅぎょう かくり

興 (16) おこ−る おこ−す　コウ キョウ

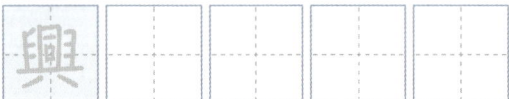

新しい国が興る　事業を興す
あたら くに おこ　じぎょう おこ

災害から復興する　貿易の振興を図る
さいがい ふっこう　ぼうえき しんこう はか

興味がある
きょうみ

潰 (15) つぶ−れる つぶ−す　カイ

会社が潰れる　空き缶を潰す　声を潰す
かいしゃ つぶ　あ かん つぶ　こえ つぶ

上司の顔を潰す　時間を潰す　胃潰瘍
じょうし かお つぶ　じかん つぶ　いかいよう

必修編　2章　行為-2

忍 (7)	しの-ぶ　しの-ばせる ニン

人目を忍んで泣く　恥を忍ぶ　足音を忍ばせる
ポケットにナイフを忍ばせる　忍耐強い性格
残忍な犯行　忍者

狂 (7)	くる-う　くる-おしい キョウ

気が狂う　よく狂う時計　予定が狂う
期待と不安が入り乱れて狂おしい気持ち
熱狂的なファン　合格の知らせに狂喜する

粘 (11)	ねば-る ネン

もちが粘る　答えが出るまで粘って考える
粘り強い性格　コーヒー1杯で閉店まで粘った
粘土　粘着テープ

惜 (11)	お-しむ　お-しい セキ

別れを惜しむ　少しの時間も惜しんで働く
惜しい人を亡くす　名残惜しい
わずか1点差で惜敗した　惜別の念に駆られる

嘆 (13)	なげ-く　なげ-かわしい タン

友の死を嘆く
不正を働く政治家が増えたのは嘆かわしい
作品の出来栄えに感嘆する　嘆願書

驚 (22)	おどろ-く　おどろ-かす キョウ

予想外の出来事に驚く　人々を驚かせたニュース
驚異的な世界新記録が出た
最新の技術に驚嘆する

奮 (16)	ふる-う フン

勇気を奮う　自分を励まし気持ちを奮い立たせる
奮ってご応募ください　白熱した試合に興奮する
一人で奮闘する　奮発して高級な肉を買う

貪 (11)	むさぼ-る ドン

暴利を貪る　空腹のあまり肉を貪り食う
貪るように本を読む　貪欲に知識を吸収する

29

行為－2

Action 2
行为 2
Hành vi 2

尋 (12) たず－ねる / ジン

道を尋ねる　引っ越した友達の近況を尋ねる
古くからある寺の歴史を尋ねる
裁判で証人を尋問する　尋常ではない行動

促 (9) うなが－す / ソク

発言を促す　促されて席を立つ
経験させて部下の成長を促す　販売を促進する
支払いを催促する

譲 (20) ゆず－る / ジョウ

席を譲る　道を譲る　車を安く譲る
一歩も譲らない態度　相手に譲歩を求める
財産を譲渡する

陥 (10) おちい－る　おとしい－れる / カン

川底のくぼみに陥る　最悪の状態に陥る
自己嫌悪に陥る　他人を不幸に陥れる
道路が陥没する　商品に欠陥がある

侮 (8) あなど－る / ブ

対戦相手を侮る
子どもだと思って侮ってはいけない
相手を見下した侮蔑的な態度

辱 (10) はずかし－める / ジョク

名門校の名を辱めない試合をする
最下位という屈辱をバネに猛勉強をした
相手を侮辱する言動は許されない　雪辱を果たす

褒 (15) ほ－める / ホウ

子どもを褒める　功績を褒めたたえる
子どもに褒美をやる　褒章を授かる

慰 (15) なぐさ－む　なぐさ－める / イ

落ちこんでいる友達を慰める
慰めの言葉をかける　慰労会が開催される
年に一度の慰安旅行　慰謝料　慰霊祭

2章 復習

1. 漢字の読み方を書いてください。

① 岸さんは電車でお年寄りに席を譲るような優しい人だ。
② 毎晩、隣の部屋からテレビの音が聞こえてきて迷惑だ。
③ 親から褒められる子どもは、社会適応力が高くなるそうだ。
④ 履歴書を日本語で書くのは、意外と難しい。
⑤ 本物だと思って買ったブランドバッグが偽物だった。
⑥ 大好きな歌手のライブで、興奮のあまり泣いてしまった。
⑦ 画家を目指している彼は、挿し絵のアルバイトをしている。
⑧ 今回の台風上陸の被害は全国各地に及んだ。
⑨ 新入社員の採用試験で、誰を合格とするか慎重に協議した。
⑩ ズボンのすそがほつれたので、妻に縫ってもらった。
⑪ 家族や親戚に諭されて、ようやく手術を受ける決心をした。
⑫ 社長は、経費見直しで大幅な人員削減を検討している。
⑬ 紹介してもらった仕事をすぐに辞め、友達の顔を潰してしまった。
⑭ 学生の頃は食事も忘れて、貪るように本を読んだものだ。
⑮ 相手企業と忍耐強く交渉し、業務提携の合意にこぎつけた。

2. 漢字を書いてください。

① 急ブレーキに備え、前の車とのかんかくは十分確保してください。
② A社は新技術を開発できたことで、さらに発展をとげるだろう。
③ コーヒー１杯で３時間もねばったが、彼女は現れなかった。
④ 誕生日プレゼントのおもちゃを見て、息子は目をかがやかせて喜んだ。
⑤ 最近、体重が気になり始めたので肉類をひかえている。
⑥ 成績上位10人に入り、入学金と学費がめんじょされた。
⑦ 周囲は優秀な人が多く、れっとうかんにさいなまれている。
⑧ 志望校合格を目指して、少しの時間もおしんで勉強している。
⑨ 友達が失恋して泣いていたので、時間が解決するよとなぐさめた。
⑩ 事故が多発し、警察の飲酒運転のとりしまりが強化された。
⑪ この公園は広くて自然が多く、市民がいこう場所にふさわしい。
⑫ コンサート会場にねっきょうてきなファンが押しかけた。
⑬ 社会のモラルが低下している。実になげかわしいことだ。
⑭ インフルエンザが流行しているため、学生に注意をうながした。
⑮ ３年連続で準優勝だったが、今年は優勝してせつじょくを果たした。

1章・2章 アチーブメントテスト

【1】次の文の下線をつけた言葉の読み方を①〜④の中から選び、番号を書いてください。

1．味方を応援するため、チームカラーの旗を高く掲げた。
　　①あげた　　　　②かかげた　　　　③さげた　　　　④とげた

2．息子のチームを応援したにも関わらず、惜しいことに決勝戦で負けてしまった。
　　①くやしい　　　②おしい　　　　　③むかしい　　　④おかしい

3．手帳に控えたはずの店の電話番号が見つからず、予約ができなかった。
　　①かかえた　　　②そらえた　　　　③とらえた　　　④ひかえた

4．このカーテンは日差しだけでなく、外からの視線も遮ってくれるので安心だ。
　　①さえわたって　②あやつって　　　③さえぎって　　④とどこおって

5．獲物を狙って銃を撃ったが、うまく命中しなかった。
　　①ねらって　　　②きって　　　　　③とって　　　　④さわって

1.	2.	3.	4.	5.

【2】次の文の下線をつけた言葉の漢字を①〜④の中から選び、番号を書いてください。

1．今日の会議は、事業の拡大と成長戦略にしょうてんを当てて議論を進める。
　　①焦点　　　　　②奮点　　　　　　③笑点　　　　　④奪点

2．消防士の仕事は常に危険をともなう命がけの仕事だ。
　　①伏う　　　　　②促う　　　　　　③伴う　　　　　④併う

3．しめきりが明日に迫っているのに、課題のレポートが終わりそうにない。
　　①閉め切り　　　②締め切り　　　　③占め切り　　　④詰め切り

4．この辺りの家は高台にあるおかげで、大雨が降ってもしんすいする心配がない。
　　①潜水　　　　　②潰水　　　　　　③侵水　　　　　④浸水

5．リストから条件に合う人をちゅうしゅつして、アンケートを行う。
　　①注出　　　　　②宙出　　　　　　③抽出　　　　　④押出

1.	2.	3.	4.	5.

1章・2章　アチーブメントテスト

【3】次の文の下線をつけた言葉の読み方を書いてください。

1．掲示板に貼ってあるポスターを見て、セミナーの参加を申し込んだ。

2．入社前に、守秘義務を守るという誓約書にサインした。

3．彼女の暗い表情を見て、自分の発言が不適切だったことを悟った。

4．お釣りでもらった5千円札が偽物ではないかと思って、透かしてみた。

5．このまま不景気が続くと、経済危機に陥る可能性が高い。

6．ただの頭痛だと侮ってはいけない。何か病気のサインかもしれない。

7．前の人と1メール以上間隔をあけて、並んでください。

| 1. | 2. | 3. | 4. |
| 5. | 6. | 7. | |

【4】次の文の下線をつけた言葉の漢字を書いてください。

1．旅行でとった写真を整理して、思い出のアルバムを作った。

2．何度も人に道をたずねながら、やっと目的地にたどり着いた。

3．車の運転めんきょを更新するため、警察署へ手続きに行く。

4．では今から10分間、きゅうけいを取りましょう。

5．彼は仕事をしながら、夜は大学のちょうこう生として学んでいる。

6．睡眠時間の減少が子どもの成長をさまたげるという調査結果が出ている。

7．来日した歌手を一目見ようと、ねっきょうてきなファンが空港に押し寄せた。

| 1. | 2. | 3. | 4. |
| 5. | 6. | 7. | |

1章・2章 クイズ

【1】どちらか正しい方の漢字を〇で囲み、（　）に読み方を書いてください。

1. 毎日靴を ｛摩／磨｝ いてから、会社に出かける。……………（　　　いて　）

2. 将来に備えて、彼は月収の1割程度を毎月、貯 ｛蓄／畜｝ している。…（ちょ　　　）

3. 観客が客席で大騒ぎして試合を ｛防／妨｝ 害した。……………（　　　がい　）

4. 日本語と英語で何枚も ｛覆／履｝ 歴書を書いた。……………（　　　れきしょ）

5. 内容を分かりやすくするため会議の資料にグラフを ｛挿／抑｝ 入する。……（　　　にゅう）

6. 事故を目撃した男性が興 ｛奮／奪｝ した様子で、テレビの取材に答えた。…（こう　　　）

【2】漢字一字を下の □ から選び、熟語を作ってください。また、読み方を（　）に書いてください。

1. 自由に使いこなすこと …………… パソコンを □使 する。（　　　）

2. 誰にも、何も言わないこと …………… 沈□ を守る。（　　　）

3. あることの実現や人のために力を惜しまず動くこと …… □力 する。（　　　）

4. 任務や仕事を最後までやり通すこと …………… □行 する。（　　　）

5. どこまでも追いつめること …………… 責任を 追□ する。（　　　）

6. あることへの欲が深いこと ………… □欲 に知識を吸収する。（　　　）

| 貪 | 黙 | 駆 | 及 | 尽 | 遂 |

1章・2章 クイズ

【3】AとBから選んで組み合わせ、（ ）に入る漢字を考えてください。Aは2回使います。

A：扌 氵 糹 忄 𧾷
B：荒 式 兆 逢 沓 替 分 及 真 忝

（例）飼い主が家に帰ると、犬が飛び（ 跳 ）ねて喜んだ。
1. お金を落としたことに気が付いて（　　）てた。
2. 機材を使わないで、深さ3メートルの海に（　　）る。
3. 当店ではこちらの商品は取り（　　）っておりません。
4. 不注意からガラスで手を切って、3針も（　　）った。
5. この議題は（　　）重に検討を重ねる必要がある。
6. メールにファイルを（　　）付して送る。
7. 今年、生まれて初めてヨーロッパの土を（　　）んだ。
8. テーブルが汚れているね。台ふきんで（　　）こう。
9. 忙しさに（　　）れて、約束を忘れた。

【4】会話に合う言葉の漢字を下の□から選んで（ ）に入れ、完成させてください。

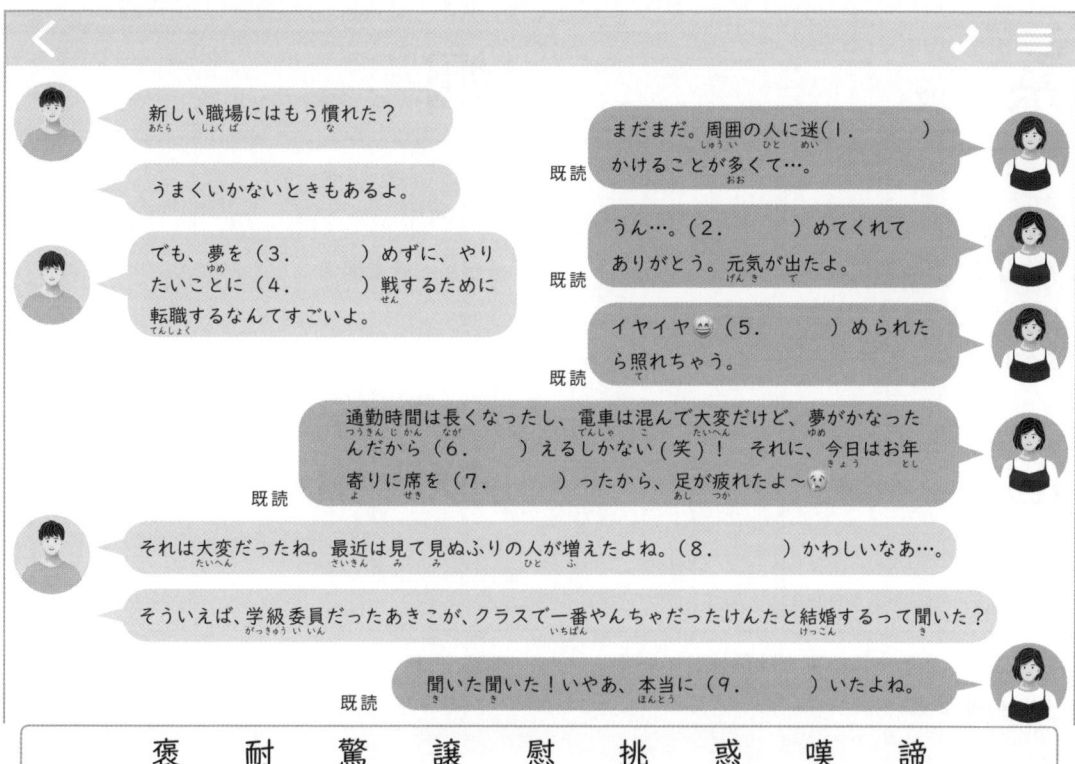

会話内容：
- 新しい職場にはもう慣れた？
- まだまだ。周囲の人に迷（1.　　）かけることが多くて…。
- うまくいかないときもあるよ。
- うん…。（2.　　）めてくれてありがとう。元気が出たよ。
- でも、夢を（3.　　）めずに、やりたいことに（4.　　）戦するために転職するなんてすごいよ。
- イヤイヤ😄（5.　　）められたら照れちゃう。
- 通勤時間は長くなったし、電車は混んで大変だけど、夢がかなったんだから（6.　　）えるしかない（笑）！ それに、今日はお年寄りに席を（7.　　）ったから、足が疲れたよ～😢
- それは大変だったね。最近は見て見ぬふりの人が増えたよね。（8.　　）かわしいなあ…。
- そういえば、学級委員だったあきこが、クラスで一番やんちゃだったけんたと結婚するって聞いた？
- 聞いた聞いた！いやあ、本当に（9.　　）いたよね。

褒　耐　驚　譲　慰　挑　惑　嘆　諦

3章 人間関係
にんげんかんけい

Human relationships
人际关系
Mối quan hệ con người

嫁 (13) とつ-ぐ　よめ / カ

山田家に嫁ぐ　お嫁さん　美しい花嫁
責任を転嫁する

婿 (12) むこ / セイ

娘に婿を取る　花婿　婿養子　女婿

縁 (15) ふち / エン

皿の縁が欠ける　黒縁の眼鏡　息子の縁談
縁起がいい　血縁関係　お金とは縁がない人生
縁側に座ってお茶を飲む

戚 (11) セキ

親戚の結婚式に出席する
彼とは遠い親戚にあたる

系 (7) ケイ

優秀な家系　5番系統のバスに乗る
系列会社に出向する　文系・理系
体系的に学ぶ

姻 (9) イン

婚姻届　姻戚関係

伯 (7) ハク

画伯　伯爵　2チームの実力は伯仲している
伯父　伯母

叔 (8) シュク

伯叔　叔父　叔母

必修編　3章　人間関係

立派な身なりの紳士　紳士的な態度　紳士服
りっぱ　み　　　しんし　しんしてき　たいど　しんしふく

淑女のような立ち居振る舞い　紳士淑女
しゅくじょ　　　　た　い ふ　ま　しんししゅくじょ

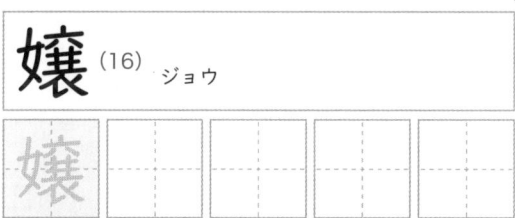

お嬢さん　お嬢様育ちの世間知らず
じょう　　じょうさまそだ　　せけんし
社長令嬢
しゃちょうれいじょう

老婆　老婆心ながら申し上げます
ろうば　ろうばしん　　　もう　あ

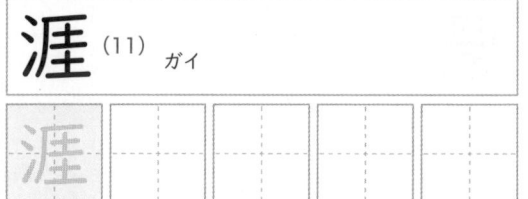

祖父は生涯現役の医者だった
そ ふ　しょうがいげんえき　い しゃ

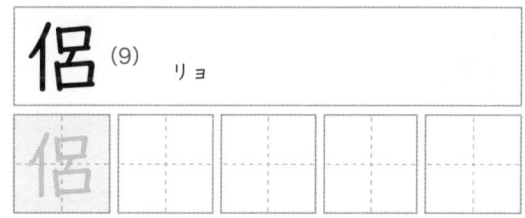

人生の伴侶を得る　出家して僧侶になる
じんせい　はんりょ　え　しゅっけ　　そうりょ

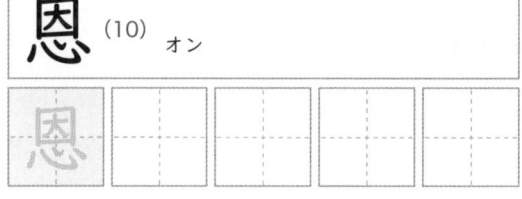

彼は命の恩人だ　10年ぶりに恩師に再会する
かれ　いのち　おんじん　　ねん　　　　おんし　さいかい
恩に着る　恩返しをする
おん　き　おんがえ
最新医療の恩恵を受ける
さいしんいりょう　おんけい　う

親孝行をする　孝行息子　親不孝な子ども
おやこうこう　　こうこうむすこ　おやふこう　こ

人間関係
にんげんかんけい

Human relationships
人际关系
Mối quan hệ con người

称 (10) ショウ

住民投票により駅の名称が変わった　左右対称
じゅうみんとうひょう　　　えき　めいしょう　か　　さゆうたいしょう
敬称略　称号を贈る
けいしょうりゃく　しょうごう　おく
称賛に値する勇気ある行動
しょうさん　あたい　ゆうき　こうどう

俺 (10) おれ

お前と俺の仲　息子は自分のことを俺と言う
まえ　おれ　なか　むすこ　じぶん　　　　おれ　い

郎 (9) ロウ

新郎新婦　一郎さん
しんろうしんぷ　いちろう

己 (3) おのれ／コ　キ

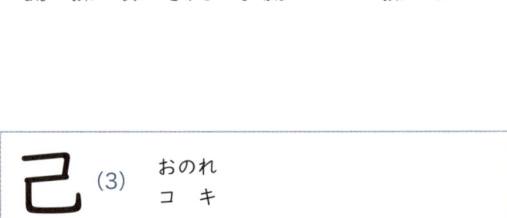

己の責任を果たす　自己紹介　自己責任
おのれ　せきにん　は　　じこしょうかい　じこせきにん
自己管理　利己主義　20年来の知己
じこかんり　りこしゅぎ　ねんらい　ちき

扶 (7) フ

3人の子どもを扶養する
にん　こ　　　　　ふよう
扶養控除が減額される
ふようこうじょ　げんがく
相互扶助の精神で助け合う
そうご　ふじょ　せいしん　たす　あ

匿 (10) トク

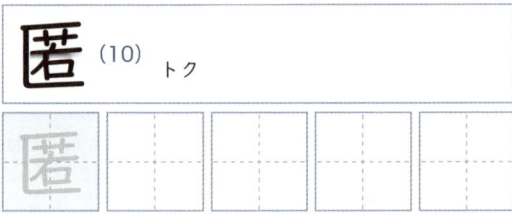

匿名の投書　盗んだ金品を隠匿する
とくめい　とうしょ　ぬす　きんぴん　いんとく

孤 (9) コ

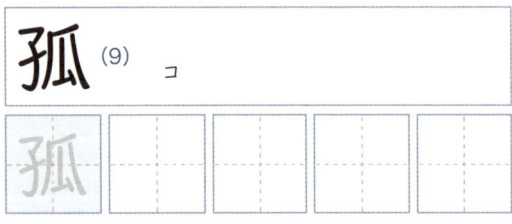

孤児　孤独な生活を送る　クラスで孤立する
こじ　こどく　せいかつ　おく　　　　　こりつ
孤軍奮闘　天涯孤独の人
こぐんふんとう　てんがいこどく　ひと

寂 (11) さび-れる　さび-しい　さび／ジャク　セキ

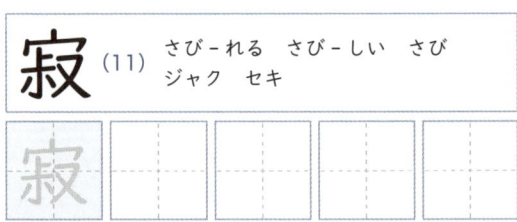

寂れた商店街　人の通らない寂しい道
さび　しょうてんがい　ひと　とお　　　さび　みち
恋人と別れて寂しい　古い家屋に寂を感じる
こいびと　わか　さび　　ふる　かおく　さび　かん
静寂な森の中　眺める人もいない寂然とした庭
せいじゃく　もり　なか　なが　ひと　　　　　せきぜん　にわ

必修編　3章　人間関係

慈 (13) いつく-しむ / ジ

子を慈しむ　慈愛の心　慈悲深い人　慈善事業

慕 (14) した-う / ボ

亡き母を慕う　母を慕って泣く
遠い祖国を慕う　敬慕の念を持つ
同級生に淡い慕情を抱く

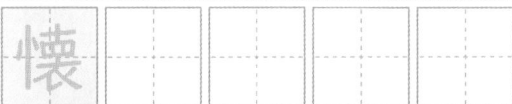

懐 (16) なつ-く　なつ-ける　なつ-かしむ
なつ-かしい　ふところ / カイ

この子は祖母によく懐いている　保護犬を懐ける
昔を懐かしむ　子どもの頃が懐かしい
懐に手を入れる　懐疑心を持つ

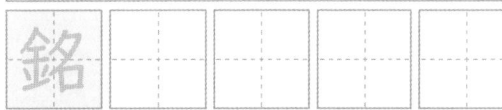

銘 (14) メイ

教えを心に銘記する　感銘を受ける
座右の銘　この絵は正真正銘本物だ
銘菓　銘柄品

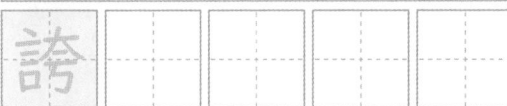

誇 (13) ほこ-る / コ

才能を誇る　富士山は日本一の高さを誇る
父を誇りに思う　息子の活躍を誇らしく思う
事実を誇張して話す　権力を誇示する　誇大広告

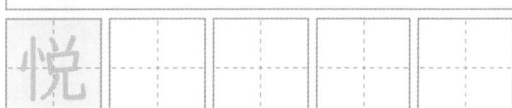

悦 (10) エツ

一人悦に入る　喜悦の表情を浮かべる
社長はご満悦だった

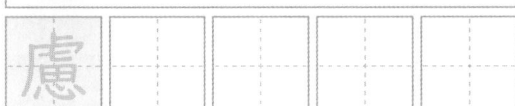

慮 (15) リョ

出席を遠慮する　相手の立場を考慮する
配慮が行き届いた施設　判断に苦慮する
事故で不慮の死を遂げる

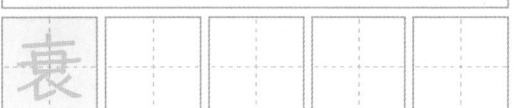

衰 (10) おとろ-える / スイ

体力が衰える　台風の勢力が衰える
病気で衰弱する　老衰で亡くなる
産業が衰退する　栄枯盛衰

人間関係
にんげんかんけい

Human relationships
人际关系
Mối quan hệ con người

憧 (15) あこが-れる / ショウ

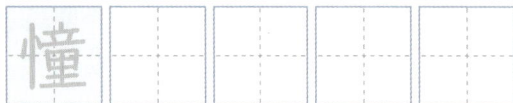

都会に憧れる　憧れの先輩　外国に憧憬を抱く

羨 (13) うらや-む　うらや-ましい / セン

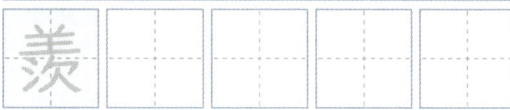

私の両親は人も羨む仲だ
彼の優雅な生活が羨ましい　羨望の的となる

憤 (15) いきどお-る / フン

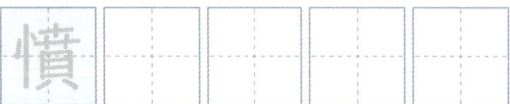

友の裏切りに憤る
差別的な発言に憤りを感じる
憤然とした態度

慨 (13) ガイ

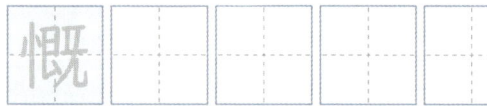

昔のアルバムを見て感慨にひたる
感慨深い思い出話　感慨無量
政治の腐敗に慨嘆する　不当な扱いに憤慨する

嫉 (13) シツ

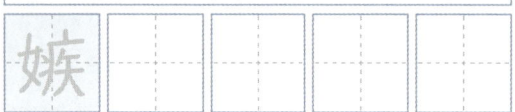

嫉妬深い人

妬 (8) ねた-む / ト

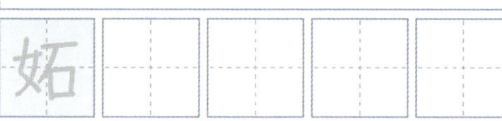

人の才能を妬む　彼女の人気が妬ましい
妬みそねみ　他人の出世に嫉妬する

怪 (8) あや-しむ　あや-しい / カイ

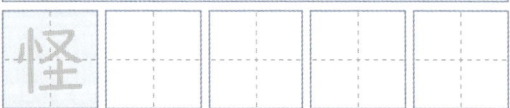

警官に怪しまれる　黒ずくめの怪しい男
怪談　怪奇現象　オペラ座の怪人

恨 (9) うら-む　うら-めしい / コン

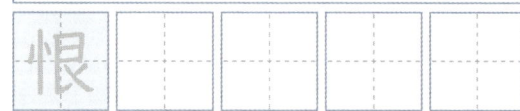

息子を奪った戦争を恨む　恨みを買う
自分の無力さが恨めしい　逆恨みされる
痛恨の極み　悔恨の涙を流す

3章 復習

1. 漢字の読み方を書いてください。

① 妹に縁談が持ち上がり、お見合いすることになったらしい。
② 親戚の子どもの入学祝いに図書カードを贈った。
③ 俺はコーヒーにするけど、君は何飲む？
④ 村人は森からさまざまな恩恵を受けて生活している。
⑤ 紳士服売り場で、冬物のスーツを一着新調した。
⑥ 結婚式当日、二人そろって区役所に婚姻届を提出した。
⑦ あたたかい拍手に包まれながら、新郎新婦が入場した。
⑧ 彼女はお嬢様育ちで、包丁も握ったことがない。
⑨ 駅の北側にある寂れた商店街は人通りもまばらだ。
⑩ 私の座右の銘は「笑う門には福来たる」だ。
⑪ アパートの周りをサングラスをかけた怪しい男がうろついていた。
⑫ 私は一人っ子なので、兄弟が多い友人が羨ましい。
⑬ 信じていた友人の裏切りに憤りを感じ、絶交を決意した。
⑭ 彼は優しいが、嫉妬深いところがある。
⑮ 高校時代の先輩を慕って、上京した。

2. 漢字を書いてください。

① 部長はプロジェクトの失敗の責任を部下にてんかした。
② 彼は三代続く医者のかけいで、周囲から後を継ぐことを望まれている。
③ 健康で長生きするためには食事や運動などのじこ管理が大切だ。
④ 先週起きた放火事件について、とくめいで情報提供があった。
⑤ 大学を卒業したら早く自立して、親こうこうをしたいと思っている。
⑥ この庭園は入り口正面から見て左右たいしょうになっている。
⑦ 友人や仲間と楽しく過ごしていても、こどくを感じることがある。
⑧ AとBの実力ははくちゅうしていて、見ごたえがある試合だった。
⑨ 都会にあこがれて、コンビニもない田舎から東京に出てきた。
⑩ 10年ぶりの同窓会でなつかしい顔ぶれがそろった。
⑪ 実家で子どもの頃のアルバムを見ながら、かんがいにひたった。
⑫ 自分の夢のために懸命に努力を続けた息子をほこらしく思う。
⑬ ここ1、2年で一気に体力のおとろえを感じるようになった。
⑭ どうぞえんりょなく召し上がってください。
⑮ 彼は全財産のほとんどをじぜん事業に寄付した。

4章 食・住

Food/Housing
饮食、居住
Bữa ăn và nơi ở

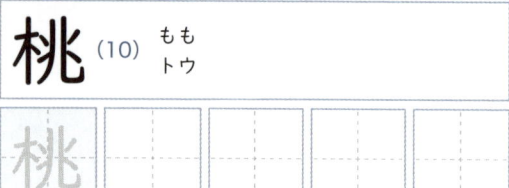

桃 (10) もも／トウ

桃色　白桃
ももいろ　はくとう

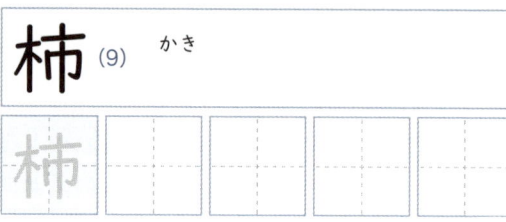

柿 (9) かき

庭の柿の木に実がなる　干し柿
にわ　かき　き　み　　　　　ほ　がき

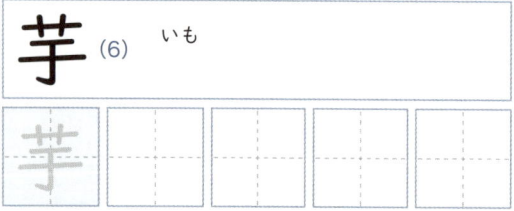

芋 (6) いも

じゃが芋　山芋　さつま芋　里芋
　　　いも　やまいも　　　　いも　さといも
会場内は芋を洗うような人込みだった
かいじょうない　いも　あら　　　　　ひとご

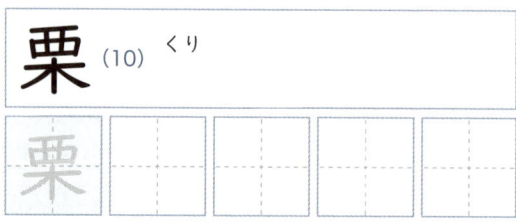

栗 (10) くり

甘栗をむく　いが栗　桃栗３年、柿８年
あまぐり　　　　　ぐり　ももくり　ねん　かき　ねん

旬 (6) ジュン　シュン

上旬・中旬・下旬　初旬　旬の野菜
じょうじゅん　ちゅうじゅん　げじゅん　しょじゅん　しゅん　やさい

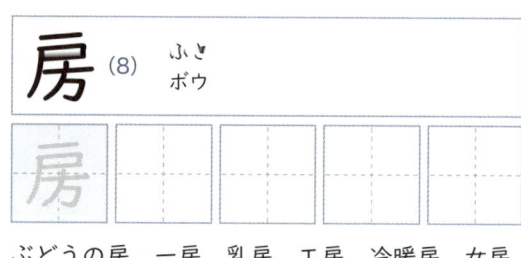

房 (8) ふさ／ボウ

ぶどうの房　一房　乳房　工房　冷暖房　女房
　　　　ふさ　ひとふさ　ちぶさ　こうぼう　れいだんぼう　にょうぼう
文房具
ぶんぼう　ぐ

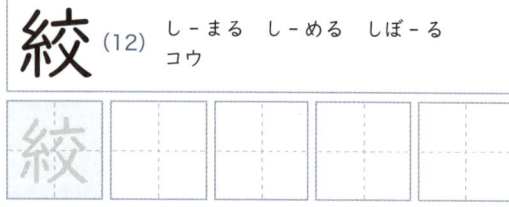

絞 (12) し－まる　し－める　しぼ－る／コウ

ネクタイで首が絞まる　首を絞める
　　　　　　くび　し　　　　くび　し
雑巾を絞る　知恵を絞ってアイデアを出す
ぞうきん　しぼ　　ちえ　しぼ　　　　　　　　　だ
人数を絞る　絞殺死体が発見される
にんずう　しぼ　　こうさつしたい　　はっけん

盆 (9) ボン

お茶をお盆に乗せる　お盆休み　盆踊り　盆地
　ちゃ　　ぼん　の　　　　ぼんやす　　ぼんおど　ぼんち

必修編・4章 食・住

沸 (8)
わ-く　わ-かす
フツ

湯が沸く　風呂を沸かす　会場がどっと沸く
沸点

騰 (20)
トウ

やかんの湯が沸騰する　原油価格が高騰する
株価が急騰する

煮 (12)
に-える　に-やす　に-る
シャ

芋が煮える　業を煮やす　おでんを煮る
肉を柔らかく煮込む　煮物　瓶を煮沸する

炊 (8)
た-く
スイ

ご飯を炊く　炊きたてのご飯　炊飯器　炊事
自炊する

揚 (12)
あ-がる　あ-げる
ヨウ

旗が揚がる　天ぷらを揚げる　抑揚をつける
国旗を掲揚する　気持ちが高揚する

炒 (8)
いた-める　い-る

肉と野菜を炒める　野菜炒め　大豆を炒る
炒りごま

蒸 (13)
む-れる　む-す　む-らす
ジョウ

靴の中が蒸れる　タオルを蒸す　蒸し暑い
ご飯を蒸らす　蒸発する　水蒸気

漬 (14)
つ-かる　つ-ける

洗濯物を水に漬ける　白菜を漬ける
大根が漬かる　漬物　お茶漬け
一夜漬けの試験勉強

43

食・住
しょく・じゅう

Food/Housing
饮食、居住
Bữa ăn và nơi ở

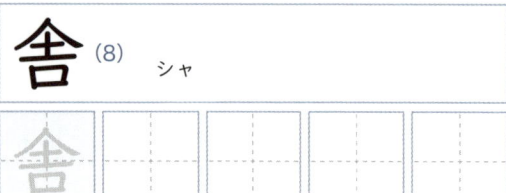

舎 (8) シャ

小学校の校舎　駅舎　公務員宿舎
しょうがっこう　こうしゃ　えきしゃ　こうむいんしゅくしゃ

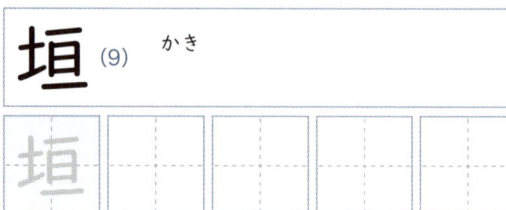

垣 (9) かき

垣をめぐらす　垣根のある家　石垣
かき　　　　　かきね　　　いえ　いしがき

邸 (8) テイ

大邸宅に住む　首相官邸　週末は別邸で過ごす
だいていたく　す　しゅしょうかんてい　しゅうまつ　べってい　す
私邸
してい

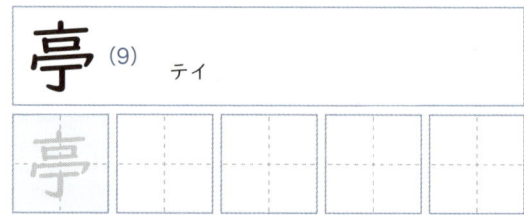

亭 (9) テイ

料亭で接待を受ける　亭主関白
りょうてい　せったい　う　ていしゅかんぱく

郊 (9) コウ

郊外に一軒家を買う　東京近郊に引っ越す
こうがい　いっけんや　か　とうきょうきんこう　ひ　こ

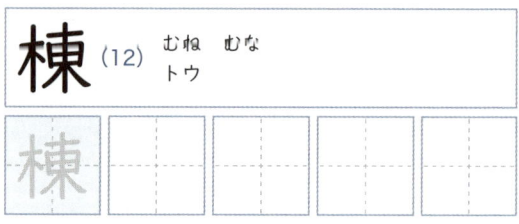

棟 (12) むね　むな　トウ

別棟に住む　棟瓦　上棟式
べつむね　す　むながわら　じょうとうしき
二棟のアパート　入院患者の病棟
にとう　　　　　にゅういんかんじゃ　びょうとう

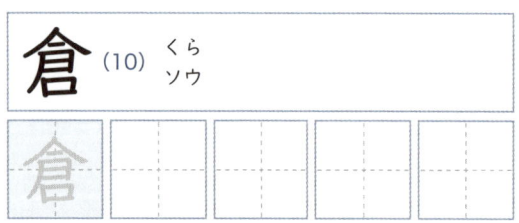

倉 (10) くら　ソウ

収穫した穀物を倉に納める　倉庫にしまう
しゅうかく　こくもつ　くら　おさ　　そうこ

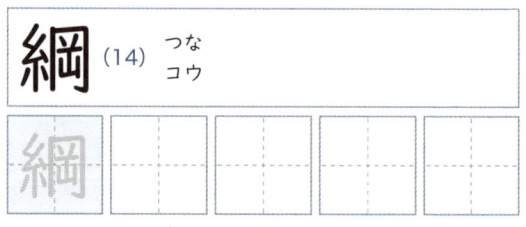

綱 (14) つな　コウ

綱を引く　綱渡り　頼みの綱　手綱　命綱
つな　ひ　つなわた　たの　つな　たづな　いのちづな
横綱　小学校の学習指導要綱
よこづな　しょうがっこう　がくしゅうしどうようこう

必修編 4章 食・住

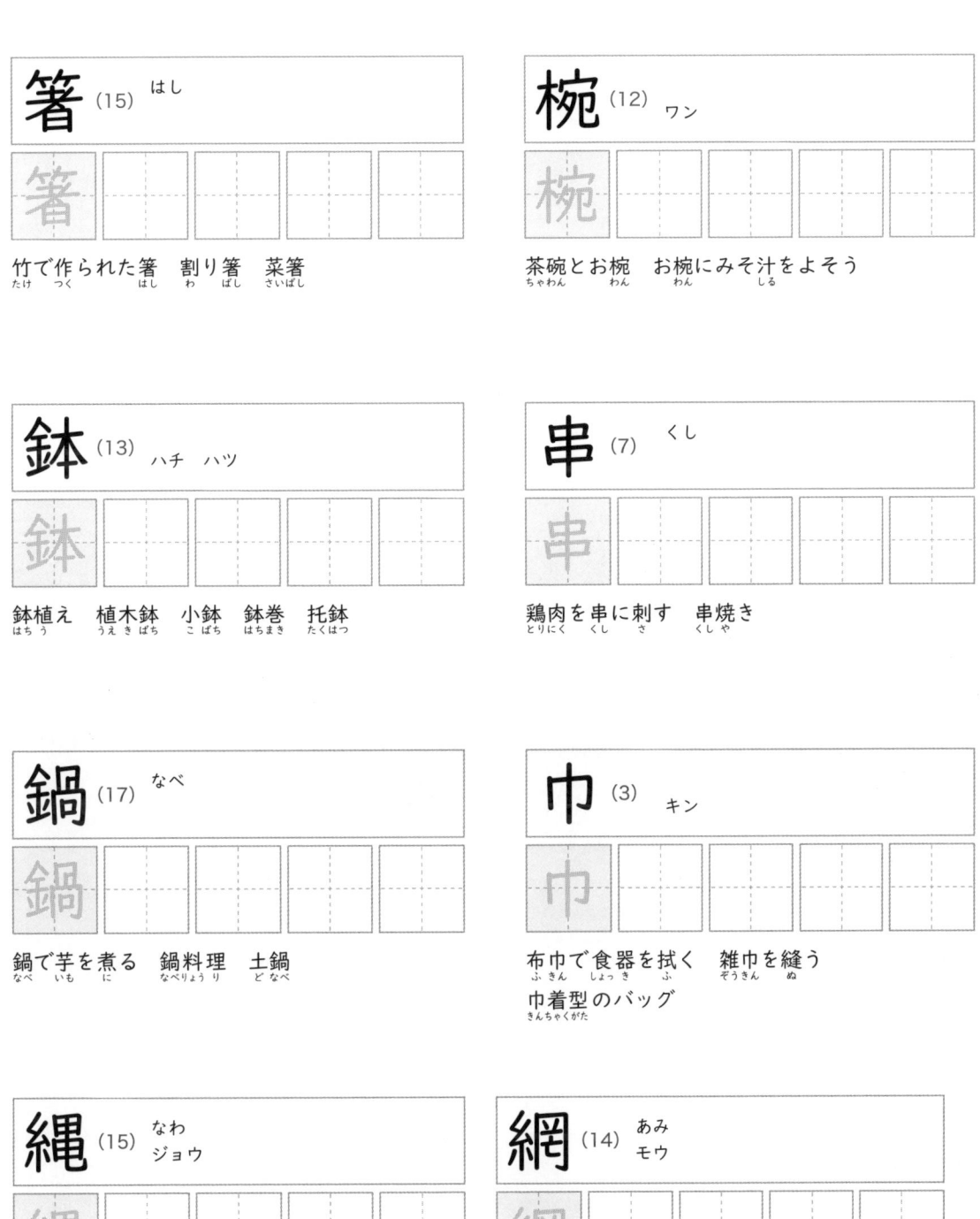

食・住
しょく じゅう

Food/Housing
饮食、居住
Bữa ăn và nơi ở

扉 (12) とびら / ヒ

扉を開く　本の扉　鉄の門扉
とびら ひら　ほん とびら　てつ もんぴ
未来への扉を開く
みらい　とびら ひら

棚 (12) たな

棚にファイルを戻す　本棚　食器棚
たな　　　　もど　ほんだな　しょっきだな
戸棚にしまう　自分のことを棚に上げる
とだな　　　　じぶん　　　　たな あ

卓 (8) タク

家族で食卓を囲む　卓上の花　卓球
かぞく しょくたく かこ　たくじょう はな　たっきゅう
卓越した才能の持ち主
たくえつ　さいのう　も ぬし

炉 (8) ロ

炉に火を入れる　炉端焼き　暖炉の火　溶鉱炉
ろ ひ い　　ろばたや　　だんろ ひ　ようこうろ
香炉
こうろ

呂 (7) ロ

風呂が沸く　風呂敷で包む　語呂合わせ
ふろ わ　　ふろしき つつ　ごろ あ

栓 (10) セン

コルクの栓を抜く　瓶の口に栓をする　栓抜き
せん ぬ　　びん くち せん　　　せんぬ
ガスの元栓を閉める
もとせん し

鍵 (17) かぎ / ケン

ドアに鍵を掛ける　鍵穴　合鍵を作る
かぎ か　　　　かぎあな　あいかぎ つく
ピアノの鍵盤
けんばん

枕 (8) まくら

枕　膝枕で寝る　氷枕　短歌の枕詞
まくら　ひざまくら ね　こおりまくら　たんか まくらことば

4章 復習

1. 漢字の読み方を書いてください。

① 桃は皮の全体にうぶ毛があり、香りの強いものがおいしい。
② 毎年、誕生日は私の好物ばかりが食卓に並ぶ。
③ この扉の向こうに明るい未来が待っていることを願う。
④ 久々に家族で鍋料理を囲み、団らんの時間を過ごした。
⑤ 水泳の国際大会の表彰式で国旗が掲揚された。
⑥ オリンピック選手団が宿舎用のホテルに到着した。
⑦ この地域では、学校の垣根を越えた交流が盛んだ。
⑧ ここは長きにわたり日本料理の伝統を守っている老舗料亭だ。
⑨ 紛失した場合に備えて合鍵を二つほど作っておこう。
⑩ 雪の重みで折れないように、竹や縄で枝をつって支えている。
⑪ 新学期の前にノートやペンなどの文房具を新調した。
⑫ 若手社員が知恵を絞って企画したイベントは大盛況だった。
⑬ おでんは味がしみこむまでじっくり煮込んだほうがおいしい。
⑭ 私の祖母は食事の作法や箸の使い方にうるさい。
⑮ 暖炉がある大きなログハウスに住むのが私の夢だ。

2. 漢字を書いてください。

① 東京きんこうの2DKマンションを借りて妹と暮らし始めた。
② 試験の前日に一夜づけで勉強しても、効果は期待できない。
③ 最近は空気の熱を利用して湯をわかす給湯器もある。
④ 燃料代や原材料のこうとうで、食料や日用品も値上がりした。
⑤ 一人暮らしを始めてから、節約のためにじすいを心掛けている。
⑥ 今日はキャベツが安かったから、夕飯は野菜いためにしよう。
⑦ むしあつい梅雨の時期が終わると、本格的な夏が始まる。
⑧ 彼は神経質で、まくらが変わると安眠できないらしい。
⑨ 友人がプールつきの立派なていたくをかまえたそうだ。
⑩ 市民病院は老朽化が進んだびょうとうの建て替え計画を発表した。
⑪ そうこに搬入した玄米を規格ごとに仕分けして、各地へ配送した。
⑫ 彼はお金を借りては返すというつな渡りの生活をしている。
⑬ 毎朝、ベランダのはち植えを手入れするのが私の日課だ。
⑭ 部屋にある本が増えてきたので、ほんだなを購入した。
⑮ 外出前には必ずガスのもとせんが閉まっているか確認する。

3章・4章 アチーブメントテスト

【1】次の文の下線をつけた言葉の読み方を①〜④の中から選び、番号を書いてください。

1．次年度より地方へ転勤が決まったため、3月下旬に引っ越しする予定だ。
　　①げしゅん　　②げじゅん　　③かしゅん　　④かじゅん

2．図書館に行くには3番系統のバスに乗る必要がある。
　　①けいしゅう　　②けいどう　　③けいとう　　④けいじゅう

3．15年ぶりに高校時代の恩師に再会した。
　　①おんし　　②おし　　③おんじ　　④おじ

4．立派な身なりの紳士に道を尋ねられた。
　　①じんじ　　②しし　　③しんじ　　④しんし

5．彼女が一人娘のため、自分が婿養子に入ることにした。
　　①よめ　　②おじ　　③むこ　　④むすこ

| 1. | 2. | 3. | 4. | 5. |

【2】次の文の下線をつけた言葉の漢字を①〜④の中から選び、番号を書いてください。

1．地元の商店街はこの10年ですっかりさびれてしまった。
　　①寂れて　　②紛れて　　③削れて　　④破れて

2．選挙違反で逮捕され、彼の政治家としてのしょうがいは終わった。
　　①精涯　　②生害　　③生涯　　④障害

3．緊急の場合のれんらくもうを作成する。
　　①連絡綱　　②連絡網　　③連絡縄　　④連絡締

4．海外から輸入した製品はすべてこのそうこに保管している。
　　①宋庫　　②倉庫　　③総庫　　④蔵庫

5．彼女のしっと深い性格が嫌になり、別れることにした。
　　①嫉徒　　②嫉嫁　　③嫉妬　　④嫉姻

| 1. | 2. | 3. | 4. | 5. |

3章・4章　アチーブメントテスト

【3】次の文の下線をつけた言葉の読み方を書いてください。

1．ミーティングで発した一言が原因で、グループから孤立した。

2．深夜遅くに首相官邸で記者会見が行われた。

3．油を使わずに調理できる蒸し料理が注目されている。

4．原油価格の高騰により、日用品も軒並み値上げされた。

5．突然の解雇に憤りを感じ、人事部に抗議した。

6．3人の子どもを一人で育て上げた母のことを誇らしく思う。

7．お湯が沸いたら、火を止めてスープの素を入れてください。

1.	2.	3.	4.
5.	6.	7.	

【4】次の文の下線をつけた言葉の漢字を書いてください。

1．毎年、おぼんやすみには家族で実家に帰省することにしている。

2．新しく建設される競技場のめいしょうを一般から公募する。

3．山田さんは誠実で、人にうらまれるような人物ではない。

4．新プロジェクト成功のため、チームで知恵をしぼってアイデアを出し合った。

5．高校時代の写真を眺め、しばらくかんがいにひたった。

6．サングラスをかけた、見るからにあやしい男がマンションの近くをうろついていた。

7．廃校になったこうしゃが解体され、跡地に公園ができた。

1.	2.	3.	4.
5.	6.	7.	

3章・4章 クイズ

【1】下線の読み方を□に書いてください。

あずま①亭　～板長おすすめ【秋の季節料理】～

②桃の食前酒
先付
　～きのこのマリネ・さつま③芋の④茶巾絞り・ごま豆腐～
季節の刺身3種
和牛と野菜のゆずこしょう⑤炒め
茶わん⑥蒸し
⑦炊き込み御飯（⑧栗御飯）
松茸のお吸い物
京野菜の⑨漬け物
季節の果物（⑩柿）

①
②
③
④
⑤
⑥
⑦
⑧
⑨
⑩

【2】AとBの枠から一つずつ漢字を選び、組み合わせて熟語を作ってください。

A: 孝 校 縁 匿 婚 沸 慈
B: 姻 行 悲 騰 起 舎 名

1. 彼女の誕生日に役所に□□届を提出した。
2. □□で新聞に意見を投書する
3. 彼女は誰にでも優しく、□□深い人だ。
4. 母が元気なうちに親□□したいと思っている。
5. 人気□□中のアイドルに夢中だ。
6. 茶柱が立つとは朝から□□がいい。
7. 中学校で□□の改修工事が行われている。

3章・4章　クイズ

【3】（　　　）に入る言葉を□から選び、漢字に直して書いてください。

浜口：昨日、ゆうこさんの結婚式に行ってきたんですよ。ほら、これがその写真。
佐藤：わあ、ゆうこさん、きれいですね。①（　　　）衣装も豪華で、②（　　　）ちゃうな。
浜口：ほら、彼女は建設会社の社長③（　　　）だから、④（　　　）の他にもお父様の会社関係の方がたくさん来ていて、盛大な式でしたよ。
佐藤：へえ。ああ、この人は⑤（　　　）の・・・健人さんでしたっけ。
浜口：ええ。まじめそうな方でしたよ。親友のスピーチで感極まって涙を流していましたし。
佐藤：そういえば、二人はどうやって知り合ったんですか。
浜口：お父様の会社の取引先の担当者が健人さんの上司だったんですって。
佐藤：へえ、そういう⑥（　　　）があったんですね。

| しんせき　あこがれ　えん　れいじょう　はなよめ　しんろう |

【4】母親が子どもに残したメモです。＿＿＿に入る言葉を□から選び、書いてください。また、（　　）には読み方を書いてください。

麻里へ
おかえりなさい。今日は仕事で少し遅くなります。
いくつか麻里にお願いがあります。
夕方になったら、＿＿＿側にある植木＿＿＿を部屋の中に入れておいてね。
　　　　　　　　（　）がわ　　　　（　）
それから、お風＿＿＿を沸かしておいてね。水を入れるときはお風＿＿＿の＿＿＿を
　　　　　　　（　）わ　　　　　　　　　　　　　　　　　（　）　（　）
するのを忘れずに。
夕飯は＿＿＿込みハンバーグです。皿や＿＿＿は食器＿＿＿にしまってあるからね。
　　　　（　）　　　　　　　　　（　）　　　　（　）
寒かったら、床暖＿＿＿をつけてね。
　　　　　　　ゆかだん（　）
遅くても8時までには帰ります。
デザートを買って帰るから楽しみに待っていてね。
　　　　　　　　　　　　　　　　　　　　　　　　　ママより

| 房　箸　煮　縁　呂　鉢　棚　栓 |

5章 状態 − 1
じょうたい

Situations 1
状态 1
Trạng thái 1

穏 (16) おだ−やか / オン

穏やかな海　平穏な生活　不穏な空気が漂う
おだ　うみ　へいおん せいかつ　ふおん　くうき ただよ
穏やかな人柄　穏やかに話す
おだ　ひとがら　おだ　はな
問題を穏便に解決する
もんだい　おんびん　かいけつ

朗 (10) ほが−らか / ロウ

朗らかな人　明朗な人は好かれやすい
ほが　　　　めいろう ひと　す
詩の朗読　朗々と歌い上げる　朗報が届く
し　ろうどく　ろうろう うた あ　ろうほう とど

稚 (13) チ

幼稚な考え　幼稚園　川に稚魚を放流する
ようち　かんが　ようちえん　かわ ちぎょ ほうりゅう
稚児
ちご

怠 (9) おこた−る　なま−ける / タイ

努力を怠り試験に落ちる　仕事を怠ける
どりょく おこた しけん お　しごと なま
怠け者　勤怠管理　倦怠期を迎えた夫婦
なま もの きんたいかんり けんたいき むか ふうふ

惰 (12) ダ

怠惰な生活を送る
たいだ せいかつ おく
惰性でアルバイトを続けている　惰眠を貪る
だせい　　　　　つづ　だみん むさぼ

寛 (13) カン

寛容な心の持ち主　寛大な処置
かんよう こころ も ぬし　かんだい しょち

陰 (11) かげ−る　かげ / イン

日が陰る　日陰に入って休む　木陰で涼をとる
ひ かげ　ひかげ はい やす　こかげ りょう
顔に陰りが見える　陰口をたたく　陰気臭い
かお かげ み　かげぐち　いんきくさ
陰湿ないじめ　陰険な目つき　陰性・陽性
いんしつ　いんけん め　いんせい ようせい

卑 (9) いや−しむ　いや−しめる　いや−しい / ヒ

卑しむべき行為　敵を卑しめる　卑しい行為
いや　　　こうい　てき いや　　いや　こうい
卑怯な手段　卑屈な態度
ひきょう しゅだん ひくつ たいど
自らを卑下する必要はない　卑劣なやり方
みずか　ひげ　ひつよう　ひれつ　かた

必修編　5章　状態 − 1

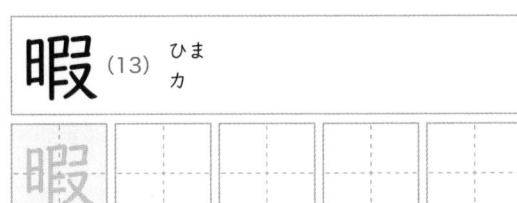

暇な一日　暇をもてあます
ひま いちにち　ひま
暇潰しにゲームをする　休暇　余暇
ひまつぶ　　　　　　　きゅうか　よか

平凡な人生　非凡な才能
へいぼん じんせい　ひぼん さいのう
彼の理論は凡人にはわからない
かれ りろん　ぼんじん
辞典の使い方を凡例で見る
じてん つか かた　はんれい み

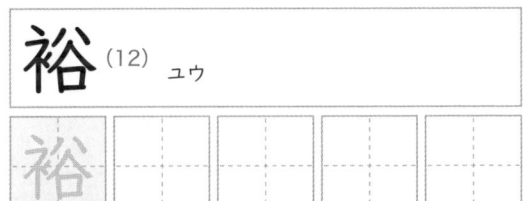

裕福な家庭　余裕がある　富裕層
ゆうふく かてい　よゆう　　　ふゆうそう

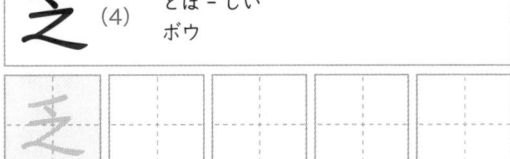

経験が乏しい　資金が乏しい　貧乏
けいけん とぼ　　しきん とぼ　　びんぼう
ビタミンが欠乏する
けつぼう
他人の貧乏ゆすりが気になる
たにん びんぼう　　　　　き

柔よく剛を制す　質実剛健な家風
じゅう ごう せい　しつじつごうけん かふう

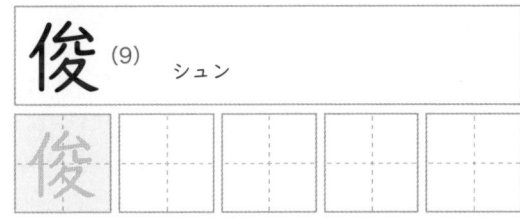

彼は俊才と言われている　俊足の持ち主
かれ しゅんさい い　　　　　　しゅんそく も ぬし

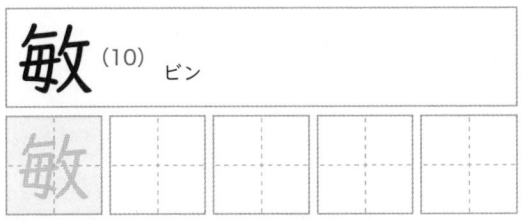

機敏に行動する　俊敏な新聞記者
きびん こうどう　しゅんびん しんぶんきしゃ
敏腕の弁護士　乾燥に敏感な肌
びんわん べんごし　かんそう びんかん はだ
周囲の音に過敏に反応する
しゅうい おと かびん はんのう

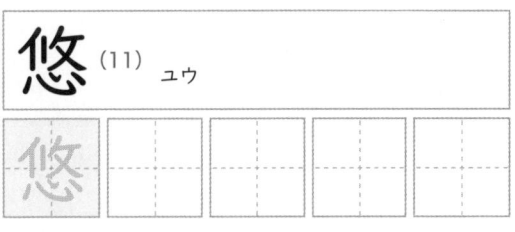

悠久不変の自然　悠々と歩く　悠然たる態度
ゆうきゅうふへん しぜん　ゆうゆう ある　ゆうぜん たいど
悠長に構える　悠々自適な生活を送る
ゆうちょう かま　ゆうゆうじてき せいかつ おく

状態 − 1
じょうたい

Situations 1
状态 1
Trạng thái 1

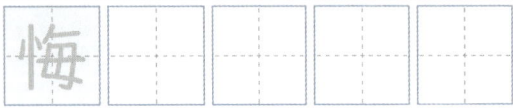
悔 (9)　く−いる　く−やむ　くや−しい
　　　　カイ

過去の過ちを悔いる　後で悔やんでも遅い
かこ　あやま　く　　あと　く　　　おそ
試合に負けて悔しい　悔し泣き
しあい　ま　　くや　　くや　な
後悔先に立たず
こうかいさき　た

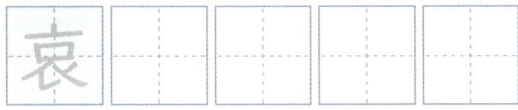
哀 (9)　あわ−れむ　あわ−れ
　　　　アイ

捨てられた子犬を哀れむ　人々の哀れを誘う話
す　　　　こいぬ　あわ　　ひとびと　あわ　さそ　はなし
戦争で両親を失った哀れな子どもたち
せんそう　りょうしん　うしな　あわ　　こ
人生の悲哀を感じる　喜怒哀楽
じんせい　ひあい　かん　　きどあいらく

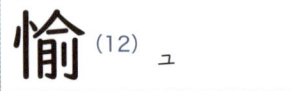
愉 (12)　ユ

愉快な人　不愉快な気分になる
ゆかい　ひと　ふゆかい　きぶん
愉悦のひとときを過ごす
ゆえつ　　　　　　　す

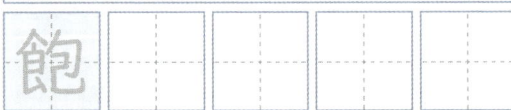
飽 (13)　あ−きる　あ−かす
　　　　ホウ

連日の肉料理に飽きる　飽きっぽい性格
れんじつ　にくりょうり　あ　　あ　　　　せいかく
この歌は聞き飽きた　暇に飽かして漫画を読む
うた　き　あ　　　ひま　あ　　　まんが　よ
飽食の時代　都市の人口が飽和状態になる
ほうしょく　じだい　とし　じんこう　ほうわじょうたい

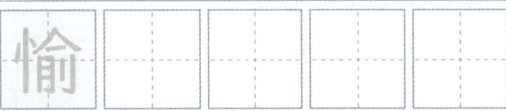
煩 (13)　わずら−う　わずら−わす
　　　　ハン　ボン

心を煩わす　将来を思い煩う
こころ　わずら　しょうらい　おも　わずら
職場の人間関係が煩わしい
しょくば　にんげんかんけい　わずら
煩雑な手続き　煩悩を断つ　子煩悩な父親
はんざつ　てつづ　ぼんのう　た　こぼんのう　ちちおや

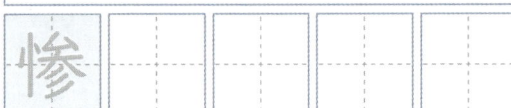
惨 (11)　みじ−め
　　　　サン　ザン

惨めな気持ちになる　悲惨な光景を目にする
みじ　　きも　　　　　ひさん　こうけい　め
大惨事　試合で惨敗する
だいさんじ　しあい　ざんぱい
無惨な最期　凶悪犯に惨殺される
むざん　さいご　きょうあくはん　ざんさつ

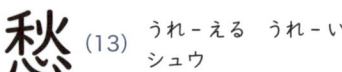
愁 (13)　うれ−える　うれ−い
　　　　シュウ

過ぎ行く季節を愁える　春の愁いに沈む
す　ゆ　きせつ　うれ　　はる　うれ　しず
夕暮れに郷愁を感じる　哀愁を帯びたメロディー
ゆうぐ　　きょうしゅう　かん　あいしゅう　お
この度はご愁傷様でございます
たび　　しゅうしょうさま

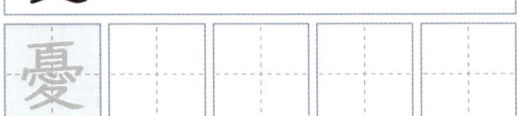
憂 (15)　うれ−える　うれ−い　う−い
　　　　ユウ

国の将来を憂える　憂いに満ちた表情
くに　しょうらい　うれ　　うれ　　み　　ひょうじょう
落選の憂き目にあう　試合経過に一喜一憂する
らくせん　う　め　　　　しあいけいか　いっきいちゆう
将来を憂慮している
しょうらい　ゆうりょ

必修編　5章　状態−1

魅 (15) ミ

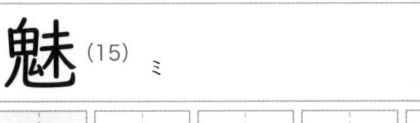

魅力のある女性　魅力的な仕事
観客を魅了する　魅惑的な眼差しで誘われた

愚 (13) おろ－か　グ

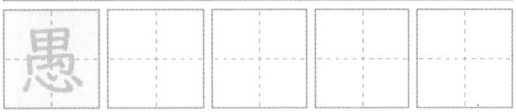

愚かな行い　愚問
愚息がご迷惑をおかけしました　愚劣な行為
そんな嘘を信じるなんて愚の骨頂だ

凝 (16) こ－る　こ－らす　ギョウ

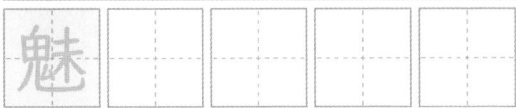

肩が凝る　血液が凝固する
旨味が凝縮されたスープ　ゴルフに凝る　凝り性
目を凝らす　相手を凝視する　工夫を凝らす

妄 (6) モウ　ボウ

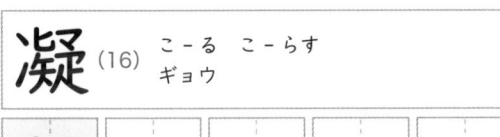

妄想にふける　被害妄想を抱く
人の噂を妄信する　妄言を吐く

豪 (14) ゴウ

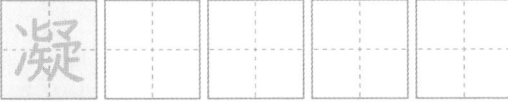

明治の文豪、夏目漱石　豪快に笑う　豪邸
豪華なホテル　豪雨に見舞われる　酒豪
強豪チームと対戦する　カジノで豪遊する

敢 (12) あ－えて　カン

言いにくいことを敢えて言う　勇敢な少年
果敢に挑戦する　敢然と戦う

猛 (11) モウ

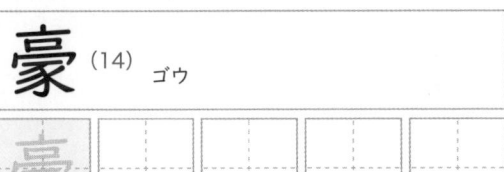

猛然と戦う　勇猛果敢　猛獣　猛犬注意
今年は猛暑だった

烈 (10) レツ

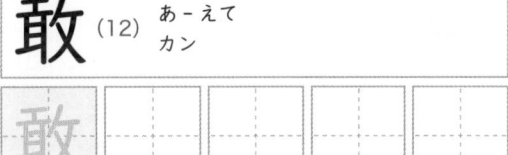

猛烈に勉強する　強烈な印象
烈火のごとく怒る　熱烈な歓迎を受ける

状態 — 1
じょうたい

Situations 1
状态 1
Trạng thái 1

矛 (5) ほこ / ム

相手に矛を向ける
あいて ほこ む
彼に非難の矛先を向ける
かれ ひなん ほこさき む

盾 (9) たて / ジュン

矛と盾　彼の話は矛盾している
ほこ たて かれ はなし むじゅん
有力者を後ろ盾にする
ゆうりょくしゃ うし だて

迅 (6) ジン

迅速な行動をとる
じんそく こうどう
獅子奮迅の勢いで優勝に貢献する
しし ふんじん いきお ゆうしょう こうけん

奇 (8) キ

奇抜な服装　奇跡が起こる　数奇な運命
きばつ ふくそう きせき お すうき うんめい
奇数・偶数　奇想天外なアイデア
きすう ぐうすう きそうてんがい

妙 (7) ミョウ

絶妙なタイミングでシュートが決まった
ぜつみょう き
彼とは妙に気が合う
かれ みょう き あ
奇妙な現象が起こる　妙案を思い付く
きみょう げんしょう お みょうあん おも つ

巧 (5) たく-み / コウ

巧みな話術　悪巧みを企てる　技巧を凝らす
たく わじゅつ わるだく くわだ ぎこう こ
精巧な作り　巧妙な手口
せいこう つく こうみょう てぐち

瞭 (17) リョウ

明瞭な発音　違いは一目瞭然だ
めいりょう はつおん ちが いちもくりょうぜん

衡 (16) コウ

収支の均衡を保つ
しゅうし きんこう たも
片足立ちをして平衡感覚を養う
かたあしだ へいこうかんかく やしな

5章 復習

1. 漢字の読み方を書いてください。

① 父は寛大で、どんな時も温かく見守ってくれた。
② 休日にのんびり過ごしているだけで、親に怠惰だと叱られる。
③ 彼は仕事も見つからず、惨めな生活を送っている。
④ あの人はけちで金に卑しいと言われている。
⑤ 豪華客船に乗って、世界一周するのが夢だ。
⑥ お客様からのクレームには迅速な対応が必要だ。
⑦ 彼は失敗を恐れず、何でも果敢に挑戦する。
⑧ 父は定年後、悠々自適な生活をしている。
⑨ 一輪車は平衡感覚を鍛えるのにいいらしい。
⑩ 疲れた時はお風呂に入りながら妄想にふけるのが好きだ。
⑪ 下田選手は全国を訪れ、各地で熱烈な歓迎を受けた。
⑫ 彼の巧妙な話術に、危うくだまされそうになった。
⑬ 作業が煩雑にならないように、他の方法を考えましょう。
⑭ 祖父は最近ゴルフに凝っていて、週に3回ほど練習している。
⑮ 今年の夏は観測史上、記録的な猛暑となったそうだ。

2. 漢字を書いてください。

① 新しくできた私立のようちえんに娘を通わせることにした。
② この部屋は家賃が安い代わりに、日当たりが悪くていんき臭い。
③ 彼はひまさえあればテレビゲームをしている。
④ 経済に関する知識がとぼしいので、入門書を読み始めた。
⑤ おだやかな春の海を車窓からのんびり眺める。
⑥ 彼女の笑顔はみりょくてきで、幸せな気持ちになる。
⑦ 彼女はゆうふくな家庭に育ったからか、家事をしたことがないそうだ。
⑧ 肌がびんかんなので、化粧品に気を遣っている。
⑨ 彼の話にはむじゅんしているところがあり、説得力がない。
⑩ 大学中退をこうかいしているなら、再挑戦すればいい。
⑪ 私の人生はへいぼんだとは思うが、毎日楽しく充実している。
⑫ 秋祭りで少年たちが笛を吹き、あいしゅう漂う音色を響かせた。
⑬ 私の友人はいつも冗談を言うゆかいな人だ。
⑭ 都市の人口はほうわ状態で、どこへ行っても人が多い。
⑮ 試合の動向にいっきいちゆうし、興奮した。

6章 状態－2
じょうたい

Situations 2
状态 2
Trạng thái 2

滑 (13)　すべ－る　なめ－らか　カツ　コツ

雨で滑って転ぶ　スキーで急斜面を滑る
あめ すべ ころ　　きゅうしゃめん すべ
滑走路　口が滑る　滑らかな肌　滑らかに話す
かっそうろ　くち すべ　なめ　はだ　なめ　はな
会議が円滑に進む　滑稽なことを言う
かいぎ えんかつ すす　こっけい　い

濁 (16)　にご－る　にご－す　ダク

台風で川の水が濁る　お茶を濁す
たいふう かわ みず にご　　ちゃ にご
立つ鳥跡を濁さず　濁流にのまれる
た とりあと にご　　だくりゅう
濁点をつける
だくてん

澄 (15)　す－む　す－ます　チョウ

川の水が澄んでいる　澄んだ空気
かわ みず す　　す くうき
耳を澄まして聴く
みみ す き
澄ました顔で冗談を言う　高原の清澄な空気
す かお じょうだん い　こうげん せいちょう くうき

透 (10)　す－く　す－かす　す－ける　トウ

川底が透いて見える　紙幣を透かす
かわぞこ す み　しへい す
肌が透けてみえる服　透きとおった水　透明
はだ す ふく　す みず　とうめい
見え透いたうそ　喫煙に関するルールが浸透する
み す　きつえん かん　しんとう

潤 (15)　うるお－う　うるお－す　うる－む　ジュン

雨で田畑が潤う　臨時収入で家計が潤った
あめ たはた うるお　りんじしゅうにゅう かけい うるお
ビールで喉を潤す　涙で潤んだ目　豊潤な土地
のど うるお　なみだ うる め　ほうじゅん とち
利潤の追求　潤沢な資金　潤滑油の役目を果たす
りじゅん ついきゅう　じゅんたく しきん　じゅんかつゆ やくめ は

熟 (15)　う－れる　ジュク

熟れたトマト　成熟した社会　熟成したワイン
う　　せいじゅく しゃかい　じゅくせい
半熟の卵　熟練した技術　説明書を熟読する
はんじゅく たまご　じゅくれん ぎじゅつ　せつめいしょ じゅくどく
熟睡　熟考したうえで判断する　熟語　未熟
じゅくすい　じゅっこう はんだん　じゅくご　みじゅく

腐 (14)　くさ－る　くさ－れる　くさ－らす　フ

食べ物が腐る　ふて腐れる　牛乳を腐らせる
た もの くさ　くさ　ぎゅうにゅう くさ
政治の腐敗　金属が腐食する
せいじ ふはい　きんぞく ふしょく
木材に防腐剤を塗る　陳腐な表現　豆腐
もくざい ぼうふざい ぬ　ちんぷ ひょうげん　とうふ

臭 (9)　くさ－い　にお－う　シュウ

焦げ臭い　汗臭い　生ごみが臭う　悪臭を放つ
こ くさ　あせくさ　なま にお　あくしゅう はな
面倒臭い
めんどうくさ

必修編 6章 状態−2

丈 (3) たけ / ジョウ

丈の短いスカート　背丈が伸びる　丈夫な靴
たけ みじか　　　せたけ の　　　　じょうぶ くつ
頑丈な机　気丈に振る舞う
がんじょう つくえ　きじょう ふ ま
大丈夫、心配しないで
だいじょうぶ しんぱい

粗 (11) あら−い / ソ

目の粗い網　仕事が粗い　小説の粗筋を話す
め あら あみ　しごと あら　　しょうせつ あらすじ はな
他人の粗を探す　粗びきこしょう
たにん あら さが　　あら
物を粗末にする　粗悪品　粗品　粗大ごみ
もの そまつ　　　そあくひん　そしな　そだい

緩 (15) ゆる−む　ゆる−める　ゆる−い　ゆる−やか / カン

靴ひもが緩む　試験が終わって気が緩んだ
くつ　　　ゆる　しけん お　　　　き ゆる
ベルトを緩める　ズボンが緩い
ゆる　　　　　　　ゆる
緩やかなカーブ　規制緩和　緩慢な動作
ゆる　　　　　　きせいかんわ　かんまん どうさ

匂 (4) にお−う

バラの花が匂う　せっけんの匂い
はな にお　　　　　　　　にお
生活の匂いがしない部屋
せいかつ にお　　　　へや

芳 (7) かんば−しい / ホウ

芳しい香り　成績が芳しくない　芳香剤
かんば かお　せいせき かんば　　　　ほうこうざい

膨 (16) ふく−らむ　ふく−れる / ボウ

桜のつぼみが膨らむ　希望に胸を膨らませる
さくら ふく　　　　きぼう むね ふく
水で腹が膨れる　借金が膨れ上がる
みず はら ふく　　しゃっきん ふく あ
人件費が膨大になる　気体が膨張する
じんけんひ ぼうだい　　　きたい ぼうちょう

唯 (11) ユイ　イ

彼は唯一無二の友人だ
かれ ゆいいつむに ゆうじん
唯々諾々として命令に従う
いいだくだく　　　　めいれい したが

殊 (10) こと / シュ

この景色は素晴らしいが、殊に夕暮れがいい
けしき すば　　　　　　こと ゆうぐ
殊の外、美しい　特殊な能力　殊勝な心がけ
こと ほか うつく　とくしゅ のうりょく しゅしょう こころ
三人寄れば文殊の知恵
さんにん よ　　もんじゅ ちえ

状態 − 2
じょうたい

Situations 2
状态 2
Trạng thái 2

雰 (12) フン

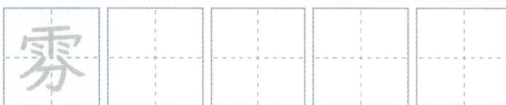

華やかな雰囲気　独特な雰囲気にのまれる
はな　　　ふんいき　どくとく　ふんいき

壮 (6) ソウ

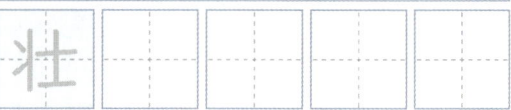

壮年　勇壮な男祭り　壮絶な戦い
そうねん　ゆうそう　おとこまつ　そうぜつ　たたか
壮行会　壮大なスケールの映画
そうこうかい　そうだい　　　　　えいが

閑 (12) カン

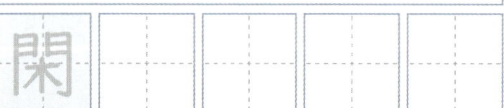

閑静な住宅地　商店街が閑散としている
かんせい　じゅうたくち　しょうてんがい　かんさん
閑古鳥が鳴く　農閑期
かんこどり　な　のうかんき
安閑とした日々を過ごす
あんかん　　　ひび　　す

剰 (11) ジョウ

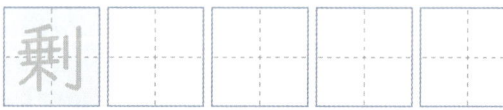

アルコールの過剰な摂取は体に悪い
かじょう　せっしゅ　からだ　わる
子どもに過剰な期待をかける　生産過剰
こ　　　かじょう　きたい　　　　せいさんかじょう
彼は自信過剰だ　人員に余剰がでる
かれ　じしんかじょう　じんいん　よじょう

疎 (12) うと-む うと-い ソ

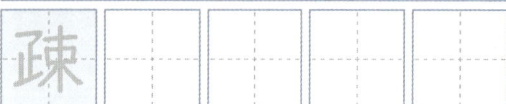

上司に疎まれる　顔を見るのも疎ましい
じょうし　うと　　　かお　み　　　　うと
お金の計算に疎い　過疎の村
かね　けいさん　うと　　かそ　むら
最近彼とは疎遠だ　疎外感を抱く
さいきんかれ　　そえん　　そがいかん　いだ

滅 (13) ほろ-びる ほろ-ぼす メツ

川滅

文明が滅びる　核兵器は地球を滅ぼしかねない
ぶんめい　ほろ　　かくへいき　ちきゅう　ほろ
人類の滅亡　恐竜の絶滅　相続の権利が消滅する
じんるい　めつぼう　きょうりゅう　ぜつめつ　そうぞく　けんり　しょうめつ
仏滅　信号が点滅する　支離滅裂
ぶつめつ　しんごう　てんめつ　しりめつれつ

粋 (10) いき スイ

粋な着こなし　技術の粋を集める
いき　き　　　　ぎじゅつ　すい　あつ
父は生粋の江戸っ子だ　純粋な気持ち
ちち　きっすい　えどっこ　　じゅんすい　きも
大事な部分を抜粋する
だいじ　ぶぶん　ばっすい

沿 (8) そ-う エン

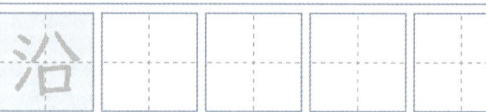

川に沿って歩く　会社の方針に沿う
かわ　そ　　ある　かいしゃ　ほうしん　そ
太平洋沿岸地域　電車の沿線
たいへいようえんがんちいき　でんしゃ　えんせん
沿道で選手を応援する　学校の沿革
えんどう　せんしゅ　おうえん　がっこう　えんかく

必修編　6章　状態 − 2

斉 (8) セイ

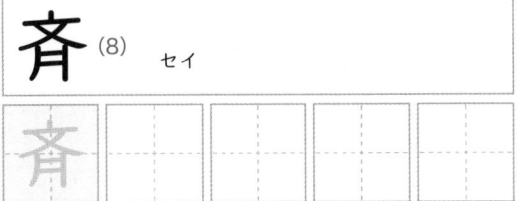

チャイムが鳴り、全員一斉に立った　校歌斉唱

至 (6) いた−る／シ

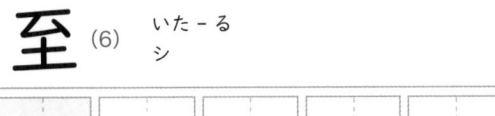

目的地に至る　大事に至らずに済む
考えが至らない　至って簡単だ　至急の依頼
至難の業　至福のひととき　夏至・冬至

逐 (10) チク

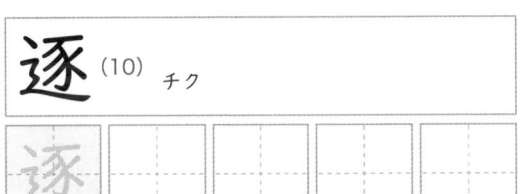

逐一報告する　逐次通訳

寧 (14) ネイ

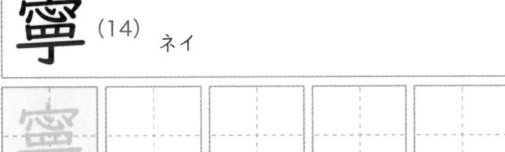

生活の安寧を願う　丁寧な言葉遣い
字を丁寧に書く

且 (5) か−つ

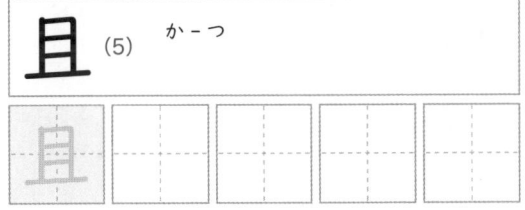

二十歳以上、且つ、条件を満たす人に限る。

但 (7) ただ−し

申し込みは受付中、但し、定員になり次第締め切り
領収書の但し書き

宜 (8) ギ

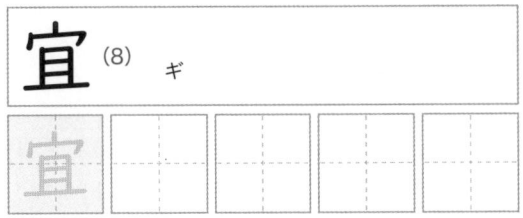

適宜休憩をはさむ　便宜を図る
便宜上記号を用いる

錯 (16) サク

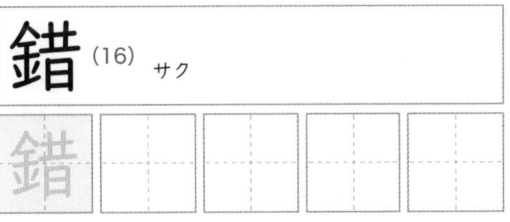

期待と不安が交錯する　試行錯誤を繰り返す
目の錯覚　時代錯誤の考え方

状態 − 2
じょうたい

瞬 (18) またた-く / シュン

星が瞬いている　瞬く間に時間が経った
ほし またた　　またた ま じかん た
一瞬のできごと　立った瞬間目まいがした
いっしゅん　　　　た しゅんかん め
決定的瞬間をカメラに収める　瞬発力を高める
けっていてきしゅんかん　　おさ　しゅんぱつりょく たか

頃 (11) ころ

近頃　子どもの頃、よく川で遊んだ
ちかごろ　こ　　ころ　　　かわ あそ
日頃の行いがよい　頃合いを見て電話する
ひごろ おこな　　　ころあ　み でんわ
手頃な値段　食べ頃に熟れたメロン
てごろ ねだん　た ごろ う

頻 (17) ヒン

友人を頻繁に訪ねる　使用頻度が高い
ゆうじん ひんぱん たず　しようひんど たか
事件が頻発する　入試に頻出する問題
じけん ひんぱつ　　にゅうし ひんしゅつ もんだい

徐 (10) ジョ

徐々に上達する　徐行運転
じょじょ じょうたつ　じょこううんてん

微 (13) ビ

微笑を浮かべる　微量の鉄を含む　微々たる収入
びしょう う　　　びりょう てつ ふく　　び び しゅうにゅう
微熱がある　成功するか否かは微妙だ
びねつ　　　せいこう　　いな　びみょう
微力ながら精一杯務めます
びりょく　　せいいっぱいつと

恒 (9) コウ

恒例の行事　恒久の平和を祈る　恒星・惑星
こうれい ぎょうじ　こうきゅう へいわ いの　こうせい わくせい
恒温動物
こうおんどうぶつ

既 (10) すで-に / キ

既に手遅れの状態　既婚　既製服　既成の事実
すで ておく じょうたい　きこん　きせいふく　きせい じじつ
既存の設備を使う
きそん せつび つか

又 (2) また

又の機会にしましょう　本の又貸し
また きかい　　　　　ほん またが
又聞きした話
またぎ　はなし

6章 復習

1. 漢字の読み方を書いてください。

① あの大学では文化祭に歌手を招くのが恒例になっている。
② 父の唯一の趣味は切手収集で、国を問わず集めている。
③ 学生時代の友達とは疎遠になってしまい、今何をしているか不明だ。
④ セミナーは長時間のため、適宜水分を取ってください。
⑤ 大雨が原因で増水し、川の水はひどく濁っている。
⑥ 経済活動が活発になり、景気が徐々に回復している。
⑦ 輸出の制限が緩和され始め、貿易量が増えてきた。
⑧ この辺りは閑静な住宅街で、豪華な邸宅が多い。
⑨ この牛乳は変なにおいがする。腐っているのかもしれない。
⑩ 耳を澄ますと鳥のさえずる声が聞こえる。
⑪ このまま環境破壊が進むと、人類はいつか滅亡するだろう。
⑫ この湖の水は透明で、魚が泳いでいるのがよく見える。
⑬ 仕事終わりに同僚とビールを飲んで、渇いた喉を潤した。
⑭ 道を歩いていると、ふと芳しい梅の香りがただよってきた。
⑮ 予約は既に完了しているので、あとは支払いを済ませるだけだ。

2. 漢字を書いてください。

① この店はふんいきがいいので、若者に人気がある。
② 犯人逮捕の決定的しゅんかんを目撃した。
③ 最近、チームの調子が落ち、優勝できるかどうかびみょうだ。
④ この時計にはとくしゅな素材が使われている。
⑤ ひごろの感謝の気持ちを込めて母に花束を贈った。
⑥ この漢字は使用ひんどが高いので覚えてください。
⑦ 彼女は昔からじしんかじょうなところがある。
⑧ 手がすべってワイングラスを落としてしまった。
⑨ 飽食の時代だが、食べ物をそまつにしてはいけない。
⑩ 石川さんはじゅんすいな人で、裏表が全くない素直な性格だ。
⑪ 宇宙開発にはぼうだいな費用が必要なため、削減が検討された。
⑫ 運動の後は汗くさくなるので、着替えを持って行こう。
⑬ 会社の方針にそってプロジェクトを進める。
⑭ 契約書をじゅくどくし、誤りがないことを確認してから署名をする。
⑮ 社会人には、ていねいな言葉遣いが求められる。

5章・6章 アチーブメントテスト

【1】次の文の下線をつけた言葉の読み方を①〜④の中から選び、番号を書いてください。

1. なんでも人のせいにしてしまうのは、愚かな考えだと思う。
　　①おだやかな　　②おごそかな　　③おろかな　　④おおらかな

2. ここの図書館では子どもたちのために、童話の朗読会が行われている。
　　①ろうどくかい　　②しょうどくか　　③りょうどくか　　④ろどくかい

3. チャイムが鳴ると、学生は一斉に机の上を片付け始めた。
　　①いっしょうに　　②いちせいに　　③いちさいに　　④いっせいに

4. ある国の建国から滅亡までの歴史を描いた壮大なスケールの映画が公開される。
　　①そうおうな　　②そうだいな　　③しょうだいな　　④そうたいな

5. お客様とのトラブルは、逐一店長に報告することになっている。
　　①たくいち　　②とういつ　　③ちくいつ　　④ちくいち

1.	2.	3.	4.	5.

【2】次の文の下線をつけた言葉の漢字を①〜④の中から選び、番号を書いてください。

1. 洗濯物を干していると、柔軟剤のいいにおいがした。
　　①旬い　　②匂い　　③臭い　　④芳い

2. 田中選手は持ち前のしゅんそくを生かし、チームの勝利に貢献した。
　　①俊速　　②俊足　　③瞬足　　④瞬速

3. 近くの飛行場から飛び立った軽飛行機が、住宅地に墜落して大さんじになった。
　　①惨事　　②参事　　③散時　　④惨地

4. 毎日規則正しい生活をしているからか、いたって体の調子がいい。
　　①到って　　②板って　　③致って　　④至って

5. 私の卒業した学校は質実ごうけんを校訓に掲げていた。
　　①剛健　　②豪健　　③敢健　　④猛健

1.	2.	3.	4.	5.

5章・6章　アチーブメントテスト

【3】次の文の下線をつけた言葉の読み方を書いてください。

1. 最近、遊んでばかりで勉強を怠けていたので成績が落ちた。
2. 今日は日差しが強いので、できるだけ日陰を歩こう。
3. 彼の発音は明瞭で、アナウンサーのように聞きとりやすい。
4. 子どもの頃、平衡感覚を養うために一輪車の練習をさせられた。
5. このスープは野菜の旨味が凝縮されていて、とてもおいしい。
6. この求人には「大卒且つ実務経験3年以上」という応募条件がある。
7. 明日は地域の運動会が開催される。但し、雨天の場合は中止だそうだ。

1.	2.	3.	4.
5.	6.	7.	

【4】次の文の下線をつけた言葉の漢字を書いてください。

1. このベッドは段ボールでできているが、とてもがんじょうだ。
2. 雨の中、捨てられている子犬の話を聞いてあわれみを感じた。
3. 店員の言葉たくみな説明につられて、思わず買ってしまった。
4. 家の外できみょうな音がしている。ちょっと見に行ってみよう。
5. この食品サンプルは、本物かとさっかくするほどよくできている。
6. 締め切りが迫っているため、書類が届いたら、しきゅう連絡してください。
7. とうふなどの大豆を含む食品は健康にいいとされている。

1.	2.	3.	4.
5.	6.	7.	

5章・6章 クイズ

【1】下から漢字を選んで、言葉を完成させてください。

1. 必要以上に自分の能力が高いと思うこと ……………… 自 □ □
2. 速度を落としてゆっくり運転すること ……………… □ 行 □
3. 人間のさまざまな感情 ……………………………… □ □ 楽
4. 自分の思うままにゆったりと生きること ……………… □ 々 □
5. ひと目見ただけではっきりわかること ……………… □ 目 □

過	瞭	哀	悠	適	徐	昌	一	怒	運
々	行	信	剰	転	喜	自	楽	然	自

【2】___の漢字の読み方で、一つだけ違うものがあります。その番号を選んで[ ]に書き、( )には読み方を書いてください。

　　　　　　　　　　　　　　　　　　　　　　　　　番号　　　読み

1. ①平凡　②非凡　③凡例　④凡人 …………… [　]（ 　　　　）
2. ①背丈　②丈夫　③頑丈　④大丈夫 ………… [　]（ 　　　　）
3. ①粗品　②粗筋　③粗末　④粗悪 …………… [　]（ 　　　　）
4. ①陰口　②陰気　③日陰　④木陰 …………… [　]（ 　　　　）
5. ①悲惨　②惨敗　③無惨　④惨殺 …………… [　]（ 　　　　）

5章・6章 クイズ

【3】□に入る漢字を考えて書いてください。

1. このチョコレートには□量の日本酒が含まれている。
   （び／りょう／にほんしゅ／ふく）
2. 彼は流行に□感で、最新のファッションを取り入れている。
   （かれ／りゅうこう／びん／かん／さいしん／と／い）
3. □□な生活ばかりしていると、自分を甘やかすくせがついてしまう。
   （たい／だ／せいかつ／じぶん／あま）
4. 船上で行われたパーティーは非常に□□で、大勢の芸能人が出席していた。
   （せんじょう／おこな／ひじょう／ごう／か／おおぜい／げいのうじん／しゅっせき）
5. この地域では人口の過□化が深刻な問題になっている。
   （ちいき／じんこう／か／そ／か／しんこく／もんだい）
6. 国家予算は□張しつづけ、ふくれあがる一方だそうだ。
   （こっか／よさん／ぼう／ちょう／いっぽう）
7. アルコールの過□な摂取は健康に害を及ぼす。
   （か／じょう／せっしゅ／けんこう／がい／およ）
8. このスマートフォンには特□な部品が使われていて、水没しても壊れない。
   （とく／しゅ／ぶひん／つか／すいぼつ／こわ）

【4】近所に住む林さんと小川さんが世間話をしています。＿＿＿の言葉を漢字で書いてください。

林：あら、小川さん、こんにちは。
小川：林さん、こんにちは。①ようちえんからのお帰り？
林：うん。やっと娘も慣れてきたみたい。小川さんは、すごい荷物だね。
小川：最近、家事②なまけてたから…。あと、③ちかごろエスニック料理に④こりはじめて、それでいっぱい買っちゃって。
林：へえ、エスニック料理？すごいね。
小川：ちょっと⑤ひまなときにね。外食する⑥よゆうはないから、家で楽しんでるだけだけど。林さんは？これから買い物？
林：うん。今日は結婚記念日でね、夫の好きな料理を子どもたちと作るのが⑦こうれい行事になってて。買い出しに行かなきゃ。
小川：あいかわらず仲いいね。結婚記念日、おめでとう。
林：うん、ありがとう。

①	②	③	④
⑤	⑥	⑦	

67

7章 自然
しぜん

Nature
自然
Tự nhiên

芽 (8) め / ガ

木の芽が出る　木々が芽吹く季節　恋が芽生える
種が発芽する　長年芽が出ない俳優
才能の芽を摘む　研究の萌芽

苗 (8) なえ なわ / ビョウ
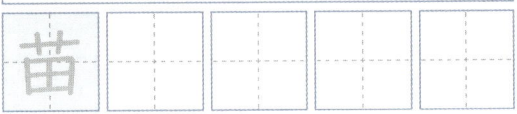
野菜の苗を植える　苗木　苗代で稲を育てる
苗床に種をまく　種苗

茎 (8) くき / ケイ

植物の茎　地下茎　歯茎が腫れる

幹 (13) みき / カン
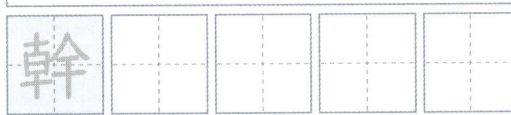
木の幹　幹線道路を建設する　幹部社員
宴会の幹事を引き受ける　根幹　新幹線
体幹を鍛える

樹 (16) ジュ
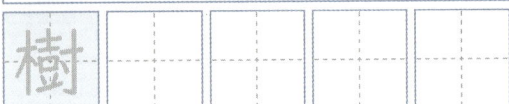
樹木がない高地　街路樹を植える　果樹園
富士の樹海　樹氷　植樹　樹齢400年
新政権を樹立する

伐 (6) バツ
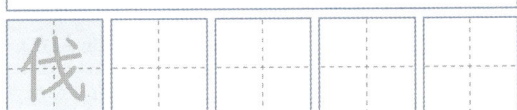
杉の木を伐採する　森林伐採　間伐
反乱軍を討伐する　殺伐とした雰囲気

柳 (9) やなぎ / リュウ

柳の枝がしなる　柳に風と受け流す
川柳を詠む

垂 (8) た-れる た-らす / スイ
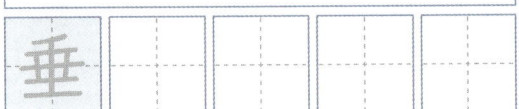
よだれが垂れる　釣り糸を垂らす
垂れ目　雨垂れ　地面に垂直に棒を立てる
胃下垂

必修編　7章　自然

芝 (6) しば
庭に芝を植える　グラウンドに人工芝を敷く
天然芝　芝居を観に行く

茂 (8) しげ-る　モ
若葉が青々と茂る　雑草が繁茂する
茂みに隠れる

凹 (5) オウ
凹レンズ

凸 (5) トツ
凸レンズ　凹凸がある

氾 (5) ハン
台風で川が氾濫する
DVDの海賊版が世の中に氾濫している

濫 (18) ラン
職権を濫用する　希少な動物を濫獲する
森林を濫伐する

堤 (12) つつみ　テイ
大雨で堤が切れる　堤防沿いを散策する
防波堤

溝 (13) みぞ　コウ
溝を掘る　両国間の溝が深まる
排水溝から水が溢れる　側溝　海溝

自然
しぜん

Nature
自然
Tự nhiên

潮 (15) しお / チョウ

満潮・千潮　海の潮流を見る　潮風
まんちょう・かんちょう　うみ　ちょうりゅう　み　しおかぜ
潮が満ちる　世の中の風潮　最高潮に達する
しお　み　よ　なか　ふうちょう　さいこうちょう　たっ
頬を紅潮させる　そろそろ潮時だ
ほお　こうちょう　しおどき

浪 (10) ロウ

波浪注意報　放浪の旅に出る　流浪の民
はろうちゅういほう　ほうろう　たび　で　るろう　たみ
浮浪者　受験に失敗して浪人する　時間の浪費
ふろうしゃ　じゅけん　しっぱい　ろうにん　じかん　ろうひ

没 (7) ボツ

太陽が水平線に没する　日没　船が沈没する
たいよう　すいへいせん　ぼっ　にちぼつ　ふね　ちんぼつ
道路が陥没する　没落した貴族　没年　病没
どうろ　かんぼつ　ぼつらく　きぞく　ぼつねん　びょうぼつ
没後、名声が高まる　研究に没頭する　没収
ぼつご　めいせい　たか　けんきゅう　ぼっとう　ぼっしゅう

漂 (14) ただよ-う / ヒョウ

海面に漂う小舟　和やかな雰囲気が漂う
かいめん　ただよ　こぶね　なご　ふんいき　ただよ
船が岸に漂着する　漂流船　シャツを漂白する
ふね　きし　ひょうちゃく　ひょうりゅうせん　ひょうはく

浦 (10) うら

津々浦々に広まる　浦島太郎
つつうらうら　ひろ　うらしまたろう

湧 (12) わ-く / ユウ

温泉が湧く　湧き水　虫が湧く
おんせん　わ　わ　みず　むし　わ
先生の一言で勇気が湧いた　原油が湧出する
せんせい　ひとこと　ゆうき　わ　げんゆ　ゆうしゅつ

径 (8) ケイ

庭園内の径路を散策する　教会へ続く小径
ていえんない　けいろ　さんさく　きょうかい　つづ　しょうけい
円の直径を測る　半径10メートル
えん　ちょっけい　はか　はんけい

峠 (9) とうげ

一日中歩いてやっと峠を越えた
いちにちじゅうある　とうげ　こ
暑さも峠を越した
あつ　とうげ　こ
母の容態から医師に「今夜が峠だ」と言われた
はは　ようだい　いし　こんや　とうげ　い

必修編　7章　自然

霧 (19) きり／ム

霧が濃い　霧雨が降る　濃霧注意報　霧吹き
長年の計画が雲散霧消した　五里霧中

霜 (17) しも／ソウ

霜が降りる　霜柱が立つ
野菜が霜害で全滅した　霜焼けで手がかゆい

露 (21) つゆ／ロ　ロウ

草が露で濡れている　肌の露出を抑える
悪事を暴露する　不満を露骨に表す
結婚披露宴　露天風呂　露店でおみやげを買う

曇 (16) くも-る／ドン

どんよりと空が曇る　晴れ時々曇り　曇天
ガラスが曇る　不安で顔が曇る
訃報に接し心が曇る

虹 (9) にじ

雨上がりに虹が見えた

圏 (12) ケン

首都圏　優勝圏内に入る
地下鉄で携帯電話が圏外になった　大気圏

緯 (16) イ

緯度・経度　北緯・南緯
これまでの経緯を説明する

磁 (14) ジ

磁石　磁気カード　電磁波　磁気嵐
青磁の大皿

自然
しぜん

Nature
自然
Tự nhiên

窒 (11) チツ

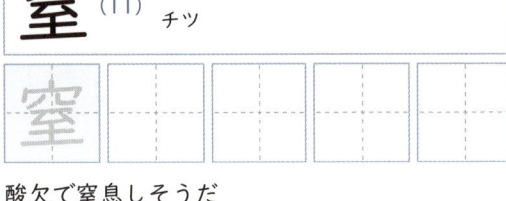

酸欠で窒息しそうだ
さんけつ　ちっそく

素 (10) ソ / ス

素材を生かした料理　音楽家としての素質がある
そざい　い　りょうり　おんがくか　そしつ
成功に必要な要素　素性を明かす
せいこう　ひつよう　ようそ　すじょう　あ
素顔をさらす　素手で触れる　窒素
すがお　　　すで　ふ　　ちっそ

亜 (7) ア

亜熱帯気候　彼の絵はゴッホの亜流だ　亜細亜
あねったい　きこう　かれ　え　ありゅう　あじあ

鉛 (13) なまり / エン

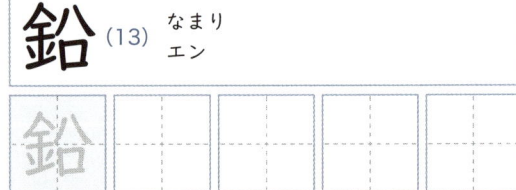

鉛は人体に有害な物質だ　鉛色の空
なまり　じんたい　ゆうがい　ぶっしつ　なまりいろ　そら
鉛筆を削る　亜鉛を多く含む食品
えんぴつ　けず　あえん　おお　ふく　しょくひん

酸 (14) す-い / サン

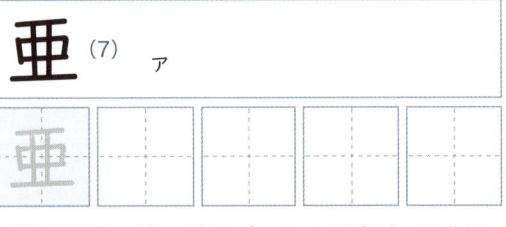

酸っぱいみかん　口酸っぱく注意する
す　　　　　くちす　　　ちゅうい
酸味の強いコーヒー　酸性・アルカリ性
さんみ　つよ　　　　　さんせい
酸性雨　ワインが酸化する　酸素　炭酸飲料
さんせいう　　　さんか　　　さんそ　たんさんいんりょう

硫 (12) リュウ

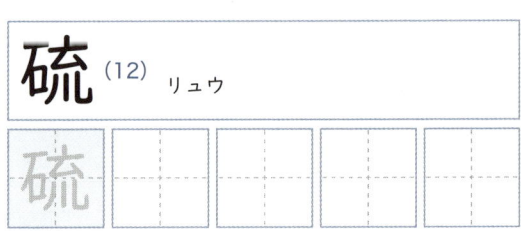

硫酸
りゅうさん

塊 (13) かたまり / カイ

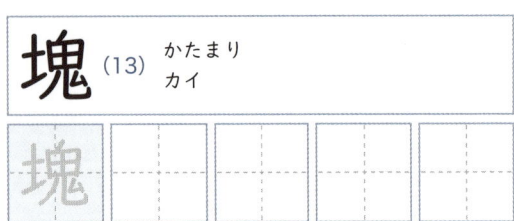

雪の塊　牛肉を塊で買う
ゆき　かたまり　ぎゅうにく　かたまり　か
ひと塊になって走る　金塊
かたまり　　　はし　　きんかい

晶 (12) ショウ

雪の結晶　努力の結晶　液晶テレビ
ゆき　けっしょう　どりょく　けっしょう　えきしょう
水晶を使って占う
すいしょう　つか　　うらな

必修編　7章　自然

7章 復習
ふくしゅう

1. 漢字の読み方を書いてください。

① 春は出会いも多く、恋が芽生える季節だ。　①
② 佐藤さんは芝居が好きで、演劇の道に進んだそうだ。　②
③ 木目の凹凸を残した木材で、木の温もりを感じる家を建てたい。　③
④ 波浪注意報が出たので、海に近づかないでください。　④
⑤ 旅行会社で働く夫は、全国津々浦々の名産品に詳しい。　⑤
⑥ 言葉の行き違いがもとで、二人の間に溝ができた。　⑥
⑦ 子どもの頃は、曇ったガラスに絵を描いて遊んだものだ。　⑦
⑧ 歯茎から血が出るのは、きちんと歯を磨けていないということだ。　⑧
⑨ 酸性雨が与える影響は樹木だけでなく動物にも及んでいる。　⑨
⑩ 沖縄諸島は亜熱帯気候に属し、冬でも雪は降らない。　⑩
⑪ 濃霧で前が見えず、現在10kmの渋滞が発生している。　⑪
⑫ ポイントカードの磁気が弱まり、反応しなくなってしまった。　⑫
⑬ 結婚式は神社で、披露宴はホテルで行う予定だ。　⑬
⑭ 雨が上がり、空に虹がかかっているのが見えた。　⑭
⑮ 震災の経験から、以前よりも高い堤防を築くことになった。　⑮

2. 漢字を書いてください。

① 彼の息子は大企業のかんぶ候補生として期待されている。　①
② この割り箸は、かんばつ材を利用して作られている。　②
③ 台風の影響で川がはんらんし、多くの住宅が流された。　③
④ 高温のため、すでで触れると危険です。　④
⑤ テストはペンではなく、えんぴつを使って書いてください。　⑤
⑥ 畑にトマトのなえを植えた。実がなるのが楽しみだ。　⑥
⑦ 雪のけっしょうをデザインした電灯を、店の前に飾った。　⑦
⑧ 大学時代は研究室でロボット製作にぼっとうした。　⑧
⑨ 月に1回、海岸にひょうちゃくしたごみを拾う。　⑨
⑩ 景気低迷により、しゅとけん全域で地価が下落した。　⑩
⑪ このワインはさんみが強いので、料理に入れると良い。　⑪
⑫ 庭に雑草がしげっているので、刈ることにした。　⑫
⑬ 暑さはとうげを越し、過ごしやすい季節になった。　⑬
⑭ 逆転ゴールを決めたとき、場内の興奮はさいこうちょうに達した。　⑭
⑮ 保険会社に事故のけいいを説明した。　⑮

8章 生物

Living things
生物
Sinh vật

昆 (8) コン

昆虫を観察する　昆布

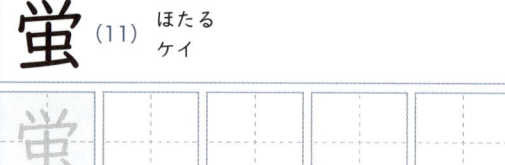

蛍 (11) ほたる / ケイ

川辺に無数の蛍が光っている
蛍光灯　蛍光ペン

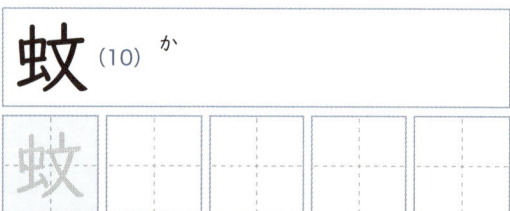

蚊 (10) か

蚊に刺される　蚊取り線香
蚊の鳴くような声で話す

蝶 (15) チョウ

蝶　蝶々を捕まえる　蝶ネクタイ
胡蝶蘭を部屋に飾る

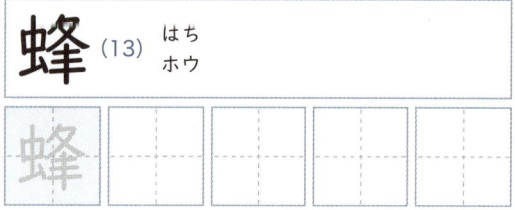

蜂 (13) はち / ホウ

蜂に刺される　女王蜂　養蜂家
民衆が悪政に対して蜂起する

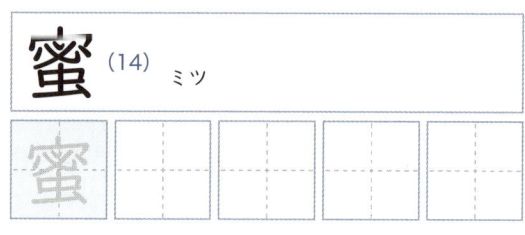

蜜 (14) ミツ

蜜蜂　パンに蜂蜜を塗る　蜜月関係にある国

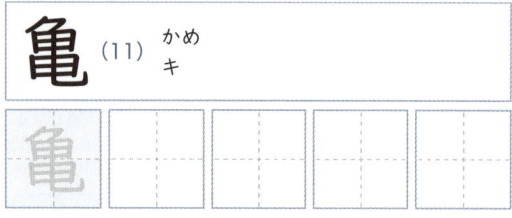

亀 (11) かめ / キ

亀の産卵　海亀　地震で地面に亀裂が生じる
良好だった関係に亀裂が入る

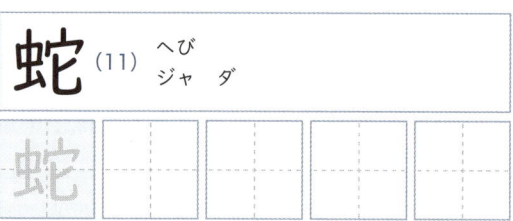

蛇 (11) へび / ジャ ダ

蛇　毒蛇にかまれる　水道の蛇口をひねる
長蛇の列　蛇行運転　あの一言は蛇足だった
蛇の道は蛇

必修編　8章　生物

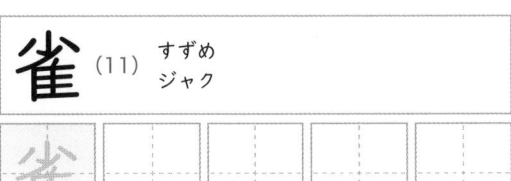

雀 (11) すずめ / ジャク

雀がさえずる　孔雀　雀の涙ほどのボーナス

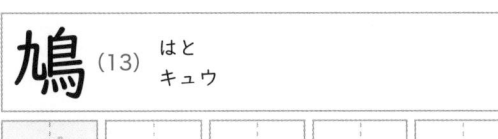

鳩 (13) はと / キュウ

鳩に餌をやる　鳩時計が3時を告げる　伝書鳩
鳩舎　鳩が豆鉄砲を食ったような顔をする

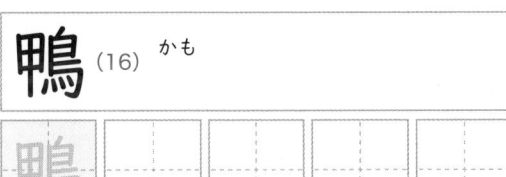

鴨 (16) かも

鴨の親子　鴨鍋　詐欺師の鴨になる

烏 (10) からす / ウ

烏　烏がごみをあさる　政界の若手三羽烏
烏合の衆

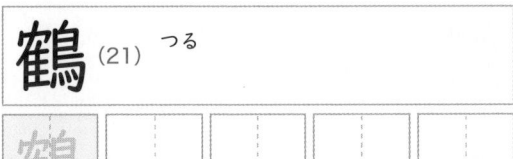

鶴 (21) つる

鶴は千年、亀は万年　折り紙で鶴を折る
千羽鶴
町長の鶴の一声で町の再開発が決まった

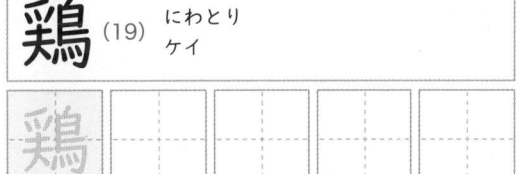

鶏 (19) にわとり / ケイ

早朝に鶏が鳴く　鶏卵　養鶏場を営む　鶏舎

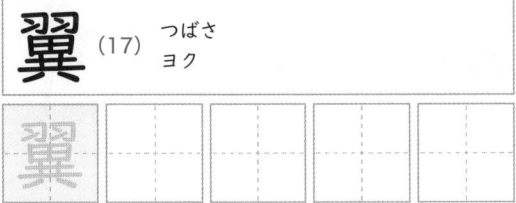

翼 (17) つばさ / ヨク

翼の大きな鳥　右翼手
我が社もこのプロジェクトの一翼を担っている

餌（餌） (15) えさ え / ジ

魚の餌　生き餌で魚を釣る
ライオンの餌食になる　悪徳商法の餌食になる
好餌に釣られる

生物
せいぶつ

Living things
生物
Sinh vật

猿 (13) さる / エン

猿　類人猿　猿も木から落ちる
さる　るいじんえん　さる　き　お
山田さんと佐藤さんは犬猿の仲だ　猿芝居
やまだ　　　さとう　　　けんえん　なか　　さるしばい

狼 (10) おおかみ / ロウ

狼の遠吠え　彼は一匹狼だ
おおかみ とお ぼ　かれ　いっぴきおおかみ
不意の質問に狼狽する
ふい　しつもん　ろうばい

猪 (11) いのしし、い / チョ

猪が畑を荒らした
いのしし はたけ あ
若さにまかせて猪突猛進する　お猪口
わか　　　　　　ちょとつもうしん　　　ちょこ
猪首の男
いくび おとこ

熊 (14) くま

人里に熊が出没した　熊手で落ち葉を集める
ひとざと くま しゅつぼつ　くまで お ば あつ

虎 (8) とら / コ

虎が茂みに潜んでいる　虎の威を借る狐
とら しげ　　ひそ　　　　とら い　か きつね
虎口を脱する　虎視眈々とチャンスをうかがう
ここう だっ　　こし たんたん
虎穴に入らずんば虎子を得ず
こけつ い　　　　こじ え

鯨 (19) くじら / ゲイ

鯨が潮を吹く　捕鯨
くじら しお ふ　ほげい

雄 (12) おす、お / ユウ

雄の犬　雄しべ　雄大な富士山の姿　英雄
おす いぬ　お　　　ゆうだい ふじさん すがた えいゆう
雄弁な政治家　雄姿
ゆうべん せいじか　　ゆうし
大破した車が事故の悲惨さを雄弁に物語っている
たいは　くるま じこ ひさん　　ゆうべん ものがた

雌 (14) めす、め / シ

雄・雌　雌しべ　動物の雌雄
おす めす　め　　　どうぶつ　しゆう
雌雄を決する戦い
しゆう けっ　　たたか

必修編 8章 生物

獣 (16) けもの / ジュウ

山で獣の足跡を見つけた　獣道　猛獣
獣医を目指す　怪獣　鳥獣戯画

尾 (7) お / ビ

犬が尾を振る　犯人を尾行する　航空機の尾翼
語尾を濁す　尾根伝いに歩く　首尾一貫した文章
失恋が尾を引いている　うわさに尾ひれが付く

牙 (4) きば / ガ ゲ

ライオンの牙　象牙細工　牙を研いで待つ
牙をむく　うわさを歯牙にも掛けない
悪徳業者の毒牙にかかる　敵の牙城に迫る

爪 (4) つめ つま

伸びた爪を切る　爪先立ちをする
台風の爪跡が残る

胴 (10) ドウ

胴が長い犬　胴回りを測る
コーチを胴上げして祝う　飛行機が胴体着陸した
救命胴衣

肢 (8) シ

四肢　下肢にしびれが残る　美しい肢体
選択肢

膚 (15) フ

皮膚が赤く腫れる　皮膚科
完膚なきまで論破する

胞 (9) ホウ

きのこの胞子　同胞同士の争い
がん細胞の研究をする

生物
せいぶつ

Living things
生物
Sinh vật

肺 (9) ハイ
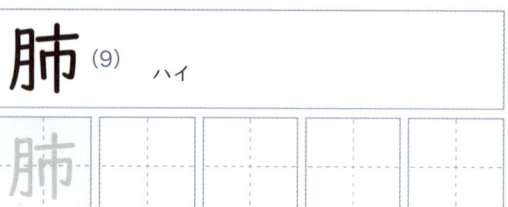
肺がんになる　肺炎　肺活量が多い
はい　　　　　はいえん　はいかつりょう　おお

腸 (13) チョウ
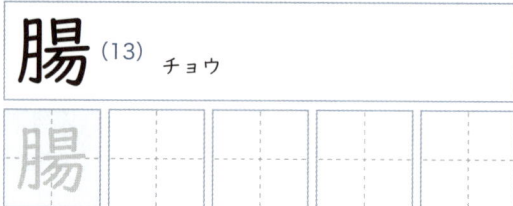
胃腸が弱い　大腸　小腸
いちょう よわ　だいちょう しょうちょう
断腸の思いで決断する
だんちょう おも　　けつだん

肝 (7) きも / カン
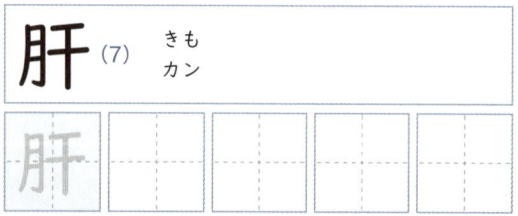
肝臓を悪くする　肝を冷やす　肝に銘ずる
かんぞう　わる　　きも　ひ　　きも　めい
肝心なのは本人の気持ちだ
かんじん　　ほんにん　きも
ここで諦めないことが肝要だ
　　　あきら　　　　　　かんよう

腎 (13) ジン

腎臓
じんぞう

胆 (9) タン
胆石を手術で取り除く　大胆不敵な行動
たんせき しゅじゅつ と のぞ　だいたん ふてき こうどう
不合格の知らせに落胆する
ふごうかく し　　　らくたん
何か魂胆があるに違いない
なに こんたん　　　　ちが

膜 (14) マク

鼓膜が破れる　横隔膜　筋膜　角膜炎
こまく やぶ　おうかくまく きんまく かくまくえん
牛乳を温めると膜ができる
ぎゅうにゅう あたた　　まく

脊 (10) セキ
脊髄　脊柱
せきずい せきちゅう

椎 (12) ツイ
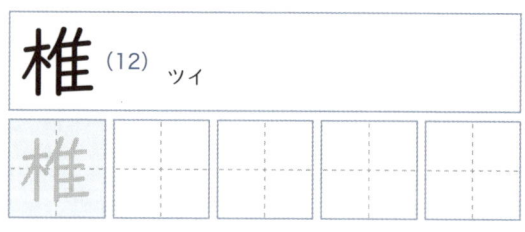
脊椎動物　椎間板ヘルニア
せきついどうぶつ ついかんばん

8章 復習

1. 漢字の読み方を書いてください。

① 彼の趣味は蝶の採集で、家にはたくさんの標本がある。
② 鯨が潮を吹いた瞬間を写真に収めた。
③ この水族館では予約すれば魚たちに餌やり体験ができる。
④ スイスへ行ったお土産に鳩時計を買って、両親に贈った。
⑤ ごみ置き場にたくさんの烏が群がっていて、不気味だ。
⑥ この卵は近くの養鶏場で買ったので、とても新鮮だ。
⑦ 近年、都会では滅多に蛍を見ることができなくなった。
⑧ 脊椎動物とは、骨で体を支えている動物のことだ。
⑨ 肌荒れがひどいので、皮膚科で診てもらうことにした。
⑩ この古い印鑑は象牙でできていて、今では貴重な品だ。
⑪ 彼は蚊の鳴くような声で話すので、聞こえない。
⑫ 治療を進めるにあたって肝心なのは、本人が納得していることだ。
⑬ 鴨の親子が水面を気持ちよさそうに泳いでいる。
⑭ 今年は猪突猛進、何事にも積極的に取り組むつもりだ。
⑮ 病気の治療に二つの選択肢が示された。

2. 漢字を書いてください。

① この店は、いつもちょうだの列ができていて、人気があるらしい。
② 先週の失敗がおを引いているのか、彼はまだ少し元気がない。
③ 山菜取りに行った人が、くまに襲われたそうだ。
④ さすがの彼も今回ばかりはらくたんの色を隠せなかった。
⑤ じゅういはさまざまな動物の健康状態を診なければならない。
⑥ 豆乳を温めて表面にできたまくをすくいとると湯葉ができる。
⑦ ペットの猫が家の柱でつめを研いで、傷がついてしまった。
⑧ 健康診断の結果、はいに影が見つかり再検査となった。
⑨ パンにはちみつを塗って食べるのが好きだ。
⑩ 地震の翌朝外を見ると、庭にきれつが入っていた。
⑪ 祖父の病気の早期回復を願って、せんばづるを折った。
⑫ 鳥が大きくつばさを広げて、飛び立った。
⑬ 二人は「けんえんの仲」で、目も合わそうとしない。
⑭ しゅうを決する最後の戦いが間もなく始まろうとしている。
⑮ 私は大学院でiPSさいぼうの研究をしている。

7章・8章 アチーブメントテスト

【1】次の文の下線をつけた言葉の読み方を①~④の中から選び、番号を書いてください。

1. 彼はマラソンで5年ぶりの新記録を樹立した。
   ①しゅりつ　②じゅりつ　③じゅうりつ　④きだち

2. 被害者の死因は、ネクタイで首を絞められたことによる窒息死と思われる。
   ①ちっそく　②ちつそく　③ちいき　④ちっしょう

3. ハイキング中、蜂に刺されてしまう人が多いので、注意して歩きましょう。
   ①はじ　②はつ　③はっち　④はち

4. キャンプでテントに泊まった翌朝、雀がチュンチュンとさえずる声で目が覚めた。
   ①すすめ　②すずめ　③つつめ　④つづめ

5. 選手たちは監督を胴上げして優勝を祝った。
   ①どあげ　②とうあげ　③とあげ　④どうあげ

1.	2.	3.	4.	5.

【2】次の文の下線をつけた言葉の漢字を①-④の中から選び、番号を書いてください。

1. 息子は子どもの頃から動物が好きで、じゅういを目指して勉強している。
   ①従医　②上医　③獣医　④重医

2. 陥没地点からはんけい20メートル以内は地盤が緩んで危険です。
   ①伴経　②半径　③判経　④畔径

3. けいこう灯が切れたので、新しいものに取り換えた。
   ①蛍光　②経光　③景光　④軽光

4. 弊社もこの大規模なプロジェクトのいちよくを担っている。
   ①一翌　②一習　③一翼　④一羽

5. ケチャップのしみを取るために、シャツをひょうはくした。
   ①漂白　②漂泊　③票拍　④標白

1.	2.	3.	4.	5.

【3】次の文の下線をつけた言葉の読み方を書いてください。

1. 山頂の方角を方位磁石で確認する。
2. 霧が晴れたとたん、目の前に広がる海が見えた。
3. 高齢者は詐欺の餌食になりやすいので、日頃から家族とのコミュニケーションが大切だ。
4. 将来一戸建てを買ったら、庭に芝や花を植えたい。
5. 白昼堂々と行われた大胆不敵な犯行に報道が過熱している。
6. 今年は霜が降りる時期が早く、畑の作物が枯れてしまった。
7. 大統領は1,000人を超える支持者の前で雄弁を振るった。

1.	2.	3.	4.
5.	6.	7.	

【4】次の文の下線をつけた言葉の漢字を書いてください。

1. 新種のこんちゅうであることが認められ、学名に私の名前が入ることになった。
2. 最近は他人のことに関心を持たないふうちょうがある。
3. 昨日救急車で運ばれた父はとうげを越し、回復に向かっている。
4. この店はそざいの味を生かした料理を出している。
5. スマホを見ながら歩いていたら、ホームから落ちそうになり、きもを冷やした。
6. 会場に着いたら、パーティーはさいこうちょうに盛り上がっていた。
7. 絶景を眺めながらろてん風呂に浸かるなんて、ぜい沢なことだ。

1.	2.	3.	4.
5.	6.	7.	

7章・8章 クイズ

【1】□の中に動物を表す漢字を一つ選んでことわざを完成させてください。また、意味を右側から選び、線でつなげてください。

```
鳩　猿　虎　蛇　雀　鶴　鴨　烏
```

1. □も木から落ちる　・　・その道にすぐれた者でも、時には失敗することがあること
2. □が豆鉄砲を食ったよう　・　・同類のすることは、その方面の者にはすぐわかること
3. □の涙　・　・規律や統一もない人々の集まり
4. □口を脱する　・　・ごくわずかなもの
5. □の道は蛇　・　・突然の事にびっくりしている様子
6. □の一声　・　・多くの人の議論や意見をおさえつける、有力者・権威者の一言
7. □合の衆　・　・危険な場所や状態からやっとのがれること

【2】□の中に漢字を書いて、四字熟語を完成させてください。また、その読み方を書き、正しい意味をa～eの中から選んでください。

例)	叱	咤	激	励	しったげきれい	a
1.		里		中		
2.		突	猛			
3.			眈	々		
4.		々		々		

- ~~a~~ 大声でしかりながら、はげますこと
- b 目的に向かって、後先を考えず勢いよく突き進むこと
- c 国中のいろいろなところ
- d どうすべきか判断できず、その後の見通しが立たないこと
- e 油断せずにじっと機会をねらっている様子

7章・8章　クイズ

【3】次の文の下線部の漢字または読み方を書いてください。

━━━━━━ ＡＲＣ動物園　イベント情報 ━━━━━━

《①猛獣エリア》もぐもぐタイム

レイアウトが新しくなった猛獣エリア。動物たちの迫力ある姿をさまざまな角度から観察することができます。②虎のタケルが③きばをむいて④餌を食べる姿は迫力満点です！ぜひ見に来てください。

★ごはんの時間★
11:00～　15:00～

《園長と散歩》

象の鼻は何ができるの？⑤くまが好きな食べ物は何？など、園長と園内を散歩しながら、動物のお話を聞きませんか。

コース
⑥さる山→ゴリラのおうち→アフリカの大地→くまの家→は虫類館
※は虫類館では、⑦蛇をマフラーのように巻く体験ができます。

《動物たちが食べる野菜を作ろう！》

動物たちが食べるミニトマトやにんじんなどの野菜を動物園の畑で作りませんか。収穫された野菜を食べている様子もご覧いただけます。
ミニトマトの⑧なえやにんじんの種は、当日園内でご購入いただけます。

《象のタロウ　結婚記念 photoコンテスト開催》

これまで⑨雄のタロウしかいませんでしたが、この度お嫁さんが来ることになりました。もうすぐ⑩雌のトモコがやってきます。結婚を祝して、タロウとトモコのphotoコンテストを開催します。
これから1年間、夫婦のさまざまな姿をぜひカメラに収めてください。
素敵な写真をお待ちしています。

《今月は愛鳥月間　鳥の写真展》

写真家岩下進氏が撮影した野鳥の写真、50作品を本館2階にて展示いたします。
⑪翼を広げて飛ぶ鷹、雪原にたたずむ
⑫つる、川を泳ぐ愛らしい
⑬鴨などいろいろな写真をご覧いただけます。
ぜひ足をお運びください。
期間：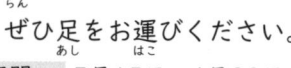5月15日～6月30日まで

《赤ちゃんの名前大募集！》

は虫類館で先週10匹のかわいい
⑭かめの赤ちゃんが生まれました。
名前を大募集！入口の前に置いてある投票用紙に名前を書いて、投票箱に入れてください。

①	②	③	④	⑤
⑥	⑦	⑧	⑨	⑩
⑪	⑫	⑬	⑭	

9章 仕事
しょう　　しごと

Business
工作
Công việc

巡 (6) めぐ-る / ジュン

観光地を巡る　月は地球の周りを巡っている
かんこうち　めぐ　つき　ちきゅう　まわ　めぐ
城の周りに塀を巡らす　春がまた巡ってきた
しろ　まわ　へい　めぐ　はる　めぐ
運命の人に巡り合う　町を巡回する
うんめい　ひと　めぐ　あ　まち　じゅんかい

継 (13) つ-ぐ / ケイ

会社を継ぐ　跡継ぎ　仕事の引継ぎをする
かいしゃ　つ　あとつ　しごと　ひきつ
テレビ中継　討議を継続する　王位を継承する
ちゅうけい　とうぎ　けいぞく　おうい　けいしょう
伝統芸能の後継者を育てる　継承語
でんとうげいのう　こうけいしゃ　そだ　けいしょうご

貢 (10) みつ-ぐ / コウ ク

恋人に金品を貢ぐ　貢ぎ物をする
こいびと　きんぴん　みつ　みつ　もの
年貢を納める
ねんぐ　おさ

献 (13) ケン コン

特産品を献上する　教会で献花する
とくさんひん　けんじょう　きょうかい　けんか
医学に貢献する　献身的に看病する　献血
いがく　こうけん　けんしんてき　かんびょう　けんけつ
文献を読む　一献傾ける　夕食の献立を考える
ぶんけん　よ　いっこんかたむ　ゆうしょく　こんだて　かんが

提 (12) さ-げる / テイ

かばんを肩から提げる　書類を提出する
かた　さ　しょるい　ていしゅつ
資料の提供を受ける　具体策を提案する
しりょう　ていきょう　う　ぐたいさく　ていあん
結婚を前提に付き合う　問題提起　提携を結ぶ
けっこん　ぜんてい　つ　あ　もんだいていき　ていけい　むす

宣 (9) セン

商品を宣伝する　独立を宣言する
しょうひん　せんでん　どくりつ　せんげん
非常事態宣言を解除する　病名を宣告される
ひじょうじたいせんげん　かいじょ　びょうめい　せんこく
選手宣誓
せんしゅせんせい

派 (9) ハ

新たな問題が派生する　政党の派閥　党派
あら　もんだい　はせい　せいとう　はばつ　とうは
特派員としてパリへ行く　派出所　立派な行い
とくはいん　い　はしゅつじょ　りっぱ　おこな
派手な服装
はで　ふくそう

遣 (13) つか-う つか-わす / ケン

気を遣う　お気遣いありがとうございます
き　つか　きづか
金遣いが荒い　小遣い　使者を遣わす
かねづか　あら　こづか　ししゃ　つか
大使を派遣する　人材派遣
たいし　はけん　じんざいはけん

必修編　9章　仕事

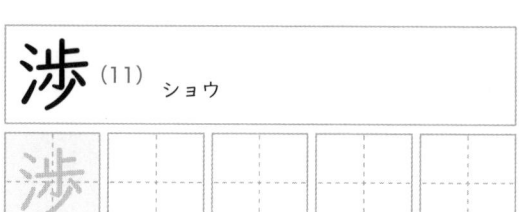

渉(11) ショウ

値引きを交渉する　契約交渉　他人に干渉する
ねび　こうしょう　けいやくこうしょう　たにん　かんしょう
渉外担当
しょうがいたんとう

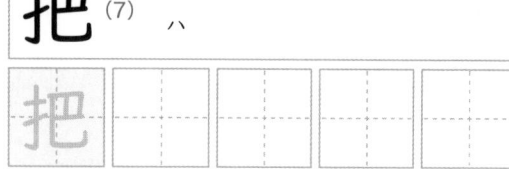

把(7) ハ

状況を把握する　政権を把握する
じょうきょう　はあく　せいけん　はあく
ほうれん草を一把買う　ねぎ三把
そう　いちわか　さんば
十把一絡げ
じっぱひとから

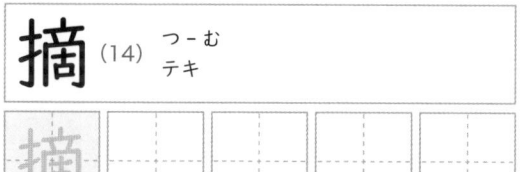

摘(14) つ-む　テキ

いちごを摘む　問題点を指摘する
つ　もんだいてん　してき
脱税を摘発する　胃の摘出手術を受ける
だつぜい　てきはつ　い　てきしゅつしゅじゅつ　う

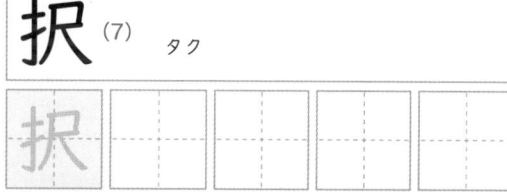

択(7) タク

職業を選択する　取捨選択する　二者択一
しょくぎょう　せんたく　しゅしゃせんたく　にしゃたくいつ
決議を採択する
けつぎ　さいたく

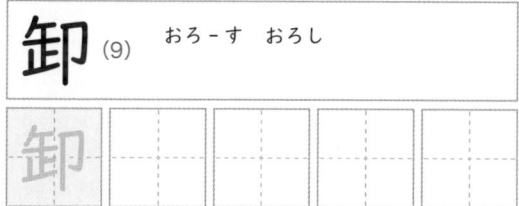

卸(9) おろ-す　おろし

問屋に商品を卸す　卸値　卸売り
とんや　しょうひん　おろ　おろしね　おろしう
楽して稼ごうなんて、そうは問屋が卸さない
らく　かせ　とんや　おろ

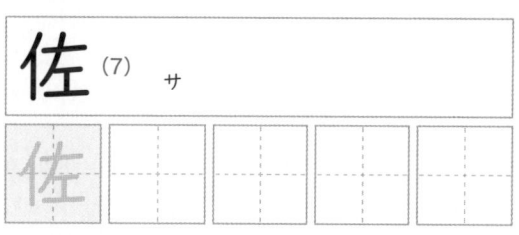

佐(7) サ

部長を補佐する　大統領補佐官　佐藤さん
ぶちょう　ほさ　だいとうりょうほさかん　さとう

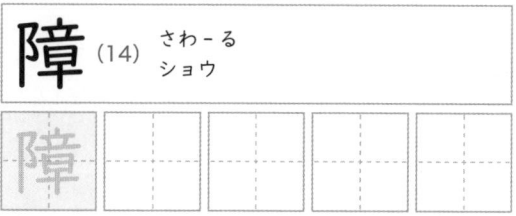

障(14) さわ-る　ショウ

働きすぎは体に障る　彼の言い方は気に障る
はたら　からだ さわ　かれ　い　かた　き　さわ
耳障りな音　当たり障りのない言葉
みみざわ　おと　あ　さわ　ことば
老後の生活保障　障害を乗り越える　通信障害
ろうご　せいかつほしょう　しょうがい　の　こ　つうしんしょうがい

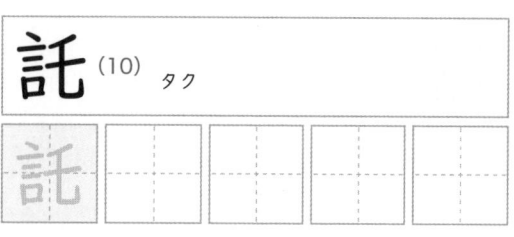

託(10) タク

業務を委託する
ぎょうむ　いたく
システム開発に関する業務を受託する
かいはつ　かん　ぎょうむ　じゅたく
信託銀行　子どもを託児所に預ける
しんたくぎんこう　こ　たくじしょ　あず

仕事
しごと

Business
工作
Công việc

赴 (9) おもむ-く / フ

取引先に赴く　足の赴くままに散歩する
とりひきさき おもむ　あし おもむ　さんぽ
感情の赴くままに行動する　海外支店に赴任する
かんじょう おもむ　こうどう　かいがい してん　ふにん
単身赴任　病気が快方に赴く
たんしん ふにん　びょうき かいほう おもむ

捗 (10) チョク

仕事の進捗状況　交渉が進捗する
しごと しんちょくじょうきょう　こうしょう しんちょく

閲 (15) エツ

出版物の検閲　図書室で新聞を閲覧する
しゅっぱんぶつ けんえつ　としょしつ しんぶん えつらん
原稿を校閲する
げんこう こうえつ

措 (11) ソ

適切な措置を講じる
てきせつ そち こう
軽微な犯罪にも厳しい措置をとる
けいび はんざい きび そち

排 (11) ハイ

危険物を排除する　老廃物を体外に排出する
きけんぶつ はいじょ　ろうはいぶつ たいがい はいしゅつ
排気ガス
はいき

披 (8) ヒ

料理の腕前を披露する　披露宴
りょうり うでまえ ひろう　ひろうえん

還 (16) カン

宇宙から無事に生還する　領土を返還する
うちゅう ぶじ せいかん　りょうど へんかん
利益を社会に還元する　密航者を強制送還する
りえき しゃかい かんげん　みっこうしゃ きょうせいそうかん
祖父の還暦を祝う
そふ かんれき いわ

顧 (21) かえり-みる / コ

過去を顧みる　家族を顧みない行動
かこ かえり　かぞく かえり　こうどう
会社の顧問　店の顧客　学生時代を回顧する
かいしゃ こもん　みせ こきゃく　がくせいじだい かいこ

必修編　9章　仕事

請 (15) こ-う　う-ける　セイ　シン

許しを請う　工事を請ける　仕事を請け負う
代金の支払いを請求する　ビザを申請する
立候補を要請する　普請

勘 (11) カン

勘がいい　勘を働かせる　勘違いする
勘定を済ませる　勘弁してください
現状を勘案した上で判断する

俸 (10) ホウ

国家公務員に俸給を支給する　年俸二千万円
業績不振のため減俸される

酬 (13) シュウ

報酬のいい仕事　無報酬で協力する
議会は非難の応酬となった

該 (13) ガイ

該当する項目にチェックする
条件に該当する人　当該事項

諾 (15) ダク

部下の申し出を承諾する　快諾を得る
社長就任を受諾する　依頼の諾否を尋ねる

甲 (5) コウ　カン

手の甲　船室から甲板に出る　甲高い声で話す

乙 (1) オツ

乙な味がする　甲乙つけがたい
契約書の甲欄と乙欄

仕事
しごと

Business
工作
Công việc

歓 (15) カン

新入社員の歓迎会　ホームランに歓声が上がる
しんにゅうしゃいん　かんげいかい　　　　　　かんせい　あ
食後の歓談を楽しむ
しょくご　かんだん　たの

奔 (8) ホン

日本全国を奔走する　資金集めに東奔西走する
にほんぜんこく　ほんそう　　しきんあつ　　とうほんせいそう
自由奔放な生活　故郷を出奔する
じゆうほんぽう　せいかつ　こきょう　しゅっぽん

遇 (12) グウ

こんなところで会うとは奇遇だ
　　　　　　　あ　　　　きぐう
千載一遇のチャンス　恵まれた境遇
せんざいいちぐう　　　　めぐ　　　　きょうぐう
待遇の改善を要求する　経験者優遇
たいぐう　かいぜん　ようきゅう　　けいけんしゃゆうぐう

妥 (7) ダ

代替案で妥協する　妥協を許さない
だいたいあん　だきょう　　だきょう　ゆる
双方の妥協点を探る　妥当な判断
そうほう　だきょうてん　さぐ　　だとう　はんだん
妥当性に欠ける　賃上げ交渉が円満に妥結する
だとうせい　か　　ちんあ　こうしょう　えんまん　だけつ

軸 (12) ジク

車輪の軸　チームの軸となる　投手の軸足
しゃりん　じく　　　　　　じく　　　とうしゅ　じくあし
少子化対策に軸足を置く　床の間の掛け軸
しょうしかたいさく　じくあし　お　とこ　ま　か　じく

軌 (9) キ

人工衛星が軌道に乗る　計画が軌道に乗る
じんこうえいせい　きどう　の　けいかく　きどう　の
計画の軌道修正を図る　先人の軌跡をたどる
けいかく　きどうしゅうせい　はか　せんじん　きせき
常軌を逸した行動
じょうき　いっ　こうどう

繁 (16) ハン

町が繁栄する　店が繁盛する　商売繁盛
まち　はんえい　　みせ　はんじょう　しょうばいはんじょう
繁忙期　繁華街
はんぼうき　はんかがい

概 (14) ガイ

プロジェクトの概略を述べる　政治学概論
　　　　　　がいりゃく　の　　　せいじがくがいろん
休日は大概、家にいる　一概には言えない
きゅうじつ　たいがい　いえ　　いちがい　　い
概念を図にする　出張費用の概算を出す
がいねん　ず　　　しゅっちょうひよう　がいさん　だ

必修編　9章　仕事

9章　復習

1. 漢字の読み方を書いてください。

① 景気対策のために何らかの措置を講じる必要がある。　①
② 外資系企業に転職し、給与制度が月給制から年俸制になった。　②
③ 新入社員のために歓迎会を開くことになり、幹事を任された。　③
④ この市場では卸値で商品を買うことができる。　④
⑤ 毎月の会議で進捗を確認し、業務に遅れが生じないようにしている。　⑤
⑥ 双方の主張を聞いた上で、妥協点を探る。　⑥
⑦ 今年度の社員旅行では、有名な寺や神社を巡る予定だ。　⑦
⑧ コスト削減のため、一部の業務を外部業者に委託することになった。　⑧
⑨ 有名企業のホームページ製作を請け負った。　⑨
⑩ 党派を超え、少子化対策の勉強会を行った。　⑩
⑪ 父は胃の摘出手術を受け、徐々に回復に向かっている。　⑪
⑫ 短時間労働者の待遇改善を要求する声が上がった。　⑫
⑬ 新しいプロジェクトが軌道に乗り始めた。　⑬
⑭ 年末の繁忙期に備え、人材確保の見直しが行われた。　⑭
⑮ 彼は仕事を理由に家庭を顧みず、子どもの教育を妻に任せきりだ。　⑮

2. 漢字を書いてください。

① 海外へのふにんが決まり、引っ越しやあいさつ回りで大忙しだ。　①
② 兄は大学を卒業後も就職せずに自由ほんぽうな生活を送っている。　②
③ 昨日の発表会で、A社とB社が共同で開発した商品をひろうした。　③
④ A社とB社が統合に向け、こうしょうを開始した。　④
⑤ 近年、企業における社会こうけんへの注目度が上がっている。　⑤
⑥ 彼の何気ない一言が彼女の気にさわったらしい。　⑥
⑦ ビザ更新のために必要な書類をていしゅつした。　⑦
⑧ インターネット利用時は、情報を取捨せんたくすることが大切だ。　⑧
⑨ お客様のニーズをはあくし、質の高いサービスを提供する。　⑨
⑩ 来月行われる会議では、新商品のせんでん方法を検討する予定だ。　⑩
⑪ 政治経済の問題を学ぶために、経済学がいろんを履修することにした。　⑪
⑫ 友人に勧められたはけん会社に登録し、仕事を紹介してもらった。　⑫
⑬ 急に異動が決まり、明日から業務のひきつぎを行うことになった。　⑬
⑭ 集合場所をかんちがいして、時間に遅れてしまった。　⑭
⑮ 奨学金の受給対象にがいとうするか、条件を確認する。　⑮

10章 産業

さんぎょう

Industry
产业
Ngành công nghiệp

刈 (4) か－る
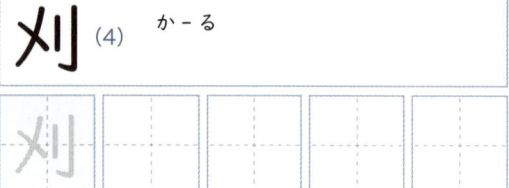
草を刈る / 草刈り / 羊の毛を刈る
くさ か / くさ か / ひつじ け か

稲 (14) いね いな / トウ
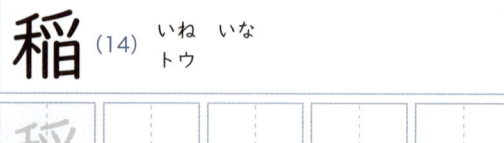
稲を刈る / 稲作農家 / 稲妻が走る / 水稲耕作
いね か / いなさくのうか / いなずま はし / すいとうこうさく

穂 (15) ほ / スイ

穂が出る / 麦の穂 / 稲穂 / 筆の穂先
ほ で / むぎ ほ / いな ほ / ふで ほ さき
出穂
しゅっすい

耕 (10) たがや－す / コウ
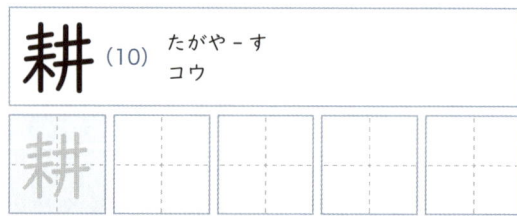
田畑を耕す / 畑を耕作する / 農耕民族
たはた たがや / はたけ こうさく / のうこうみんぞく
晴耕雨読
せいこう う どく

穫 (18) カク

米を収穫する / 収穫量
こめ しゅうかく / しゅうかくりょう
海外留学で収穫があった
かいがいりゅうがく しゅうかく

穀 (14) コク

米や麦などの穀類 / 穀物 / 五穀米 / 雑穀米
こめ むぎ こくるい / こくもつ / ごこくまい / ざっこくまい

栽 (10) サイ
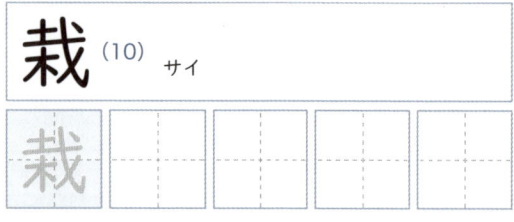
野菜を栽培する / 防災のために植栽を計画した
やさい さいばい / ぼうさい しょくさい けいかく
盆栽の手入れをする
ぼんさい てい

培 (11) つちか－う / バイ

コミュニケーション能力を培う
のうりょく つちか
ベランダでトマトを栽培する
さいばい
細菌を培養する
さいきん ばいよう

必修編 10章 産業

肥 (8) こ-える こ-やす こ-やし こえ ヒ

丸々と肥えた豚　絵画を見る目が肥えている
畑を肥やす　畑に肥やしをまく　化学肥料　肥満
失敗を肥やしにする　私腹を肥やす　肥だめ

殖 (12) ふ-える ふ-やす ショク

細菌が殖える　貯金が殖える　子孫を殖やす
ネズミが繁殖する　魚を養殖する
ウイルスが増殖する

獲 (16) え-る カク

魚を獲る　ライオンが獲物を追う
逃げた猿を捕獲する　鳥の濫獲を禁止する
漁獲高　王座を獲得する

猟 (11) リョウ

猟に出る　狩猟の免許を取得する　猟師　猟犬
保護区で密猟が行われる　猟奇的な事件

狩 (9) か-る か-り シュ

獲物を狩る　ぶどう狩りに行く　紅葉狩り
狩人　狩猟

酪 (13) ラク

酪農家

壌 (16) ジョウ

荒れた土壌を改良する
優秀な学者を輩出する土壌がある

墾 (16) コン

荒れ地を開墾する　未墾の土地

産業
さんぎょう

Industry
产业
Ngành công nghiệp

俵 (10) たわら / ヒョウ

豆の入った俵をかつぐ　米俵　米一俵
まめ　はい　　たわら　　　こめだわら　こめいっぴょう
相撲の土俵　同じ土俵で戦う
すもう　どひょう　おな　どひょう　たたか

糧 (18) かて / リョウ　ロウ

災害で糧に困る
さいがい　かて　こま
家族の笑顔が心の糧になっている　食糧危機
かぞく　えがお　こころ　かて　　　　　しょくりょうきき
兵糧攻めにする
ひょうろう ぜ

殻 (11) から / カク

卵の殻　殻に閉じこもる　殻を破って挑戦する
たまご から　から と　　　　から やぶ　ちょうせん
貝殻　地殻変動による災害
かいがら　ちかくへんどう　　　さいがい
エビやカニなどの甲殻類
　　　　　　　　　こうかくるい

繭 (18) まゆ / ケン

繭から生糸をとる　繭玉　繭糸
まゆ　きいと　　　まゆだま　けんし

蚕 (10) かいこ / サン

蚕が繭玉を作る　養蚕業を営む　蚕糸
かいこ まゆだま つく　ようさんぎょう いとな　さんし

桑 (10) くわ / ソウ

蚕が桑の葉を食べる　桑畑
かいこ くわ は た　　くわばたけ
桑園面積が減っている
そうえんめんせき　へ

朱 (6) シュ

朱色　朱塗りの盆　朱肉　御朱印
しゅいろ しゅぬ ぼん しゅにく ごしゅいん
朱に交われば赤くなる
しゅ まじ　　あか

淡 (11) あわーい / タン

淡いピンクの服　淡い期待を抱く　色の濃淡
あわ　　　　ふく　あわ きたい いだ　いろ のうたん
淡泊な味付けの料理　彼はお金に淡泊だ　淡水
たんぱく あじつ　りょうり かれ かね たんぱく　たんすい
仕事を淡々と進める　冷淡な態度であしらう
しごと たんたん すす　れいたん たいど

必修編　10章　産業

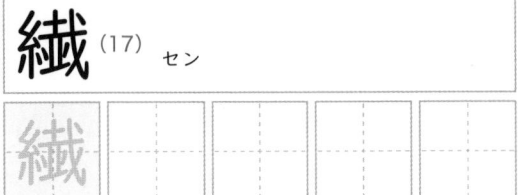

繊 (17) セン

繊細な指　繊細な心の持ち主

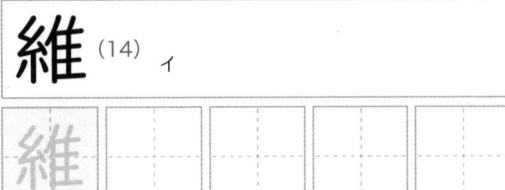

維 (14) イ

天然繊維と合成繊維　豆は食物繊維が豊富だ
体力を維持する　車の維持費がかかる

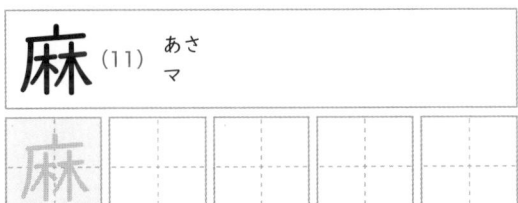

麻 (11) あさ／マ

麻のジャケットを羽織る　麻薬所持は犯罪だ
麻酔をかける　手足の麻痺　胡麻油

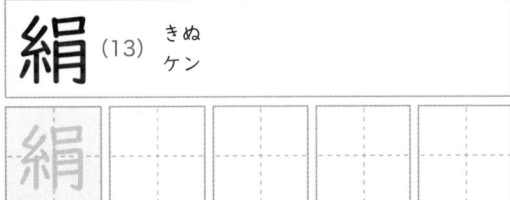

絹 (13) きぬ／ケン

絹のスカーフ　絹糸　絹布　正絹の織物

紡 (10) つむ-ぐ／ボウ

糸を紡ぐ　紡績　綿と化学繊維の混紡

繕 (18) つくろ-う／ゼン

服の破れを繕う　体裁を繕う　失敗を取り繕う
建物を修繕する

織 (18) お-る／シキ・ショク

機で布を織る　労働組合を組織する
会社の組織図　細胞組織　不織布マスク　紡織
織機で作られた布

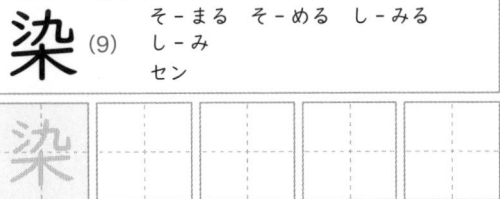

染 (9) そ-まる／そ-める／し-みる／し-み／セン

髪を茶色に染める　山が夕日に染まる
シャツに汗が染みる　染み抜き　染色　染料
海洋汚染　ウイルスに感染する　伝染病

産業
さんぎょう

Industry
产业
Ngành công nghiệp

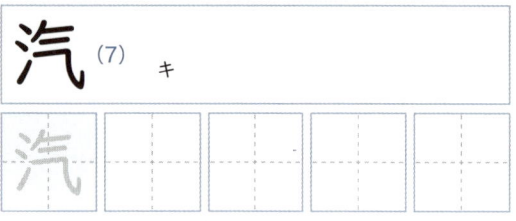
汽(7) キ
汽車に乗る　汽船
きしゃ　の　　きせん

舶(11) ハク
船舶　舶来の品
せんぱく　はくらい　しな

搬(13) ハン
トラックで資材を運搬する
　　　　しざい　うんぱん
コンサート会場に楽器を搬入する
　　　　かいじょう　がっき　はんにゅう
倉庫から製品を搬出する　新居に荷物を搬送する
そうこ　　せいひん　はんしゅつ　　しんきょ　にもつ　はんそう

拓(8) タク
荒れ地を開拓する　市場を開拓する
あ　ち　かいたく　　しじょう　かいたく
湖の干拓事業
みずうみ　かんたく　じぎょう

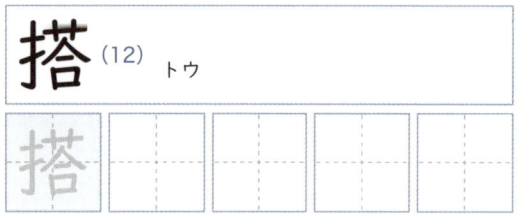
搭(12) トウ
飛行機に搭乗する　搭乗手続きを済ませる
ひこうき　とうじょう　　とうじょうてつづ　　す
搭乗券
とうじょうけん

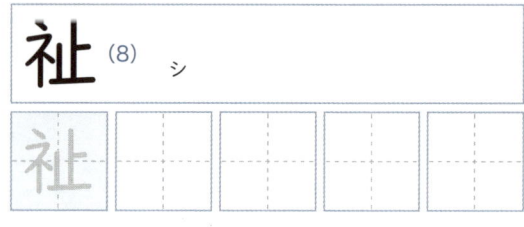
祉(8) シ
福祉関係の仕事に就く　社会福祉
ふくしかんけい　しごと　つ　　しゃかいふくし

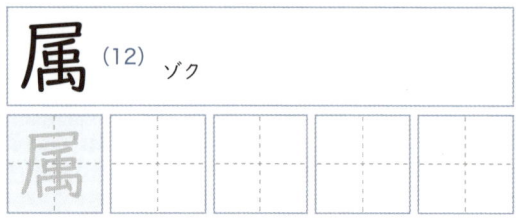
属(12) ゾク
政党に属する　サークルに所属する
せいとう　ぞく　　　　　　しょぞく
チームへの帰属意識を高める　属性
　　　　きぞくいしき　たか　　　ぞくせい
金属アレルギー　貴金属
きんぞく　　　　ききんぞく

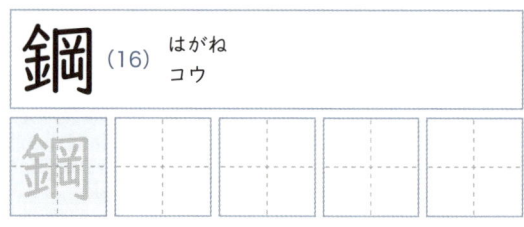
鋼(16) はがね / コウ
鋼　鉄鋼業
はがね　てっこうぎょう

10章 復習

1. 漢字の読み方を書いてください。

① 週末、家族と一緒にぶどう狩りに出かける予定だ。
② この辺りは織物が盛んで、蚕を飼っている家も多い。
③ 父の趣味はクルージングで、小型船舶の免許を持っている。
④ 犬のワクチン接種は、伝染病予防のために義務付けられている。
⑤ この土地はまぐろの養殖が盛んで、海鮮丼の名店が多い。
⑥ 庭に作った畑に、成長を促進させる肥料をまいた。
⑦ 織物工場を見学後、母への土産に正絹のスカーフを買った。
⑧ 彼女はデリケートで繊細な性格の持ち主だ。
⑨ 災害時の食糧危機に備え、非常食を備蓄している。
⑩ 父は手術後1日経っても麻酔が覚めず、眠ったままだ。
⑪ 彼女は傷つくのを恐れ、自分の殻に閉じこもっている。
⑫ 最近、健康に気を使う人が増え、玄米や雑穀米を好む人が多い。
⑬ 多くの稲作農家が高齢化と後継者不足に頭を抱えている。
⑭ 祖父からもらった土地を開墾し、農園を始めた。
⑮ 酪農家は牛の生活リズムに合わせて朝5時半に起床する。

2. 漢字を書いてください。

① 日本は、東京オリンピックで史上最多の金メダルをかくとくした。
② 庭の芝生が伸びてきたので、かることにした。
③ 祖母の介護を手伝っていた経験から、ふくしの仕事に就いた。
④ 彼は広報部にしょぞくし、自社の商品やサービスを発信している。
⑤ 環境分野における新規の市場をかいたくする。
⑥ 畑でしゅうかくした新鮮なキャベツやトマトを使ってサラダを作った。
⑦ 庭でさいばいしたハーブでお茶をいれた。
⑧ 田畑をたがやして、農作物の種や苗を植える。
⑨ 彼女は濃い色よりあわい色の服がよく似合う。
⑩ 飛行機のとうじょう手続きを済ませ、あとは離陸を待つばかりだ。
⑪ 会社のそしきが一部改変され、人事異動が行われた。
⑫ 週末はジムで適度な運動を行い、体力いじに努めている。
⑬ 体力に自信がある兄は、建築現場で資材はんにゅうの仕事をしている。
⑭ 台風で屋根が壊れ、しゅうぜんの見積もりを依頼した。
⑮ みつりょうが影響し、ゾウやサイが絶滅の危機に陥っている。

9章・10章 アチーブメントテスト

【1】次の文の下線をつけた言葉の読み方を①~④の中から選び、番号を書いてください。

1. 東京から大阪までトラックで資材を運搬する。
   ①うんはん　②うんぱん　③うんそう　④うんばん

2. 来週から国際会議が開かれるため、警察官が街を巡回している。
   ①しゅんかい　②てんかい　③じゅんかい　④じゅんがい

3. 育てる楽しみを感じられるからか、盆栽を始める若者が増えてきたらしい。
   ①ぼうさい　②ぼんさい　③ほんさい　④ぼんざい

4. 体内の老廃物を排出するには、1日1リットル以上の水が必要だと言われている。
   ①はんしゅつ　②はいしゅつ　③ねんしゅつ　④はいじょ

5. 京都のお土産ですか。お気遣いいただきありがとうございます。
   ①おこづかい　②おきずかい　③おきつかい　④おきづかい

| 1. | 2. | 3. | 4. | 5. |

【2】次の文の下線をつけた言葉の漢字を①~④の中から選び、番号を書いてください。

1. 彼は論文を書くために、毎晩遅くまでぶんけんを読んでいる。
   ①文権　②文敵　③文献　④文研

2. 夏野菜の栽培が終わり、秋に向けてどじょうを改良することにした。
   ①土壌　②土譲　③土場　④土城

3. 彼が飼っている犬はしゅりょう犬なので、賢くて忠実だ。
   ①趣猟　②狩猟　③狩漁　④取猟

4. 税金を払い過ぎた分は、かんぷきんとして受け取ることができる。
   ①環付金　②歓付金　③還府金　④還付金

5. 医師団は大地震の被災地におもむき、負傷者に治療を行った。
   ①趣き　②超き　③越き　④赴き

| 1. | 2. | 3. | 4. | 5. |

9章・10章　アチーブメントテスト

【3】次の文の下線をつけた言葉の読み方を書いてください。

1. 親しい仲とはいえ、プライバシーに干渉するのはやめたほうがいい。
2. A社とB社は業務提携し、両社の強みを生かした商品開発を進めている。
3. 環境問題に関する会議において、新たな決議が全会一致で採択された。
4. ビザの交付を申請する前に、必要書類に間違いがないかをもう一度確認した。
5. 接客のアルバイトで培われたコミュニケーション能力を生かし、営業の職に就いた。
6. 京都で紅葉を楽しみながら、御朱印めぐりをした。
7. いつも淡い期待を抱いて宝くじを購入するが、当たった試しがない。

1.	2.	3.	4.
5.	6.	7.	

【4】次の文の下線をつけた言葉の漢字を書いてください。

1. 息子は人気ロックバンドのメンバーの真似をして、髪を金色にそめた。
2. 裏金で私腹をこやしていたとして、市役所職員が逮捕された。
3. 今回の留学では最初、言葉が通じず苦労したが、予想以上のしゅうかくがあった。
4. 地球温暖化の加速により、しょくりょうききが起こるといわれている。
5. 利用した覚えのないせいきゅう書が届いたことを、消費者センターに相談した。
6. 新しく就任した内閣総理大臣は、少子化対策にじくあしを置くという方針を発表した。
7. 来月開催予定の大会に向け、スポーツドクターをむほうしゅうの条件で募ることになった。

1.	2.	3.	4.
5.	6.	7.	

9章・10章 クイズ

【1】下から漢字を選んで □ に書いてください。（　）に読み方も書いてください。

1. 病名を [　　] されて落ち込んだが、前向きに考え手術を受けることに決めた。
（　　　）

2. 国税局は、輸出関連業者の巨額の脱税を [　　] した。
（　　　）

3. サッカーワールドカップの試合は、深夜にも関わらずテレビで [　　] される。
（　　　）

4. A党は、ジャーナリストの斉藤氏に参議院議員選挙への立候補を [　　] した。
（　　　）

5. 契約社員から、正社員との [　　] 格差の改善を求める声が上がっている。
（　　　）

| 中継　摘発　要請　宣告　待遇 |

【2】下の □ から漢字の一部分を選んで、熟語を完成させてください。

1. 外国から船によって運ばれてくる品物 …………… 舟 来品

2. 商店や飲食店などが立ち並び、多くの人でにぎわっている街 …… 敏 華街

3. 海や湖などを堤防で仕切って水を抜いた土地 …… 干 扌 地

4. 保護者が働いている間など一時的に乳幼児を預かり、保育する施設 …… 毛児所

5. 結婚などの喜ばしい事を発表するため、多くの人を呼んで行う宴会 …… 扌 露宴

6. 飛行機に乗る前にカウンターで発券される、座席番号などが記された券 …… 苔乗券

| 言　糸　白　皮　扌　石 |

9章・10章　クイズ

【3】（　　）の中にカタカナの読み方をする漢字を書いてください。

1. セン
   ① 健康のため、食物（　　）維が豊富な玄米を食べるようにしている。
   ② 貨物船の重油流出事故により、海洋汚（　　）が発生した。

2. カク
   ① フルーツ王国で知られる山梨県は、6月の中旬から桃の収（　　）が始まる。
   ② 田中選手は最年少で全日本空手道選手権大会の王座を（　　）得した。

3. ショウ
   ① 取引先との契約交（　　）に成功した父は、嬉しそうに祝杯をあげている。
   ② 通信（　　）害でインターネットに接続できず、オンライン授業が受けられなかった。

4. コウ
   ① CO_2 を大量に発生させる鉄（　　）業界には、地球温暖化対策が求められている。
   ② 交通事故にあって、手の（　　）に大きな傷が残ってしまった。

【4】①～⑩の下線部の漢字の読み方を書いてください。

留学生のアンさんは、ホームステイでお世話になったみちこさんからメールをもらいました。アンさんは嬉しくて、返信のメールを送りました。

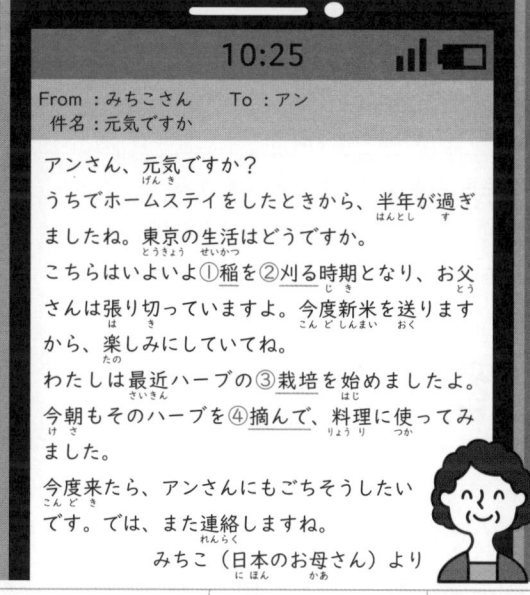

From：みちこさん　To：アン
件名：元気ですか

アンさん、元気ですか？
うちでホームステイをしたときから、半年が過ぎましたね。東京の生活はどうですか。
こちらはいよいよ①稲を②刈る時期となり、お父さんは張り切っていますよ。今年新米を送りますから、楽しみにしていてね。
わたしは最近ハーブの③栽培を始めましたよ。
今朝もそのハーブを④摘んで、料理に使ってみました。
今度来たら、アンさんにもごちそうしたいです。では、また連絡しますね。
みちこ（日本のお母さん）より

From：アンさん　To：みちこ
件名：お久しぶりです

メールありがとうございます！
私は元気です。日本のお母さんもお父さんも元気そうですね。お別れのときにお母さんからもらった⑤絹のスカーフ、大切に使っています。
東京の生活は友達もできて、毎日が楽しいです。
私は来週介護⑥福祉士の試験があるので、勉強や⑦提出書類の準備で今とっても忙しいです。
「社会に⑧貢献したい！」なんてみんなの前で⑨宣言したし、自分の⑩選択した道なのでがんばります！　試験が終わったら、また連絡しますね。新米、楽しみです！
アンより

①	②	③	④	⑤
⑥	⑦	⑧	⑨	⑩

11章 教育
きょういく

Education
教育
Giáo dục

析 (8) セキ

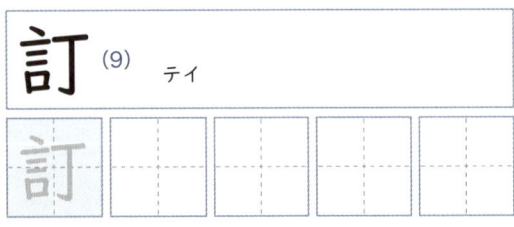

原因を分析する　データを解析する
げんいん　ぶんせき　　　　かいせき

釈 (11) シャク

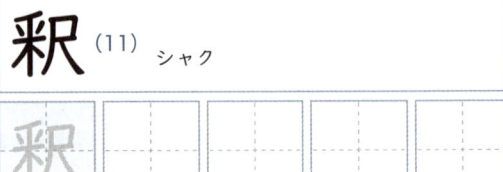

筆者の主張を自分なりに解釈する　注釈
ひっしゃ　しゅちょう　じぶん　　かいしゃく　　ちゅうしゃく
釈明を求める　説明があいまいで釈然としない
しゃくめい　もと　　せつめい　　　　　　しゃくぜん
被疑者を釈放する　希釈
ひぎしゃ　しゃくほう　　きしゃく

訂 (9) テイ

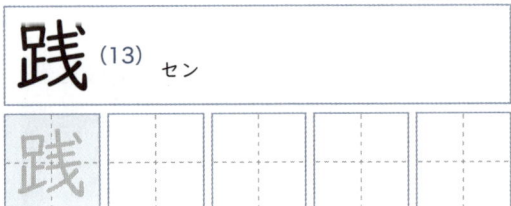

誤りを訂正する　改訂版を出す
あやま　ていせい　　かいていばん　だ

索 (10) サク

索引を引く　五十音順索引
さくいん　ひ　　ごじゅうおんじゅんさくいん
インターネットで検索する　解決方法を模索する
けんさく　　　　かいけつほうほう　もさく
犯人を捜索する
はんにん　そうさく

践 (13) セン

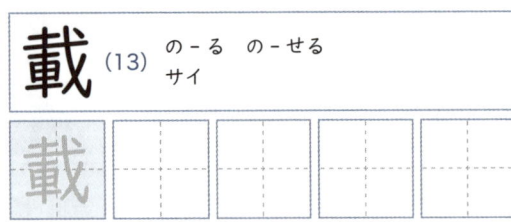

考案した方法を実践する　理論と実践
こうあん　ほうほう　じっせん　　りろん　じっせん
実践的な研究
じっせんてき　けんきゅう

繰 (19) く-る

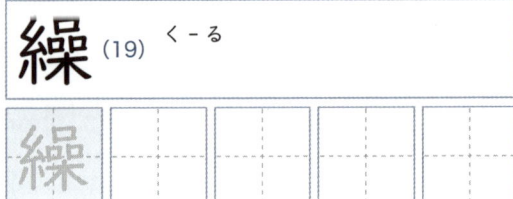

毛糸を繰る　本のページを繰る
けいと　く　　ほん　　　　　く
同じことを繰り返す　繰り返し練習する
おな　　　　く　かえ　　く　かえ　れんしゅう
予定の時間を繰り上げる　残額を繰り越す
よてい　じかん　く　あ　　ざんがく　く　こ

載 (13) の-る　の-せる　サイ

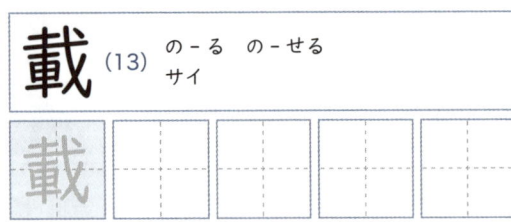

荷物を車に載せる　新聞に広告を載せる
にもつ　くるま　の　　しんぶん　こうこく　の
投書が載る　連載　AI搭載の掃除機
とうしょ　の　　れんさい　　　　とうさい　そうじき
雑誌に論文が掲載される　経歴を記載する
ざっし　ろんぶん　けいさい　　けいれき　きさい

翻 (18) ひるがえ-る　ひるがえ-す　ホン

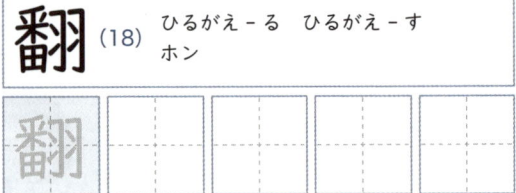

旗が風に翻る　方針が翻る　前言を翻す
はた　かぜ　ひるがえ　ほうしん　ひるがえ　ぜんげん　ひるがえ
周囲の説得で決断を翻意した
しゅうい　せっとく　けつだん　ほんい
スペイン語を日本語に翻訳する
ご　　にほんご　ほんやく

必修編 11章 教育

志 (7) こころざ−す こころざし / シ

政治家を志す　志を遂げて医者になる
せいじか こころざ　こころざし と　　いしゃ
意志が強い　志望校を決める　ブランド志向
いし つよ　しぼうこう き　　　　　　しこう
ライバルに闘志を燃やす
とうし も

功 (5) コウ ク

大陸横断に成功する　功績を残す　功労者
たいりくおうだん せいこう　こうせき のこ　こうろうしゃ
年功序列　改革の功罪を問う　けがの功名
ねんこうじょれつ かいかく こうざい と　　こうみょう
功徳を積む
くどく つ

克 (7) コク

苦手を克服する　事件の様子を克明に書き記す
にがて こくふく　じけん ようす こくめい か しる

班 (10) ハン

班を作る　班長　救護班
はん つく　はんちょう きゅうごはん

哲 (10) テツ

哲学を専攻する
てつがく せんこう
独自の人生哲学を語る
どくじ じんせいてつがく かた

啓 (11) ケイ

専門家の考えに啓発された
せんもんか かんが けいはつ
自己啓発のために本を読む　拝啓
じこけいはつ ほん よ　はいけい
啓蒙活動により識字率が向上した
けいもうかつどう しきじりつ こうじょう

倫 (10) リン

倫理に反する行為　企業倫理が問われる
りんり はん こうい　きぎょうりんり と
倫理的に許されない
りんりてき ゆる

偏 (11) かたよ−る / ヘン

人口が都市に偏る　栄養に偏りのないようにする
じんこう とし かたよ　えいよう かたよ
偏食　偏見のない社会　偏向した報道
へんしょく へんけん しゃかい へんこう ほうどう
知識偏重　偏差値　偏西風
ちしきへんちょう へんさち へんせいふう

101

教育
きょういく

Education
教育
Giáo dục

拠 (8) キョ

根拠をもって判断する　貿易の拠点
こんきょ　　はんだん　　ぼうえき　きょてん
民衆が広場を占拠する
みんしゅう ひろば　せんきょ
犯人だという証拠を示す
はんにん　　　　しょうこ　しめ

擬 (17) ギ

模擬試験を受ける　擬音語　擬態語
もぎしけん　う　　ぎおんご　ぎたいご
動物を擬人化したキャラクター
どうぶつ　ぎじんか

揮 (12) キ

オーケストラの指揮者　大会の運営を指揮する
　　　　　　しきしゃ　たいかい　うんえい　しき
実力を発揮する
じつりょく　はっき

誠 (13) まこと　セイ

誠を尽くして相手に接する　誠実な人
まこと　つ　　　あいて　せっ　　　せいじつ　ひと
誠意ある対応　うそから出た誠
せいい　　たいおう　　　　で　まこと
誠に申し訳ございません
まこと もう わけ

監 (15) カン

国境を監視する　監視の目を光らせる
こっきょう かんし　　かんし　め　ひか
会計を監査する　書籍の監修者
かいけい　かんさ　　しょせき　かんしゅうしゃ

督 (13) トク

現場を監督する　野球チームの監督になる
げんば　かんとく　　やきゅう　　　　かんとく
映画監督　滞納した家賃を督促される
えいがかんとく　たいのう　やちん　とくそく

懸 (20) かーける　かーかる　ケン　ケ

命を懸けて守る　今回の試験に将来が懸かっている
いのち か　　まも　　こんかい　しけん　しょうらい　か
一生懸命に努力する　懸賞に当たる
いっしょうけんめい　どりょく　　けんしょう　あ
通貨危機が懸念される
つうかきき　　けねん

礎 (18) いしずえ　ソ

会社の礎を築く　学力の基礎を固める
かいしゃ いしずえ きず　がくりょく　きそ　かた
建物の礎石
たてもの　そせき

必修編　11章　教育

佳 (8) カ

佳人　佳作に選ばれる　話が佳境に入る
かじん　かさく　えら　はなし　かきょう　はい

秀 (7) ひい-でる / シュウ

一芸に秀でる　優秀な成績で卒業する
いちげい　ひい　ゆうしゅう　せいせき　そつぎょう
クラスで一番の秀才
いちばん　しゅうさい
彼の文章は秀逸だと評判だ
かれ　ぶんしょう　しゅういつ　ひょうばん

模 (14) モ / ボ

飛行機の模型を作る　模造品　水玉模様の服
ひこうき　もけい　つく　もぞうひん　みずたま　もよう　ふく
空模様を確認する　解決策を模索する
そらもよう　かくにん　かいけつさく　もさく
規模の大きい会社　大規模な工事
きぼ　おお　かいしゃ　だいきぼ　こうじ

範 (15) ハン

模範を示す　模範解答　社会の規範に従う
もはん　しめ　もはんかいとう　しゃかい　きはん　したが
範囲を指定する
はんい　してい

推 (11) お-す / スイ

佐藤氏を次期社長に推す　緑化運動を推進する
さとうし　じきしゃちょう　お　りょっかうんどう　すいしん
作文を推敲する　漁獲量の推移を調べる
さくぶん　すいこう　ぎょかくりょう　すいい　しら
服装から年代を推測する　推理　推定1億円
ふくそう　ねんだい　すいそく　すいり　すいてい　おくえん

薦 (16) すす-める / セン

先生に薦められて買った辞書
せんせい　すす　か　じしょ
彼をリーダーに推薦する　推薦で入学する
かれ　すいせん　すいせん　にゅうがく
自薦
じせん

奨 (13) ショウ

医者が患者に禁煙を奨励する　奨学金をもらう
いしゃ　かんじゃ　きんえん　しょうれい　しょうがくきん
専門家が推奨している健康法　報奨金
せんもんか　すいしょう　けんこうほう　ほうしょうきん

彰 (14) ショウ

人命救助で表彰される　表彰状を授与する
じんめいきゅうじょ　ひょうしょう　ひょうしょうじょう　じゅよ

教育 きょういく

Education
教育
Giáo dục

項 (12) コウ

問題点を3項目に分類する　検討事項を挙げる
もんだいてん　こうもく　ぶんるい　　けんとうじこう　あ
注意事項を述べる　共通項を見つける
ちゅういじこう　の　　きょうつうこう　み
募集要項
ぼしゅうようこう

欄 (20) ラン

橋の欄干　解答欄に記入する
はし　らんかん　かいとうらん　きにゅう
欄外にメモをする　空欄を埋める
らんがい　　　　　くうらん　う
新聞のテレビ欄を見る
しんぶん　　　　らん　み

稿 (15) コウ

スピーチの原稿を書く　雑誌に俳句を投稿する
げんこう　か　　ざっし　はいく　とうこう
有名作家に寄稿を依頼する
ゆうめいさっか　きこう　いらい

諸 (15) ショ

近隣諸国と貿易する　伊豆諸島
きんりんしょこく　ぼうえき　　いずしょとう
諸悪の根源を断つ　この地名の由来には諸説ある
しょあく　こんげん　た　　　ちめい　ゆらい　しょせつ
諸般の事情により中止いたします
しょはん　じじょう　　　　ちゅうし

箇 (14) カ

2箇所　原稿の修正箇所　箇条書きにする
かしょ　げんこう　しゅうせいかしょ　かじょうが

桁 (10) けた

3桁の計算をする　桁違いの安さ
けた　けいさん　　けたちがい　やす
桁外れに強い力士　井桁に組む　橋桁
けたはず　つよ　りきし　いげた　く　はしげた

括 (9) カツ

問題を一括して検討する　今期の総括
もんだい　いっかつ　けんとう　こんき　そうかつ
部門を統括する　包括的な見解を述べる
ぶもん　とうかつ　　ほうかつてき　けんかい　の
一括払い
いっかつばら

弧 (9) コ

矢が弧を描いて飛ぶ　括弧でくくる
や　こ　えが　と　　かっこ

11章 復習

1. 漢字の読み方を書いてください。

① グローバル化で日本国内から国外に生産拠点を移す企業が増えた。
② 資料には、会議で誰がどんな発言をしたか克明に記録されている。
③ 落ちていた財布を盗むことは、人として倫理に反する行為だ。
④ 私が政治家を志したのは、世の中を変えたいと思ったからだ。
⑤ 北見さんは地域の発展に多大な功績を残した。
⑥ 私は小説の中でも、推理小説が一番好きだ。
⑦ 試験に合格し、1年間、奨学金がもらえることになった。
⑧ 刊行から10年経ち、改訂版が出版されることになった。
⑨ 試験を受ける前に、注意事項を必ず確認してください。
⑩ スピーチ大会に向けて、原稿を何度も書き直した。
⑪ 英語の文書を日本語に翻訳する仕事をしている。
⑫ 最近関心を持っているニュースについて自分の考えを投書した。
⑬ 佐藤氏がチームの監督に就任したからには優勝は間違いない。
⑭ 見た目で判断しないで、偏見を持たずに人と接するようにしている。
⑮ ()「」『』などの括弧記号は目的によって使い分けてください。

2. 漢字を書いてください。

① 語学は、きそが理解できていないと、いくら練習しても上達しない。
② 教育現場では理論に裏付けられたじっせんが求められる。
③ 人物、成績ともに優れている彼女を、ぜひ代表にすいせんしたい。
④ 今度の試験ははんいが広くて、試験勉強が大変だ。
⑤ 大きぼ工事が行われるため、高速道路が通行止めになるそうだ。
⑥ 近隣しょこくとの友好関係の維持は、国の安定のために必要だ。
⑦ インターネットをけんさくすれば、知りたい情報はすぐ手に入る。
⑧ インタビューの内容と写真が、次号の雑誌にのることになった。
⑨ 彼は人命救助に尽力し、ひょうしょうされた。
⑩ 彼はいっかつ払いで最新型のテレビを購入したそうだ。
⑪ 今日中に終わらせたい仕事をかじょうがきにして確認する。
⑫ この度はご迷惑をおかけし、まことに申し訳ございませんでした。
⑬ 彼は5けたの数字の計算も簡単に暗算できてしまう。
⑭ 調査委員会は映像をぶんせきし、事故原因を解明しようとしている。
⑮ 企業の発展には、ゆうしゅうな人材の確保が欠かせない。

12章 物語

Stories
故事
Câu chuyện

宮 (10) みや / キュウ グウ ク

お宮参り　ヴェルサイユ宮殿
みやまい　　　きゅうでん
明治神宮に初詣に行く　神社の宮司　宮内庁
めいじんぐう　はつもうで　い　　じんじゃ　ぐうじ　　くないちょう
事件は迷宮入りとなった
じけん　めいきゅうい

廷 (7) テイ

法廷で証言する　証人として出廷を求められる
ほうてい　しょうげん　　しょうにん　　　しゅってい　もと
宮廷で晩さん会が開かれる　朝廷
きゅうてい　ばん　　かい　ひら　　　ちょうてい

皇 (9) コウ オウ

皇居　皇太子　皇位を継承する　天皇　法皇
こうきょ　こうたいし　こうい　けいしょう　　てんのう　ほうおう

帝 (9) テイ

皇帝の位につく　ローマ帝国　ゲーム界の帝王
こうてい　くらい　　　　ていこく　　　　かい　ていおう

后 (6) コウ

王后　皇后　皇太后
おうこう　こうごう　こうたいごう

陛 (10) ヘイ

天皇陛下　皇后陛下　国王陛下
てんのうへいか　こうごうへいか　こくおうへいか

妃 (6) ヒ

皇太子妃　妃殿下　王妃
こうたいしひ　ひでんか　おうひ

姫 (10) ひめ

王家に姫が誕生した　かぐや姫
おうけ　ひめ　たんじょう　　　　　　ひめ
世界の歌姫として名声をあげる　一姫二太郎
せかい　うたひめ　　　　めいせい　　　いちひめにたろう

必修編 12章 物語

| 冒 (9) | おか-す / ボウ |

危険を冒す　病に冒される
世界の海を冒険する物語を読む　総合感冒薬
冒険心がくすぐられる　会議が冒頭から荒れる

| 旗 (14) | はた / キ |

母国の旗を振る　国旗　半旗を掲げる
開会式で旗手を務める　一旗あげようと上京する
味方チームの旗色が悪い

| 弓 (3) | ゆみ / キュウ |

的に向かって弓を引く　バイオリンの弓
竹を弓なりに曲げる　弓道

| 矢 (5) | や / シ |

矢が的に命中する　非難の矢面に立たされる
矢の催促　次期社長候補として白羽の矢が立つ
一矢を報いる　光陰矢のごとし

| 剣 (10) | つるぎ / ケン |

諸刃の剣　剣を振りかざす　剣道の道場に通う
真剣な表情で聞き入る

| 鎖 (18) | くさり / サ |

猛獣を鎖につなぐ　連鎖反応　食物連鎖
工場を閉鎖する　鎖国をやめ開国する
工事のため高速道路を一部封鎖する

| 侍 (8) | さむらい / ジ |

日本には侍の時代があった
侍従として天皇に仕える

| 騎 (18) | キ |

騎士　競馬の騎手　騎馬戦
与野党党首の一騎討ち / 一騎打ち

物語
ものがたり

Stories
故事
Câu chuyện

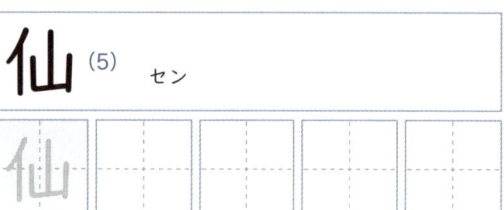

仙 (5) セン

仙人が修行した伝説が残っている　水仙の花
せんにん　しゅぎょう　でんせつ　のこ　　　すいせん　はな

仁 (4) ジン　ニ

マザーテレサは仁愛の心で人々を救済した
じんあい　こころ　ひとびと　きゅうさい
仁義を重んじる　仁王立ちになる
じんぎ　おも　　におうだ

僧 (13) ソウ

出家して僧になる　修行を重ね高僧となる
しゅっけ　そう　　しゅぎょう　かさ　こうそう
いたずら小僧
こぞう

尼 (5) あま　ニ

信心深い彼女は仏門に入り尼となった
しんじんぶか　かのじょ　ぶつもん　はい　あま
尼寺　尼僧
あまでら　にそう

尚 (8) ショウ

結論を出すには時期尚早だ　高尚な趣味を持つ
けつろん　だ　　じき　しょうそう　　こうしょう　しゅみ　も
弟子の僧侶が「和尚」と呼ぶ
てし　そうりょ　　おしょう　よ

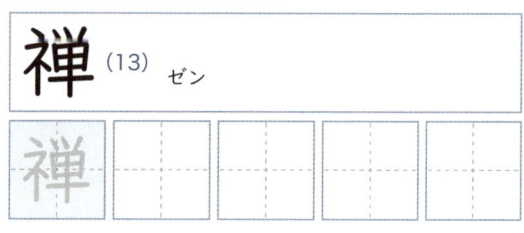

禅 (13) ゼン

座禅を組んで心を鎮める
ざぜん　く　こころ　しず

鐘 (20) かね　ショウ

教会の鐘がなる　寺の鐘をつく
きょうかい　かね　　てら　かね
除夜の鐘　警鐘を鳴らす
じょや　かね　けいしょう　な

典 (8) テン

和英辞典で調べる　百科事典　古典文学を読む
わえいじてん　しら　　ひゃっかじてん　こてんぶんがく　よ
典型的な風邪の症状　式典　引用文の出典を示す
てんけいてき　かぜ　しょうじょう　しきてん　いんようぶん　しゅってん　しめ
会員だけの特典　お通夜に香典を持参する
かいいん　とくてん　　つや　こうでん　じさん

必修編　12章　物語

聖 (13) セイ

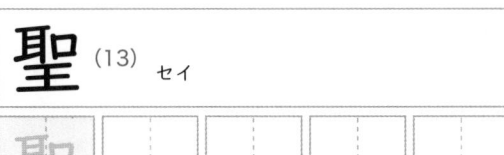
聖母マリアの像　聖書を読む　聖火リレー
神聖な場所

魔 (21) マ

悪魔　魔法を使う　考え事の邪魔をされる
魔が差す　睡魔に襲われる

吉 (6) キチ　キツ

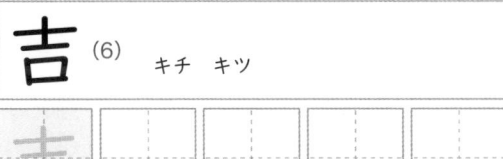
おみくじをひいたら吉が出た
大学入学、姉の結婚と吉事が続く　不吉な予感
合格の吉報が届く

凶 (4) キョウ

おみくじで凶をひいた　吉凶を占う
被害拡大の元凶　連続殺人の凶悪犯
凶器が見つかる　今年は凶作で食糧不足だ

厄 (4) ヤク

厄年を迎える　神社で厄を払う
厄介なことに巻き込まれる　厄除けのお守り

冥 (10) メイ　ミョウ

故人の冥福を祈る　冥土／冥途　冥想
教師冥利に尽きる　冥王星

闇 (17) やみ

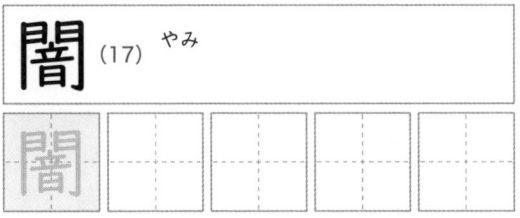
暗闇　闇に閉ざされた世界　一寸先は闇
犯人の心の闇を探る

謎(謎) (17) なぞ

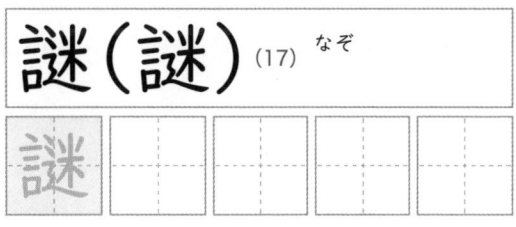
謎を解く　謎が深まる　謎に包まれた事件
宇宙の謎　謎々で遊ぶ

物語
ものがたり

Stories
故事
Câu chuyện

幻 (4) まぼろし / ゲン

亡くなった父の幻を見た　幻の世界記録
幻想を抱く　幻想的な世界　幻覚症状
恋人に幻滅する　変幻自在

架 (9) か-かる　か-ける / カ

虹が架かる　橋を架ける　架空の人物
書架を整理する

幽 (9) ユウ

この寺は将軍が幽閉された場所として有名だ
幽体離脱

霊 (15) たま / レイ　リョウ

先祖の御霊をまつる　言葉には言霊が宿る
霊感　幽霊　公園のような霊園　ご霊前　悪霊
霊長類

獄 (14) ゴク

監獄からの脱獄を企てる　獄中からの手紙
天国と地獄

妖 (7) あや-しい / ヨウ

妖しい魅力に惑わされる　妖精　妖怪
あの女優は妖艶な雰囲気がある

鬼 (10) おに / キ

「桃太郎」は鬼を退治する話だ　鬼に金棒
心を鬼にして子を叱る　鬼ごっこ　仕事の鬼
鬼門　黒澤明監督は映画界の鬼才と呼ばれた

竜 (10) / 龍 (16) たつ / リュウ

竜巻が発生した　竜が天に昇る　恐竜
竜頭蛇尾に終わる

12章 復習

1. 漢字の読み方を書いてください。

① 明治神宮へ参拝に行ったとき、偶然きれいな花嫁を見かけた。
② 皇居は東京の中心にありながら、豊かな自然に囲まれている。
③ 天皇陛下が新年のおことばを述べられました。
④ 皇太子妃が小児病院へお見舞いにいらっしゃいました。
⑤ フランス革命後、皇帝になったナポレオンは金貨の肖像になった。
⑥ 昨晩、徹夜したため、今日は仕事中何度も睡魔に襲われた。
⑦ 神社へお参りに行き、おみくじをひいたら吉が出た。
⑧ 事件の目撃者として、当時の出来事を法廷で証言することになった。
⑨ この新薬が病に苦しむ人の助けになったら、研究者冥利に尽きる。
⑩ この映画は架空の話ではなく実話を元にして制作された。
⑪ 幽霊が出るとうわさのホテルが取り壊されることになった。
⑫ あの若手政治家が内閣総理大臣を目指すとは、時期尚早だ。
⑬ 昔は時刻を知らせるために寺の鐘を鳴らした。
⑭ 競馬の騎手になるには、厳しいトレーニングが必要だ。
⑮ 目撃者も手がかりもなく、この事件の真相は謎のままだ。

2. 漢字を書いてください。

① ぼうけん心が強い彼は、成功の見込みが低いことにも挑戦する。
② 山から町を見下ろすと、げんそうてきで美しい光景が広がっていた。
③ 地震の影響で停電になり、くらやみの中を懐中電灯だけで過ごした。
④ ようせいのようにかわいらしい女の子とすれ違った。
⑤ 急な高熱と関節痛、インフルエンザのてんけいてきな症状だ。
⑥ 日本の武道に興味がわいて、きゅうどうを習い始めた。
⑦ 誰もが彼に視線を向け、話をしんけんに聞いているようだった。
⑧ 長引く不況のため、A社は50年続いた工場をへいさした。
⑨ ざぜんを組み、静かに精神を統一させることで心が鎮まる。
⑩ 子どものころ、毎週日曜日は、せいしょを持って教会へ出かけた。
⑪ 子どもの成長を願うなら、心をおににして叱ることも必要だ。
⑫ 彼はやっかいな仕事をいつも笑顔で引き受けてくれる。
⑬ 国際会議の開催に際し、会場周辺に各国のこっきが掲げられている。
⑭ たつまきが発生し、家の屋根や車、店の看板が吹き飛ばされた。
⑮ クレーム対応のやおもてに立たされたが、なんとか解決できた。

11章・12章 アチーブメントテスト

【1】次の文の下線をつけた言葉の読み方を①〜④の中から選び、番号を書いてください。

1. ヴェルサイユ宮殿はルイ14世によって建造されたバロック建築の代表作だ。
   ① きゅうてい　　② きゅうでん　　③ ぐうでん　　④ ぐうてん

2. 彼は、今季で引退するという発言を翌朝に翻して、ファンを驚かせた。
   ① ひるがえして　② ほんして　　③ くつがえして　④ くるがえして

3. 趣味で作っている俳句を雑誌に投稿したら、今月号の優秀賞に選ばれた。
   ① とうきょう　　② とうこう　　③ どうこう　　④ とうごう

4. レポート作成に必要な資料をインターネットで検索した。
   ① けんさ　　　　② げんさく　　③ けんさく　　④ せんさく

5. 人質をとり、銀行に3日間立てこもった凶悪犯がようやく逮捕された。
   ① ぎょうあく　　② きょあく　　③ ごうあく　　④ きょうあく

1.	2.	3.	4.	5.

【2】次の文の下線をつけた言葉の漢字を①〜④の中から選び、番号を書いてください。

1. 弁護側の証人として裁判所からしゅっていを求められ、証言を行った。
   ① 出呈　　　　② 出庭　　　　③ 出廷　　　　④ 出邸

2. 失敗は許されないが、今回は危険をおかしてでも挑戦するしかない。
   ① 遺して　　　② 冒して　　　③ 侵して　　　④ 昌して

3. 今季好成績を残した若手の田中選手は、年俸がすいてい1億円に跳ね上がった。
   ① 抑呈　　　　② 推定　　　　③ 抑定　　　　④ 推提

4. この問題の難易度は高いが、きそがわかっていれば解くことができる。
   ① 軌礎　　　　② 規礎　　　　③ 基疎　　　　④ 基礎

5. 今までの勉強の成果を試すために、実際の試験の前にもぎ試験を受けた。
   ① 模擬　　　　② 模疑　　　　③ 模偽　　　　④ 模技

1.	2.	3.	4.	5.

11章・12章　アチーブメントテスト

【3】次の文の下線をつけた言葉の読み方を書いてください。

1．不景気で先行きが不透明ななか、事業拡大を決定するのは時期尚早だ。

2．学業にひときわ秀でた彼は、常に成績トップを維持し、首席で大学を卒業した。

3．新しくオープンした激安スーパーは他店と比べて「桁違いの安さ」を売りにしている。

4．万一のときに的確に行動できるよう、年2回、救護の訓練をしている。

5．彼女は歌姫として名声を上げ、さらに映画や舞台でも活躍している。

6．10年勤めた職場を退職した妹は、一旗あげようと意気込んで起業した。

7．彼は新型エンジンの開発総責任者として、プロジェクトを指揮した。

1.	2.	3.	4.
5.	6.	7.	

【4】次の文の下線をつけた言葉の漢字を書いてください。

1．親は子どもに対して、もはんとなる態度を示すべきだ。

2．今、会員になると割引などのとくてんがあると聞いて、さっそく申し込むことにした。

3．今年度取得しなかった有給休暇は、規定に則って、一部は来年度にくりこされる。

4．用紙に氏名、生年月日、連絡先をきさいのうえ、窓口まで提出をお願いします。

5．彼は医者になるというこころざしを立て、医学部入学を目指している。

6．合格のためにはくうらんを全て埋めなければと思い、必死に問題を解いた。

7．経営を立て直すために、次期社長に営業部長の佐藤氏をおす声が多い。

1.	2.	3.	4.
5.	6.	7.	

113

11章・12章 クイズ

【1】 下から熟語を選んで ☐ に書いてください。（ ）には読み方を書いてください。

① 友人に紹介された自己 ☐ のセミナーに参加したら、新たな気づきを得た。
　　（　　　）

② ハラスメントから従業員を守れるかどうか、企業の ☐ が問われている。
　　　　　　　　　　　　　　　　　　　　　　　　（　　　）

③ 連日大雨が続き、専門家は土砂災害の可能性について ☐ を鳴らしている。
　　　　　　　　　　　　　　　　　　　　　　　　（　　　）

④ 憎しみが憎しみを生むという負の ☐ を断ち切るには、相手を許せるかどうかだ。
　　　　　　　　　　　　　　　（　　　）

⑤ 子どもの頃は苦手だった野菜も、大人になって、いつの間にか ☐ できていた。
　　　　　　　　　　　　　　　　　　　　　　　　　　　　（　　　）

⑥ 試験 ☐ から終了の合図があったら、速やかに問題を解くのをやめてください。
　　（　　　）

| 倫理　克服　監督　啓発　警鐘　連鎖 |

【2】 右側と左側の言葉は対義語（反対の意味でペアになる言葉）です。AとBを組み合わせて ☐ に入る漢字を完成させ、ペアになる言葉を線でつないでください。

例） 冗談 ――――― 真 剣

① 統 ☐　・　　・　実 ☐

② 実在　・　　・　分業

③ 公正　・　　・　総合

④ 理論　・　　・　☐ 空

⑤ 分 ☐　・　　・　☐ 重

A: 木 亻 扌 木 廿 辶

＋

B: 扁 戋 金 舌 斤 加

11章・12章　クイズ

【3】□の中には同じ漢字が入ります。下の漢字の中から選んで書いてください。

① 根　　　　② 要　　　　③ 成　　　　④ 解
証□点　　　事□目　　　年□罪　　　注□放
　　　　　　　　　　　　　績　　　　　明

項　　釈　　功　　哲　　拠

【4】次の文章を読み、①〜⑳の漢字の読み方を書いてください。

───── ARC書店　店員おススメ！　今読みたい本 ─────

①暗闇のなか、怖がらせようと一生②懸命になればなるほど、人々を温かい気持ちにさせてしまうちょっとドジな③幽霊のお話。

④竜の背に乗り、⑤騎士が⑥剣をふりかざして空から現れ、⑦鎖につながれた⑧姫を助け出すシーンは圧巻！

山奥の寺で修行を続ける若き⑨僧侶たちと、⑩妖怪や⑪鬼との心温まる交流に、涙が止まらない…。私たちが忘れた気持ちを思い出させてくれる。

南の国は、周辺⑫諸国を打ち破って統一を果たし、ヤポニア⑬帝国を建国。しかし、お祝いの⑭式典前日、突然、⑮皇太子が姿を消した。⑯忠誠を誓ったはずの西の国は⑰魔法を使って兵を操るといううわさが…。神が認めた者しか入ることができないという東の国の「⑱神聖な泉」にも異変が！　北の国の谷に住む⑲仙人は実は……。
さあ、次々と起こる⑳謎を解き明かそう。ドキドキ、ハラハラが止まらない。

①	②	③	④	⑤
⑥	⑦	⑧	⑨	⑩
⑪	⑫	⑬	⑭	⑮
⑯	⑰	⑱	⑲	⑳

115

13章 文化

Culture
文化
Văn hóa

庶 (11) ショ

庶民の生活
庶民的な政治家
会社の庶務課

趣 (15) おもむき / シュ

異国の趣がある町　趣味をもつ
募金の趣旨に賛同する
趣向を凝らした盛り付け

娯 (10) ゴ

娯楽施設　学生時代の唯一の娯楽は映画だった

創 (12) つく-る / ソウ

新しい料理を創作する　天地創造
創造性に富んだ作品　独創的な発想　会社を創る
満身創痍の中、彼は全試合出場を成し遂げた

鑑 (23) かんが-みる / カン

印鑑　図鑑で花の名前を調べる　絵画を鑑賞する
古美術を鑑定する　過去の事例に鑑みる

幕 (13) マク / バク

舞台の幕が上がる　プロ野球が開幕する
事件はあっけない幕切れを迎えた　江戸幕府
字幕なしで映画を見る　幕の内弁当

藩 (18) ハン

藩主　藩士　幕藩体制　廃藩

暦 (14) こよみ / レキ

暦をめくる　暦の上ではもう春だ　西暦2050年
還暦を迎える

必修編　13章　文化

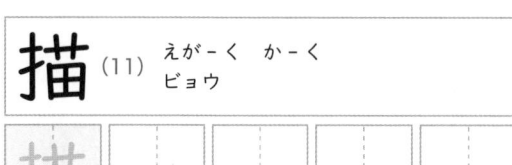

描 (11) えが-く　か-く
ビョウ

景色を描く　ボールが弧を描いて飛ぶ
けしき えが　　　　　　　　　　こ えが　　と
主人公の心理を丁寧に描いた小説　地図を描く
しゅじんこう しんり ていねい えが　しょうせつ　ちず　か
細かい部分まで描写する　心理描写
こま　　ぶぶん　びょうしゃ　　しんりびょうしゃ

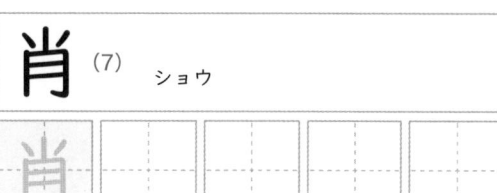

肖 (7) ショウ

肖像画を集める　肖像権の侵害
しょうぞうが あつ　　しょうぞうけん しんがい
不肖ながら司会を務めさせていただきます
ふしょう　　　　しかい　つと

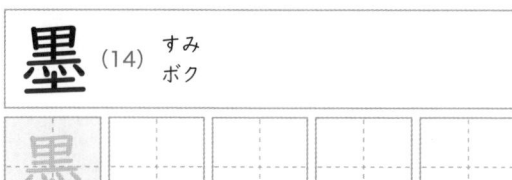

墨 (14) すみ
ボク

筆と墨を使って名前を書く　水墨画
ふで すみ つか　なまえ か　　すいぼくが

抽 (8) チュウ

抽象画の画家　抽象的な表現　抽選で決める
ちゅうしょうが がか　ちゅうしょうてき ひょうげん　ちゅうせん き
データを抽出する
ちゅうしゅつ

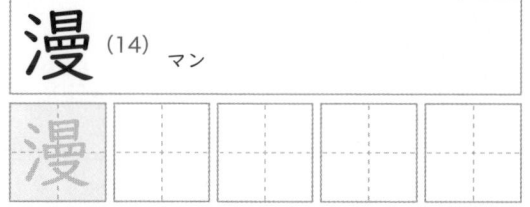

漫 (14) マン

漫々と水をたたえた川
まんまん みず　　　　　かわ
寝不足で注意力が散漫になる
ねぶそく ちゅういりょく さんまん
漫然とした不安　漫画　漫才
まんぜん　　　ふあん　まんが　まんざい

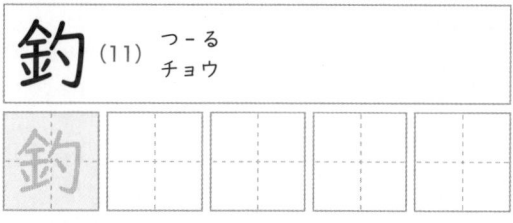

釣 (11) つ-る
チョウ

川で魚を釣る　釣果を競う
かわ さかな つ　　ちょうか きそ
甘い言葉で客を釣る　お釣り
あま ことば きゃく つ　　　つ

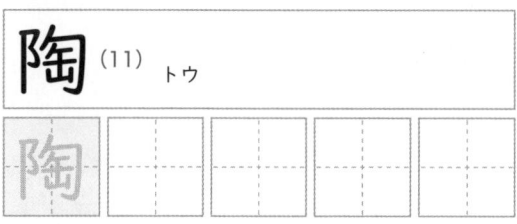

陶 (11) トウ

陶器の花びんを買う　陶磁器の展覧会　陶芸
とうき はな　　　か　　とうじき てんらんかい　とうげい
オペラに陶酔する　自己陶酔
とうすい　　　じことうすい

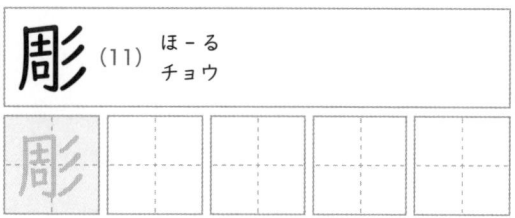

彫 (11) ほ-る
チョウ

仏像を彫る　氷の彫刻　彫刻家
ぶつぞう ほ　　こおり ちょうこく　ちょうこくか

文化
ぶんか

Culture
文化
Văn hóa

琴 (12)
こと
キン

琴を弾く　木琴
恩師の言葉が心の琴線に触れる

弦 (8)
つる
ゲン

弓の弦を張る　バイオリンの弦が切れる
弦楽器　上弦の月

鼓 (13)
つづみ
コ

鼓を打つ　太鼓をたたく　心臓の鼓動
監督がチームの士気を鼓舞する
おいしい寿司に舌鼓を打つ

笛 (11)
ふえ
テキ

レフェリーが試合終了の笛を吹く　口笛を吹く
電車が警笛を鳴らしてホームに入る　船の汽笛

雅 (13)
ガ

別荘地で優雅に暮らす　雅楽の演奏を聴く

奏 (9)
かな-でる
ソウ

メロディを奏でる　ショパンの曲を演奏する
交響楽団の記念演奏会　吹奏楽
宣伝が功を奏し収益が伸びた

譜 (19)
フ

譜を読む　楽譜を見ないで歌う
一族の系譜をたどる

唄 (10)
うた

子守唄　民謡を集めた唄の本

必修編　13章　文化

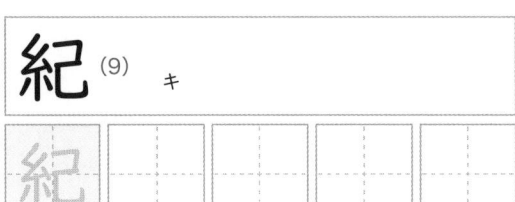

紀 (9)　キ

21世紀　紀元前200年ごろの住居跡
　せい　き　き　げんぜん　　　　　　　ねん　　　　　じゅうきょあと
紀行文を書く　風紀を乱す
き こうぶん　か　　　ふう き　みだ

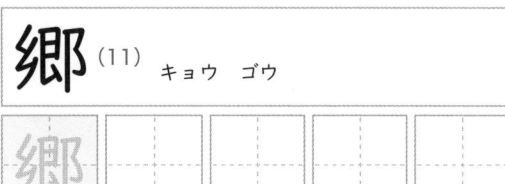

郷 (11)　キョウ　ゴウ

郷里に帰る　郷土料理を研究する
きょうり　かえ　　きょう ど りょうり　けんきゅう
母国への郷愁を覚える　第二の故郷　桃源郷
ぼこく　　　きょうしゅう　おぼ　　　だい に　　こきょう　　とうげんきょう
郷に入っては郷に従え
ごう　い　　　　ごう　したが

崇 (11)　スウ

崇高な精神　自然を崇拝する
すうこう　せいしん　しぜん　　すうはい
崇拝する人物
すうはい　じんぶつ

祥 (10)　ショウ

古代文明発祥の地　社員が不祥事を起こす
こ だいぶんめいはっしょう　ち　　しゃいん　ふしょうじ　お

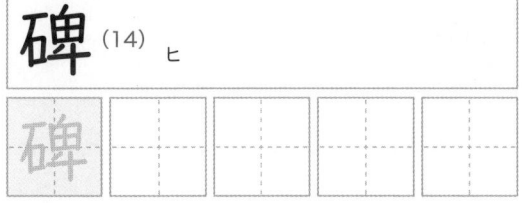

碑 (14)　ヒ

記念碑を建てる　石碑　小林一茶の句碑
きねんひ　た　　　せきひ　こばやしいっさ　くひ

墳 (15)　フン

古墳が発見される　前方後円墳
こふん　はっけん　　ぜんぽうこうえんふん

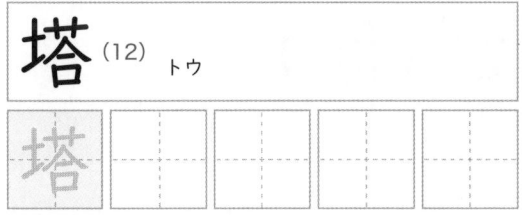

塔 (12)　トウ

町のシンボルとして有名な塔に登る　五重塔
まち　　　　　　　　　　ゆうめい　とう　のぼ　　ごじゅうのとう
テレビ塔
とう

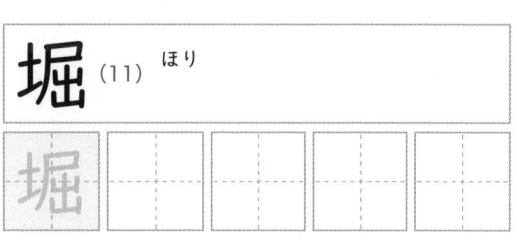

堀 (11)　ほり

城の周囲に堀をめぐらす　釣堀で魚を釣る
しろ　しゅうい　ほり　　　　　　つりぼり　さかな　つ
堀端の桜並木
ほりばた　さくらなみき

文化
ぶんか

Culture
文化
Văn hóa

睦 (13) ボク

親睦を深める　親睦会
しんぼく ふか　　しんぼくかい
敵対していた隣国と和睦を結ぶ
てきたい　　　　りんごく　わぼく　むす
睦月
むつき

如 (6) ジョ ニョ

如才がない人　道徳心の欠如
じょさい　ひと　どうとくしん　けつじょ
写真が被害の大きさを如実に物語る　如来像
しゃしん　ひがい　おお　　　にょじつ　ものがた　　にょらいぞう
如月
きさらぎ

弥 (8) や

弥生
やよい

俗 (9) ゾク

江戸時代の風俗　世俗的なものの考え方
え ど じだい　ふうぞく　せぞくてき　　　　　かんが　かた
低俗な雑誌　俗語
ていぞく　ざっし　ぞくご

抹 (8) マツ

名簿から名前を抹消する　事実を抹殺する
めいぼ　　　なまえ　まっしょう　　じじつ　まっさつ
一抹の不安がよぎる　茶室で抹茶をいただく
いちまつ　ふあん　　　　　ちゃしつ　まっちゃ

麺 (16) メン

うどんやそばなどの麺類　製麺業を営む　素麺
　　　　　　　　　　めんるい　せいめんぎょう　いとな　そうめん

煎 (13) い-る　セン

ごまを煎る　煎茶　薬を煎じて飲む
　　　　い　せんちゃ　くすり　せん　　の

餅（餅）(15) もち　ヘイ

鏡餅を割る　煎餅　月餅　餅肌の美人
かがみもち　わ　せんべい　げっぺい　もちはだ　びじん

13章 復習

1. 漢字の読み方を書いてください。

① 町のシンボル的存在だったテレビ塔が取り壊されることになった。
② この建物は明治時代の趣を残している。
③ この辺りは一年を通して釣り客でにぎわいを見せている。
④ イタリアの美術館で見た彫刻は息をのむほど素晴らしかった。
⑤ 姉は大学院で江戸時代の風俗について研究している。
⑥ この作家は人間の心理描写が抜群にうまい。
⑦ ARC 美術館には歴代国王の肖像画が展示されている。
⑧ 彼の夢は自分で描いた漫画を翻訳して出版することだ。
⑨ 早起きして陶器市へ出かけたが、目当ての作品は完売だった。
⑩ 祭りの日、遠くから聞こえる太鼓の音に心を躍らせたものだった。
⑪ この美術館では、来月末まで水墨画展が開催されるそうだ。
⑫ 昼食にはパンや米よりも麺類を食べることが多い。
⑬ 子守唄を耳にすると、優しかった母のことを思い出す。
⑭ この公園の奥には小さな石碑が建てられている。
⑮ 古墳から王の刀や鏡が発見された。

2. 漢字を書いてください。

① 卒業記念にオリンピックはっしょうの地、ギリシャを訪れた。
② 春になり、いよいよプロ野球がかいまくする。
③ 18せいきに、イギリスで産業革命が起こった。
④ 物価の高騰がしょみんの生活を圧迫している。
⑤ こよみの上ではもう春だが、まだ少し肌寒い日もある。
⑥ 高校時代はオーケストラ部に所属し、げんがっきを担当していた。
⑦ 彼女はきょうど料理の研究家として有名だ。
⑧ 母が妙に明るくふるまっている姿を見て、いちまつの不安を覚えた。
⑨ 社内のコミュニケーションを深めるため、しんぼくかいが開かれた。
⑩ この店はせんべいの手焼き体験が人気だ。
⑪ この曲はがくふを見なくても、弾くことができる。
⑫ この提出書類にいんかんは不要です。
⑬ 今週末、市民楽団の定期えんそうかいが開かれる。
⑭ 駅前のそうさく料理のレストランはいつもにぎわっている。
⑮ 定年退職した父は、母とゆうがな旅を楽しんでいる。

14章 司法・行政
しほう・ぎょうせい

Justice/Administration
司法、行政
Hành chính tư pháp

秘 (10) ひ-める / ヒ

希望を胸に秘める　社長の秘書
きぼう　むね　ひ　　しゃちょう　ひしょ
大自然の神秘を探る　黙秘権を行使する
だいしぜん　しんぴ　さぐ　　もくひけん　こうし
極秘情報
ごくひじょうほう

密 (11) ミツ

秘密をもらす　人家が密集した地域　人口密度
ひみつ　　　じんか　みっしゅう　ちいき　　じんこうみつど
両国の密接な関係　連絡を密にとる　麻薬の密輸
りょうこく　みっせつ　かんけい　れんらく　みつ　　まやく　みつゆ
精密検査　内密に処理する　厳密に審査する
せいみつけんさ　ないみつ　しょり　　げんみつ　しんさ

摩 (15) マ

摩擦で靴底がすり減る　貿易摩擦が解消される
まさつ　くつぞこ　　へ　　ぼうえき まさつ　かいしょう

擦 (17) す-れる　す-る / サツ

マッチを擦る　賭け事でお金を擦る　擦り傷
　　　　　す　　か　ごと　　　かね　す　　　す　きず
ズボンの裾が擦れる　靴擦れ　擦過傷
　　　すそ　す　　　　くつず　　さっかしょう

抵 (8) テイ

法に抵触する　大抵の事には驚かない
ほう　ていしょく　たいてい　こと　　おどろ
自宅を抵当に入れる
じたく　ていとう　い

抗 (7) コウ

権力に抵抗する　抵抗力がある　反抗的態度
けんりょく　ていこう　ていこうりょく　はんこうてきたいど
抗議のデモをする　抗争を繰り返す
こうぎ　　　　　　こうそう　く　かえ
対抗意識が強い
たいこういしき　つよ

施 (9) ほどこ-す / シ　セ

少子化対策を施す　手術を施す
しょうしか たいさく ほどこ　しゅじゅつ ほどこ
手の施しようがない　新しい税法が施行される
て　ほどこ　　　　あたら　ぜいほう　しこう
試験を実施する　公共施設　ビルの施工　布施
しけん　じっし　　こうきょうしせつ　　　せこう　ふせ

衝 (15) ショウ

車が壁に衝突する　意見が衝突する
くるま　かべ　しょうとつ　いけん　しょうとつ
爆発の衝撃　叫びたい衝動に駆られる
ばくはつ　しょうげき　さけ　　しょうどう　か

必修編　14章　司法・行政

弁 (5) ベン

昼食はコンビニの弁当で済ませる
ちゅうしょく　　　　　　　べんとう　す
被告人を弁護する　弁論大会で熱弁を振るう
ひこくにん　べんご　　べんろんたいかい　ねつべん　ふ
弁解の余地はない　大阪弁を話す
べんかい　よち　　　おおさかべん　はな

訴 (12) うった-える／ソ

騒音の被害を訴える　武力に訴える
そうおん　ひがい　うった　　　ぶりょく　うった
プライバシーの侵害で告訴する
　　　　　　　しんがい　こくそ
容疑者を収賄罪で起訴する　勝訴
ようぎしゃ　しゅうわいざい　きそ　　しょうそ

訟 (11) ショウ

訴訟を起こす　民事訴訟　刑事訴訟
そしょう　お　　みんじそしょう　けいじそしょう

審 (15) シン

国会で法案を審議する　書類審査で落ちる
こっかい　ほうあん　しんぎ　　しょるいしんさ　お
国民の審判を受ける　試合の審判
こくみん　しんぱん　う　　しあい　しんぱん
挙動不審な男を尋問した
きょどうふしん　おとこ　じんもん

償 (17) つぐな-う／ショウ

犯した罪を償う　弁償する
おか　つみ　つぐな　べんしょう
損害賠償請求をおこす
そんがいばいしょうせいきゅう
災害時に毛布を無償で貸与する　損失を補償する
さいがいじ　もうふ　むしょう　たいよ　　そんしつ　ほしょう

執 (11) と-る／シツ／シュウ

現場の指揮を執る　中立の立場を執る
げんば　しき　と　　ちゅうりつ　たちば　と
刑を執行する　執筆を依頼する　親子の確執
けい　しっこう　　しっぴつ　いらい　　おやこ　かくしつ
別れた恋人に執拗につきまとう　執念深い性格
わか　こいびと　しつよう　　　　しゅうねんぶか　せいかく

是 (9) ゼ

税制改革の是非を問う　不均衡を是正する
ぜいせいかいかく　ぜひ　と　　ふきんこう　ぜせい
是が非でも　是非とも参加させてください
ぜ　ひ　　　　ぜひ　　さんか

憲 (16) ケン

日本国憲法　憲法記念日　違憲判決を下す
にほんこくけんぽう　けんぽうきねんび　いけんはんけつ　くだ
国連憲章
こくれんけんしょう

司法・行政
しほう・ぎょうせい

Justice/Administration
司法、行政
Hành chính tư pháp

廃 (12) すた－る すた－れる ハイ

一門の名が廃る　故郷の町が廃れる
いちもん　な　すた　こきょう　まち　すた
戦争で国土が荒廃する
せんそう　こくど　こうはい
時代遅れの規則を廃止する　廃墟となったホテル
じだいおく　きそく　はいし　はいきょ

棄 (13) キ

生ごみを廃棄する　産業廃棄物
なま　はいき　さんぎょうはいきぶつ
足を痛めて試合を棄権する
あし　いた　しあい　きけん
親としての責任を放棄する　契約を破棄する
おや　せきにん　ほうき　けいやく　はき

却 (7) キャク

借用した資料を返却する　ごみの焼却施設
しゃくよう　しりょう　へんきゃく　しょうきゃくしせつ
提案を上司に却下される
ていあん　じょうし　きゃっか
実家の土地を売却する　忘却のかなた
じっか　とち　ばいきゃく　ぼうきゃく

陳 (11) チン

商品を棚に陳列する　事故の被害者に陳謝する
しょうひん　たな　ちんれつ　じこ　ひがいしゃ　ちんしゃ
政治家に陳情にあがる
せいじか　ちんじょう
体の新陳代謝を良くする　陳腐な表現
からだ　しんちんたいしゃ　よ　ちんぷ　ひょうげん

貫 (11) つらぬ－く カン

鋭い痛みが全身を貫く　信念を貫く
するど　いた　ぜんしん　つらぬ　しんねん　つらぬ
弾丸が体を貫通する　貫禄がある　初志貫徹
だんがん　からだ　かんつう　かんろく　しょしかんてつ

賠 (15) バイ

事故の加害者に損害賠償を請求する
じこ　かがいしゃ　そんがいばいしょう　せいきゅう
賠償金を払う
ばいしょうきん　はら

徴 (14) チョウ

税金を徴収する　平和の象徴である白い鳩
ぜいきん　ちょうしゅう　へいわ　しょうちょう　しろ　はと
特徴のある声　徴兵制度
とくちょう　こえ　ちょうへいせいど

斥 (5) セキ

輸入品を排斥する　排斥運動
ゆにゅうひん　はいせき　はいせきうんどう

必修編　14章　司法・行政

犠 (17) ギ

戦争の犠牲になる
せんそう　ぎせい

牲 (9) セイ

交通事故の犠牲者　犠牲を払う
こうつうじこ　ぎせいしゃ　ぎせい　はら

襲 (22) おそ-う／シュウ

銀行を襲う　クマに襲われる　寒波に襲われる
ぎんこう　おそ　　　　おそ　　　かんぱ　おそ
大型台風の襲来　背後から襲撃される
おおがたたいふう　しゅうらい　はいご　しゅうげき
逆襲に転じる　前例を踏襲する
ぎゃくしゅう　てん　ぜんれい　とうしゅう

逮 (11) タイ

犯人を逮捕する　逮捕状
はんにん　たいほ　　　たいほじょう

闘 (18) たたか-う／トウ

病気と闘う　闘争心の強い人
びょうき　たたか　とうそうしん　つよ　ひと
闘志を胸に秘める　強敵を相手に奮闘する
とうし　むね　ひ　　きょうてき　あいて　ふんとう

詐 (12) サ

経歴を詐称する　金品を詐取する
けいれき　さしょう　きんぴん　さしゅ
学歴を詐称する
がくれき　さしょう

欺 (12) あざむ-く／ギ

敵を欺く　詐欺にあう　詐欺師
てき　あざむ　さぎ　　　さぎし
詐欺罪で告発される
さぎざい　こくはつ

阻 (8) はば-む／ソ

成長を阻む　行く手を阻む
せいちょう　はば　ゆくて　はば
マンションの建設を阻止する
けんせつ　そし
経済の発展を阻害する
けいざい　はってん　そがい

司法・行政
しほう・ぎょうせい

Justice/Administration
司法、行政
Hành chính tư pháp

邦 (7) ホウ

アメリカ合衆国の連邦政府　邦人　邦楽
がっしゅうこく　れんぽうせいふ　ほうじん　ほうがく
邦画　本邦初公開の映画
ほうが　ほんぽうはつこうかい　えいが

准 (10) ジュン

条約を批准する　准教授
じょうやく　ひじゅん　じゅんきょうじゅ

轄 (17) カツ

国の管轄　管轄区域
くに　かんかつ　かんかつくいき
政府が直轄する機関　管轄外の問題
せいふ　ちょっかつ　きかん　かんかつがい　もんだい

拘 (8) コウ

身柄を拘束する　拘束時間の長い仕事
みがら　こうそく　こうそくじかん　なが　しごと
10日間の拘留に処せられる　拘置所
かかん　こうりゅう　しょ　こうちしょ

迭 (8) テツ

大臣を更迭する
だいじん　こうてつ
成績不振で監督が更迭される
せいせきふしん　かんとく　こうてつ

諮 (16) はか－る　シ

委員会に諮る　政府の諮問に応じる　諮問機関
いいんかい　はか　せいふ　しもん　おう　しもんきかん

遷 (15) セン

地方に左遷される
ちほう　させん
遷都を記念し、祭りが開催される
せんと　きねん　まつ　かいさい
時代の変遷をたどる
じだい　へんせん

罷 (15) ヒ

裁判官を罷免する
さいばんかん　ひめん
汚職が発覚し、大臣が罷免された
おしょく　はっかく　だいじん　ひめん

14章 復習

1. 漢字の読み方を書いてください。

① 日本とアメリカとの間に貿易摩擦が起こった。
② 裁判員制度は2009年に施行された。
③ 国の法律を遵守するのは、国民の務めだ。
④ 彼女は企業を相手に民事訴訟を起こした。
⑤ 厳正な審査の結果、入賞作品が決まった。
⑥ 友達に借りたパソコンを壊してしまい、弁償した。
⑦ 自転車で転倒したが、擦り傷だけで済んだ。
⑧ 最近、子どもが犠牲になる事件が増えてきている。
⑨ 研究の成果が認められ、助手から准教授への昇進が決まった。
⑩ 彼は熊に襲われて、全治3週間のけがを負った。
⑪ 母は長い闘病生活を終え、無事退院した。
⑫ 国際的な詐欺グループの主犯が警察に連行された。
⑬ 海外で飛行機が墜落し、邦人1名の安否が不明だ。
⑭ この辺りは渋谷警察署の管轄となっている。
⑮ 首相は、不祥事を起こした大臣を更迭することを発表した。

2. 漢字を書いてください。

① 彼女は大企業の社長ひしょとして、多忙な日々を送っている。
② 事故を起こした運転手に損害ばいしょうを請求した。
③ 今朝、トラックとバスのしょうとつ事故を目撃した。
④ 彼は暴力を振るったとして、友人にうったえられた。
⑤ この作家は現在、歴史小説をしっぴつしている。
⑥ 5月3日は日本のけんぽう記念日だ。
⑦ 分煙制度がはいしされ、室内は完全禁煙になった。
⑧ 書棚にあった不要な書類をはきした。
⑨ 図書館に、借りた本をへんきゃくしに行った。
⑩ 人間ドックで異常が見つかり、せいみつ検査を受けることになった。
⑪ コンビニ強盗の犯人がようやくたいほされた。
⑫ ヘルシーで色鮮やかな日本のべんとうは、世界でも注目されている。
⑬ マンションの建設をそしするため、署名を集めた。
⑭ この政治家は最後まで自分の信念をつらぬいた。
⑮ あの店は商品によって、ちんれつの方法を工夫している。

13章・14章 アチーブメントテスト

【1】次の文の下線をつけた言葉の読み方を①〜④の中から選び、番号を書いてください。

1. 神社の祭事で<u>雅楽</u>の演奏を初めて聴き、その音色に心を動かされた。
   ①がらく　　②からく　　③かがく　　④ががく

2. <u>陶芸</u>が趣味の彼は、皿もカップも何でも自分で作ってしまう。
   ①とうけい　　②どうけい　　③とうげい　　④どうげい

3. 最近体調不良が続くため、<u>精密</u>検査を受けることにした。
   ①しょうみつ　　②せいみつ　　③せいひつ　　④げんみつ

4. 世界中に<u>衝撃</u>を与えたＡ氏の小説が日本でも出版されることになった。
   ①しょうげん　　②しゅうげき　　③しょうげき　　④しょうげい

5. 貿易の不均衡を<u>是正</u>するために、各国の実務担当者で協議する。
   ①ぜせい　　②ぜっせい　　③ぜしょう　　④せせい

| 1. | 2. | 3. | 4. | 5. |

【2】次の文の下線をつけた言葉の漢字を①〜④の中から選び、番号を書いてください。

1. プロ野球が<u>かいまく</u>し、応援しているチームが３連勝をかざった。
   ①回幕　　②解幕　　③開幕　　④改幕

2. 子どもの頃は外で遊ぶより、部屋で<u>ずかん</u>を見て過ごす、大人しい少年だった。
   ①図鑑　　②図勘　　③図巻　　④図観

3. 大雨による被害で避難中の住民に、水や食料品などが<u>むしょう</u>で提供された。
   ①無賞　　②無商　　③無省　　④無償

4. 乾電池やライターなどは、<u>はいき</u>方法が異なるので、よく確認する必要がある。
   ①破棄　　②排気　　③廃棄　　④排棄

5. 警官は、駅前の道をうろうろしている挙動<u>ふしん</u>な男に声をかけた。
   ①不身な　　②不審な　　③不振な　　④不番な

| 1. | 2. | 3. | 4. | 5. |

【3】次の文の下線をつけた言葉の読み方を書いてください。

1. 東京スカイツリーは日本で最も高いテレビ<u>塔</u>で、634メートルもある。
2. <u>還暦</u>を迎えた父を祝うため、家族揃って旅行に出かけた。
3. 恩師の言葉が私の心の<u>琴線</u>に触れ、将来の目標が決まった。
4. 社長の経歴<u>詐称</u>が公になり、業務提携を結んだ企業から訴えられた。
5. 被害者は背後から<u>襲撃</u>され、店の売り上げ金が入った鞄を盗まれた。
6. 研究開発の指揮を<u>執る</u>ことができる人材を育成する。
7. 長年続く貿易摩擦の問題から、輸入品を<u>排斥</u>する運動が広がり始めた。

1.	2.	3.	4.
5.	6.	7.	

【4】次の文の下線をつけた言葉の漢字を書いてください。

1. 近隣住民は、ごみ処理場の建設を何としても<u>そし</u>したい考えだ。
2. <u>ほんぽう</u>初公開の話題の映画が、今週末から全国一斉に上映される。
3. 工場の生産性を上げるため、社長は改善策を<u>ほどこ</u>した。
4. 選挙前の公開演説で候補者らは<u>ねつべん</u>を振るった。
5. 有名俳優がプライバシーを侵害されたとして出版社を<u>こくそ</u>したそうだ。
6. 営業会議で新規開拓について提案したが、<u>きゃっか</u>されてしまった。
7. 裏金で私腹を肥やしていたとして、官僚が<u>たいほ</u>された。

1.	2.	3.	4.
5.	6.	7.	

13章・14章 クイズ

【1】下線の読み方を □ に書いてください。

～ARCネットニュース～

★疑惑の妻、殺人容疑で逮捕

事故に見せかけて夫を殺害した疑いで、疑惑の妻、A子が①逮捕されました。A子は海外逃亡を企て、空港で手続き中、空港②管轄の警察官に取り押さえられました。特に③抵抗はしなかったものの、取り調べには応じておらず、沈黙を④貫いています。夫に多額の保険金が掛けられていたことから、警察は保険金⑤詐欺での立件も視野に入れているとのことです。

★わたしたちの町の「古墳」を知ろう

町のシンボルである⑥古墳をもっと多くの人に知ってもらおうと、第1回ふるさと古墳イベントが開催されました。こちらの古墳は⑦3世紀ごろ作られたものだそうで、イベントではまず、⑧記念碑の建碑セレモニーが行われ、続いて古墳のキャラクター「コフンくん」を親子で⑨描くイラスト体験、古墳の形をモチーフにした⑩煎餅手焼き体験など、盛りだくさんの内容でした。

①	②	③	④	⑤
⑥	⑦	⑧	⑨	⑩

【2】これは映画のインタビュー記事です。①～⑨の下線部の漢字を ___ に書いてください。

①ほうが年間興行収入第1位　ゴールデンアカデミー②しんさ員特別賞受賞

『シークレット家族』

～誰にも言えない③ひみつを抱える高校生ユリの
④ふんとうを描く、ドタバタ⑤ごらく映画～

本誌独占インタビュー

記者：監督、受賞おめでとうございます。

監督：ありがとうございます。この作品はコメディーではありますが、家族一人ひとりがひみつを抱えながらも、お互いを思いやる姿を丁寧に描きました。自己を⑥ぎせいにして問題を解決しようとする娘、周囲と⑦まさつを起こしながらも子どもを守ろうとする父、⑧しょうとつを繰り返す親子が生み出す強烈なハーモニーは必見です。

記者：まだご覧になっていない皆様にも、⑨ぜひご覧いただきたいですね。
　　　監督、ありがとうございました。

① ___画　② ___査　③秘___　④奮___　⑤___楽　⑥___性　⑦摩___　⑧___突　⑨___非

13章・14章　クイズ

【3】☐にあてはまる漢字を書いてください。

① 返☐焼下　② 放☐廃権　③ 告☐起訴

④ 踏☐逆撃　⑤ 厳☐内接

【4】これは趣味雑誌の表紙です。①〜⑩の漢字の読み方を書いてください。

月刊　趣味のマガジン
（げっかん）
20××年4月号

〜おとなの①趣味、見つけませんか〜

■アウトドア派のあなた
　・渓流②釣り
　　（けいりゅう）
　・ソロキャンプ

■クリエイティブ系のあなた
　・③創作活動
　　　　　（かつどう）
　・④水墨画
　・⑤漫画・イラスト
　・⑥彫刻

■個性派のあなた
（こせい は）
　・そばの⑦麺打ち
　　　　　　　（う）
　・オペラ⑧鑑賞

■音楽系
（おんがくけい）
　・ジャズピアノ
　・ギター
　・バイオリン
　・⑨雅楽
　・その他⑩弦楽器
　　　（た）

| ① | ② | ③ | ④ | ⑤ |
| ⑥ | ⑦ | ⑧ | ⑨ | ⑩ |

131

必修編　まとめテスト

【1】次の文の下線をつけた言葉の読み方を①〜④の中から選び、番号を書いてください。

1. あの店は毎日、開店の何時間も前から行列ができるほど<u>繁盛</u>している。
   ①はんじょう　②はんせい　③はんも　④はんえい

2. <u>夏至</u>が近づくにつれて、日に日に昼間の時間が長くなってきた。
   ①とうじ　②げし　③かし　④げじ

3. 大学時代に、この世に二人とない<u>知己</u>を得ることができた。
   ①ちき　②きち　③ちこ　④きこ

4. 幼なじみの彼女は昔から自信<u>過剰</u>な性格だった。
   ①かしょうな　②がしょうな　③がじょうな　④かじょうな

5. 「着物は高価なもの」という常識を<u>覆す</u>新しい素材のものが発売された。
   ①おおがえす　②つくがえす　③くつがえす　④ふくがえす

1.	2.	3.	4.	5.

【2】次の文の下線をつけた言葉の書き方を①〜④の中から選び、番号を書いてください。

1. 本に<u>はさんで</u>隠していたへそくりの一万円札がなくなってしまった。
   ①採んで　②扶んで　③狭んで　④挟んで

2. 大型台風により川が<u>はんらん</u>し、地域住民は避難を余儀なくされた。
   ①反濫　②犯濫　③氾濫　④畔濫

3. 地元のトマト農家にお邪魔して、<u>しゅうかく</u>体験をさせてもらった。
   ①収穫　②収獲　③就穫　④就獲

4. 半年間続いたドラマも、いよいよ<u>かきょう</u>を迎える。
   ①佳境　②過境　③渦況　④華況

5. 赤ん坊の肌は<u>びんかん</u>で、外部からの刺激を受けやすい。
   ①悔患　②悔感　③敏患　④敏感

1.	2.	3.	4.	5.

【3】次の文の下線をつけた言葉の読み方を書いてください。

1. 漫画家になったきっかけは、子どものころ父の似顔絵を褒められたことだった。
2. 人口が都市に偏り、地方の過疎化がますます進んでいる。
3. 初夢に富士山が出てくるのは、縁起がいいと言われている。
4. 世界的に有名な指揮者を招いて、定期演奏会が行われた。
5. 業界最大手の製薬会社A社が、中堅会社B社を吸収合併すると発表した。
6. 新進気鋭の若手社長に交代したが、会社の古いイメージは払拭できなかった。
7. 彼女の美しさ、スタイルのよさはクラスメートの羨望の的だ。

1.	2.	3.	4.
5.	6.	7.	

【4】次の文の下線をつけた言葉の漢字を書いてください。

1. 市民病院移転のぜひを問う住民投票が行われることになった。
2. 毎晩むし暑くてなかなか寝られず、睡眠不足になってしまった。
3. 家業を継ぐことになり、仕方なく進学をあきらめることにした。
4. ワインは一度せんを抜いたら酸化してしまうので、飲み切ったほうがよい。
5. 偶然撮られた写真が、事故の被害の大きさをにょじつに物語っていた。
6. 見るからにあやしい男が物陰からこちらを見ていた。
7. 最愛の妻を亡くした夫は、悲しみをまぎらわすように仕事に没頭した。

1.	2.	3.	4.
5.	6.	7.	

漢字マスター 改訂版 N1
Kanji for advanced level

熟達編
じゅくたつへん

15章 しょう 慶弔 けいちょう

Ceremonial occasions
红白喜事
Hiếu hỷ (sự chúc mừng hoặc chia buồn)

慶 (15) ケイ

結婚、出産と慶事が続く
けっこん しゅっさん けいじ つづ
この度の受章、慶賀に堪えません
たび じゅしょう けいが た
妹は典型的な内弁慶で、他人の前では大人しい
いもうと てんけいてき うちべんけい たにん まえ おとな

弔 (4) とむら-う チョウ

友人の死を弔う　弔辞を述べる
ゆうじん し とむら ちょうじ の
大勢の弔問を受ける　慶弔のマナー
おおぜい ちょうもん う けいちょう

冠 (9) かんむり カン

国王の冠　王冠を頭に戴く　栄冠を勝ち取る
こくおう かんむり おうかん あたま いただ えいかん か と
道路が冠水する　日本語には冠詞がない
どうろ かんすい にほんご かんし

儀 (15) ギ

礼儀正しい学生　行儀がいい子ども　地球儀
れいぎただ がくせい ぎょうぎ こ ちきゅうぎ
儀式を執り行う
ぎしき と おこな

挨 (10) アイ

挨拶
あいさつ

拶 (9) サツ

隣人と挨拶を交わす
りんじん あいさつ か
新入社員の代表挨拶を任される
しんにゅうしゃいん だいひょうあいさつ まか
時候の挨拶を述べる　挨拶状をしたためる
じこう あいさつ の あいさつじょう

葬 (12) ほうむ-る ソウ

死者を葬る　墓に葬る　真実は闇に葬られた
ししゃ ほうむ はか ほうむ しんじつ やみ ほうむ
葬式　葬儀を執り行う　冠婚葬祭
そうしき そうぎ と おこな かんこんそうさい

喪 (12) も ソウ

喪に服す　喪服を着る
も ふく もふく き
喪中のため祝い事を控える　記憶喪失
もちゅう いわ ごと ひか きおくそうしつ
自信を喪失する
じしん そうしつ

熟達編　15章　慶弔

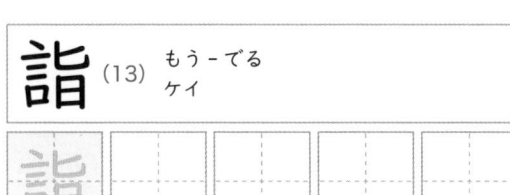

詣 (13) もう−でる　ケイ

先祖の墓に詣でる　初詣に出かける
参詣の人でにぎわう神社

旦 (5) タン　ダン

1年の計は元旦にあり　作業を一旦中止する
旦那

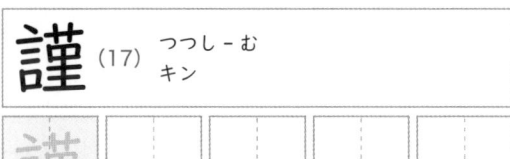

謹 (17) つつし−む　キン

謹んで新年のお慶びを申し上げます
自宅謹慎を命じられる

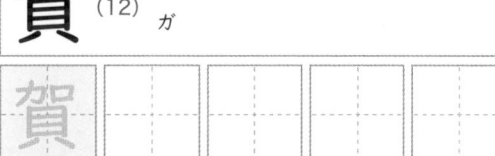

賀 (12) ガ

謹賀新年　賀正　年賀状
ノーベル賞受賞の祝賀会

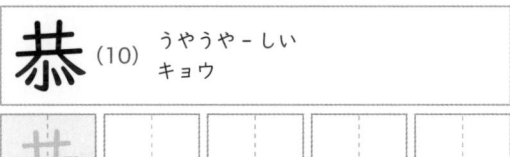

恭 (10) うやうや−しい　キョウ

恭しく頭を下げる　恭順の意を表する
恭賀新年

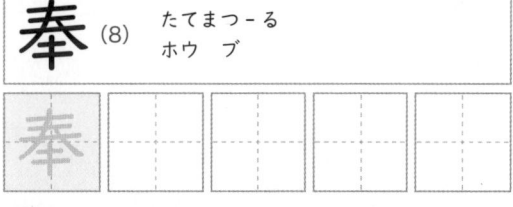

奉 (8) たてまつ−る　ホウ　ブ

神前に供え物を奉る　地域の奉仕活動に参加する
奉仕品　酒を奉納する　江戸幕府の町奉行

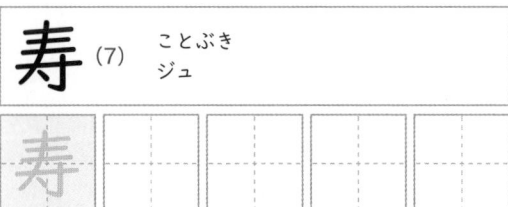

寿 (7) ことぶき　ジュ

結婚祝いののし袋に寿と書く　寿命が延びる
平均寿命　長寿　祖父の米寿を祝う

慶弔
けいちょう

Ceremonial occasions
红白喜事
Hiếu hỷ (sự chúc mừng hoặc chia buồn)

威 (9) イ

威圧的な態度　威力を発揮する
いあつてき たいど　いりょく はっき
あの教授は歴史学の権威だ　親の威厳を示す
きょうじゅ れきしがく けんい　おや いげん しめ
彼はいつも威張っている　威風堂々
かれ　　　　　いば　　　　　いふうどうどう

謙 (17) ケン

謙虚な人　謙虚に相手の意見を受けとめる
けんきょ ひと　けんきょ あいて いけん う
尊敬語と謙譲語
そんけいご　けんじょうご

遜(遜) (14) ソン

謙遜してものを言う　他と比べても遜色がない
けんそん　　　　い　ほか くら　　　そんしょく
不遜な態度を取る
ふそん たいど と

汰 (7) タ

自然淘汰　余剰人員を淘汰する
しぜんとうた　よじょうじんいん とうた
ご無沙汰しております　手持ち無沙汰
ぶさた　　　　　　　て も ぶさた

貞 (9) テイ

貞淑な妻　貞節を守る　不貞を働く
ていしゅく つま　ていせつ まも　ふてい はたら

忠 (8) チュウ

忠実な部下を持つ　先生の忠告に耳を傾ける
ちゅうじつ ぶか も　せんせい ちゅうこく みみ かたむ
原作に忠実な映画　主君に忠誠を誓う
げんさく ちゅうじつ えいが　しゅくん ちゅうせい ちか

仰 (6) あお-ぐ　おお-せ　ギョウ　コウ

夏の夜空を仰ぐ　天を仰ぐ　仰向けに寝る
なつ よぞら あお　てん あお　あおむ　　ね
仰せの通り　びっくり仰天　信仰の厚い人々
おお とお　　　　　ぎょうてん　しんこう あつ ひとびと

熟達編　15章　慶弔

貴 (12) とうと-ぶ　たっと-ぶ　とうと-い　たっと-い　キ

生命を貴ぶ　真実を貴ぶ　貴い命
せいめい　とうと　　しんじつ　たっと　　とうと　いのち
貴い身分の方　貴重な経験　貴重品
たっと　み ぶん　かた　き ちょう けいけん　き ちょうひん
高貴な生まれ
こう き　　う

徳 (14) トク

徳の高い人　道徳的な行い　人徳のある人
とく　たか　ひと　どうとくてき　おこな　じんとく　　　ひと
誠実であることは万国共通の美徳である
せいじつ　　　　　　　　ばんこくきょうつう　び とく

呈 (7) テイ

花束を贈呈する　友人に自著を進呈する
はなたば　ぞうてい　　ゆうじん　じ ちょ　しんてい
苦言を呈する　会社の内部事情が露呈する
く げん　てい　　かいしゃ　ないぶ じ じょう　ろ てい

畏 (9) おそ-れる　イ

大自然の力を畏れる　畏敬の念を抱く
だい し ぜん　ちから　おそ　　　い けい　　ねん　いだ
厳格な祖父を前に畏縮する
げんかく　そ ふ　まえ　い しゅく

勲 (15) クン

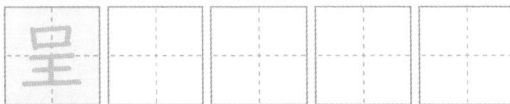

新薬開発の功績により勲章を賜る　文化勲章
しんやくかいはつ　こうせき　　　　くんしょう　たまわ　　ぶん か くんしょう
叙勲者が発表される
じょくんしゃ　はっぴょう

賜 (15) たまわ-る　シ

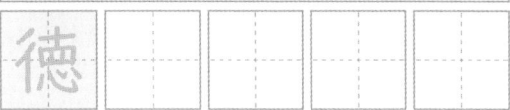

国王から褒美を賜る
こくおう　　ほう び　たまわ
天皇がノーベル賞受賞者にお言葉を賜る
てんのう　　　　　　しょうじゅしょうしゃ　　こと ば　たまわ
賜杯を手にする
し はい　て

誉 (13) ほま-れ　ヨ

美しい自然は国の誉れだ
うつく　　し ぜん　くに　ほま
アカデミー賞は誉れ高い賞の一つだ
　　　　　しょう　ほま　だか　しょう　ひと
文化勲章を受章するという栄誉　名誉挽回
ぶん か くんしょう　じゅしょう　　　　　　えい よ　　めい よ ばんかい

傑 (13) ケツ

偉大な英傑　政界で傑出した人物
い だい　えいけつ　せいかい　けっしゅつ　　じんぶつ
後世に残るゴッホの傑作　傑作な話
こうせい　のこ　　　　　　　けっさく　　けっさく　はなし

慶弔
けいちょう

Ceremonial occasions
红白喜事
Hiếu hỷ (sự chúc mừng hoặc chia buồn)

逝 (10)　ゆ-く　い-く　セイ

彼女は若くして逝った
かのじょ わか い
国民的スターが惜しまれつつ逝く
こくみんてき お ゆ/い
有名歌手が急逝した　11月11日逝去
ゆうめい かしゅ きゅうせい がつ にちせいきょ

訃 (9)　フ

旧友の訃報　訃報に接し絶句する
きゅうゆう ふほう ふほう せっ ぜっく

遺 (15)　イ　ユイ

遺失物　家族に遺言を残す　遺産を分ける
いしつぶつ かぞく ゆいごん のこ いさん わ
遺体の身元を確認する　遺伝子の研究
いたい みもと かくにん いでんし けんきゅう
遺跡を発掘する　世界遺産を巡る
いせき はっくつ せかいいさん めぐ

故 (9)　ゆえ　コ

貧乏故に味わう苦労　故郷を懐かしむ
びんぼうゆえ あじ くろう こきょう なつ
故人をしのぶ　交通事故　故障
こじん こうつうじこ こしょう
事故を起こしたのは故意ではない
じこ お こい

忌 (7)　い-む　い-まわしい　キ

クモを忌み嫌う　忌まわしい過去を忘れる
い きら い かこ わす
忌引きを取る　父の一周忌
きび と ちち いっしゅうき

棺 (12)　カン

棺おけ　納棺の後、お別れの言葉をかける
かん のうかん あと わか ことば
出棺を見送る
しゅっかん みおく

墓 (13)　はか　ボ

墓参りをする　墓地
はかまい ぼち

魂 (14)　たましい　コン

死者の魂　魂が抜けたような姿
ししゃ たましい たましい ぬ すがた
精魂込めた仕事　商魂たくましい
せいこんこ しごと しょうこん
恩を売ろうという魂胆がみえみえだ
おん う こんたん

15章 復習

1. 漢字の読み方を書いてください。

① 祖母が死去し、忌引き休暇を取った。　①
② 社長が事故で急逝したため、息子が後を継ぐことになった。　②
③ 彼は酔っ払ってけんかをし、数日間の自宅謹慎の処分を受けた。　③
④ 歌舞伎役者が活躍をたたえられ、文化勲章を受章した。　④
⑤ 長年のご愛顧を賜り、感謝申し上げます。　⑤
⑥ 社内では知らない人にも挨拶するのがマナーだ。　⑥
⑦ 田中教授は脳科学の権威として世界中に知られている。　⑦
⑧ 採用通知をいただき、「謹んでお受けいたします」と返信した。　⑧
⑨ 突然の友人の訃報を聞き、しばらくは立ち上がれなかった。　⑨
⑩ 大雨で道路が冠水してしまい、この辺りは通行止めになった。　⑩

2. 正しい漢字を選んでください。

1. 最近、仕事でミスが続き自信そうしつ気味だ。
   ①褒失　　②哀失　　③喪失　　④壊失

2. 彼は腰が低く、誰に対してもけんきょな態度を崩さない。
   ①謙遜な　　②謹虚な　　③謹遜な　　④謙虚な

3. 日本人はれいぎを重んじるというイメージを持つ人は多い。
   ①礼義　　②礼議　　③礼儀　　④礼犠

4. 仕事で重大なミスを犯してしまったが、めいよ挽回のチャンスをもらった。
   ①名誉　　②名勲　　③名冠　　④名褒

5. 定年退職する部長に、感謝の意を込めて花束をぞうていした。
   ①贈提　　②造呈　　③贈呈　　④造訂

| 1. | 2. | 3. | 4. | 5. |

16章 財務・行政

ざいむ・ぎょうせい

Finance/Administration
财务、行政
Hành chính tài vụ

累 (11) ルイ

累積赤字を抱える
るいせきあかじ かか
イエローカード累積による退場
るいせき たいじょう
売り上げの累計　将来に累を及ぼす
う あ るいけい しょうらい るい およ

幣 (15) ヘイ

貨幣の価値が下がる　紙幣を発行する　造幣局
かへい かち さ しへい はっこう ぞうへいきょく

倹 (10) ケン

貯金のために倹約する　倹約家
ちょきん けんやく けんやくか

廉 (13) レン

清廉な人　清廉潔白　廉価な商品
せいれん ひと せいれんけっぱく れんか しょうひん
破廉恥な振る舞い
はれんち ふ ま

租 (10) ソ

租税を徴収する　昔は地租を納めていた
そぜい ちょうしゅう むかし ちそ おさ
世界には租借地がいくつか残っている
せかい そしゃくち のこ

賦 (15) フ

税の賦課が重くなる　3万円の月賦で車を買う
ぜい ふか おも まんえん げっぷ くるま か
画家としての天賦の才がある
がか てんぷ さい

幾 (12) いく／キ

雨が幾日も続く　幾多の試練を乗り越える
あめ いくにち つづ いくた しれん の こ
年は幾つですか　幾何学を学ぶ　幾何学模様
とし いく きかがく まな きかがくもよう

熟達編　16章　財務・行政

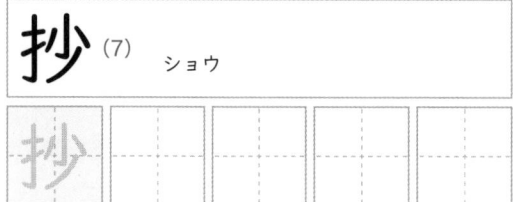

抄 (7) ショウ

戸籍抄本　海外小説を抄訳する
こせきしょうほん　かいがいしょうせつ　しょうやく
論文の抄録を作成する
ろんぶん　しょうろく　さくせい

謄 (17) トウ

戸籍謄本
こせきとうほん

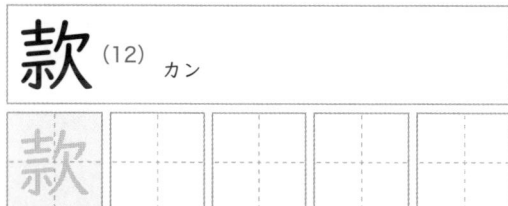

款 (12) カン

契約時に約款を熟読する
けいやくじ　やっかん　じゅくどく
会社の定款を変更する　書に落款を入れる
かいしゃ　ていかん　へんこう　しょ　らっかん　い

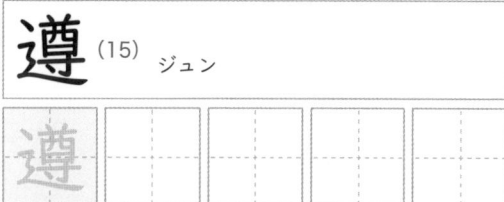

遵 (15) ジュン

法律を遵守する　遵守事項
ほうりつ　じゅんしゅ　じゅんしゅじこう

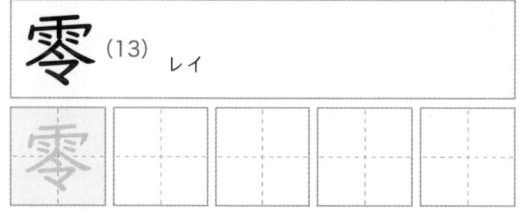

零 (13) レイ

零点　零細企業　水は摂氏零度で凍る
れいてん　れいさいきぎょう　みず　せっしれいど　こお

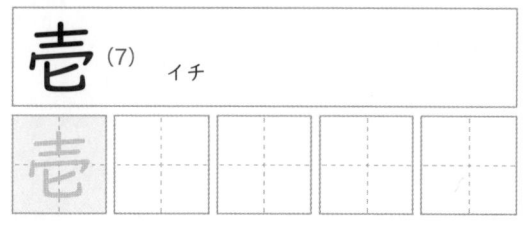

壱 (7) イチ

壱萬円（一万円）
いちまんえん　いちまんえん

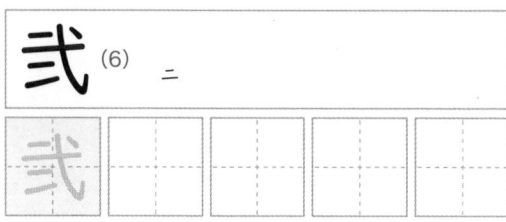

弐 (6) ニ

弐萬円（二万円）
にまんえん　にまんえん

財務・行政

ざいむ・ぎょうせい

Finance/Administration
财务、行政
Hành chính tài vụ

采 (8) サイ

采配を振る　風采が上がらない
さいはい ふ　　ふうさい あ

唆 (10) そそのか-す　サ

仲間を唆して悪事を手伝わせる
なかま そそのか　　あくじ てつだ
他人を教唆する
たにん きょうさ
問題点を示唆する　示唆に富んだ話
もんだいてん しさ　　しさ と　　はなし

粛 (11) シュク

営業を自粛する　厳粛な雰囲気　綱紀粛正
えいぎょう じしゅく　げんしゅく ふんいき　こうき しゅくせい
反対派を粛清する　式典が粛々と執り行われる
はんたいは しゅくせい　しきてん しゅくしゅく と おこな
静粛に願います
せいしゅく ねが

臨 (18) のぞ-む　リン

海に臨む家　試合に臨む　臨海地域に住む
うみ のぞ いえ　しあい のぞ　りんかい ちいき す
臨場感あふれる映画　臨時休業
りんじょうかん　　　えいが　りんじ きゅうぎょう
社長職に君臨する　臨機応変　臨終に立ち会う
しゃちょうしょく くんりん　りんき おうへん　りんじゅう た あ

撤 (15) テツ

放置自転車を撤去する　前言を撤回する
ほうち じてんしゃ てっきょ　ぜんげん てっかい
指揮官が撤収を指示した
しきかん てっしゅう しじ
海外市場から撤退する　制限を撤廃する
かいがい しじょう てったい　せいげん てっぱい

喚 (12) カン

注意を喚起する　証人喚問
ちゅうい かんき　しょうにんかんもん
裁判所に召喚される
さいばんしょ しょうかん

嘱 (15) ショク

嘱託職員として勤務する
しょくたくしょくいん　　　きんむ
業務の一部を子会社に委嘱する
ぎょうむ いちぶ こがいしゃ いしょく
将来を嘱望される
しょうらい しょくぼう

熟達編　16章　財務・行政

逸 (11) イツ

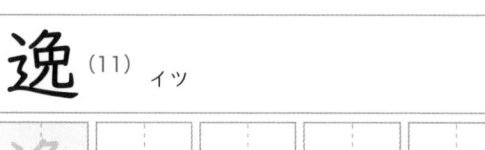

好機を逸する　話が逸脱する
こうき　いっ　はなし　いつだつ
人生経験の豊富な祖父には数々の逸話がある
じんせいけいけん　ほうふ　そふ　かずかず　いつわ
数多くある中の逸品　秀逸な作品
かずおお　なか　いっぴん　しゅういつ　さくひん

憾 (16) カン

遺憾の意を表する　遺憾に堪えない
いかん　い　ひょう　いかん　た

旋 (11) セン

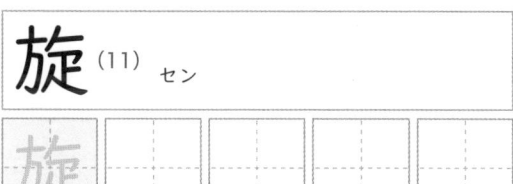

飛行機が上空を旋回する　堂々と凱旋する
ひこうき　じょうくう　せんかい　どうどう　がいせん
仕事をあっ旋する　旋風を巻き起こす
しごと　せん　せんぷう　ま　お
美しい旋律
うつく　せんりつ

媒 (12) バイ

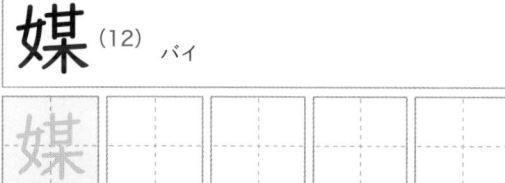

媒酌人を頼む　蚊が媒介する感染症　電子媒体
ばいしゃくにん　たの　か　ばいかい　かんせんしょう　でんしばいたい
触媒を使って化学反応を起こす
しょくばい　つか　かがくはんのう　お

懇 (17) ねんご-ろ　コン

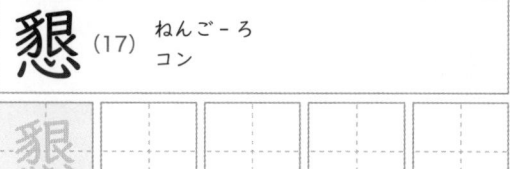

懇ろなもてなしを受ける　切羽詰まって懇願する
ねんご　う　せっぱつ　こんがん
彼とは数十年来、懇意にしている
かれ　すうじゅうねんらい　こんい
懇談会を開く　懇切丁寧な説明
こんだんかい　ひら　こんせつていねい　せつめい

弊 (15) ヘイ

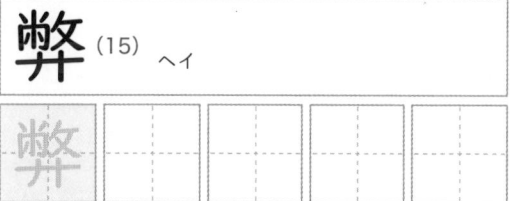

改革の弊害が生じる　語弊がある言い方
かいかく　へいがい　しょう　ごへい　い　かた
心身ともに疲弊する　弊社
しんしん　ひへい　へいしゃ

綻 (14) ほころ-びる　タン

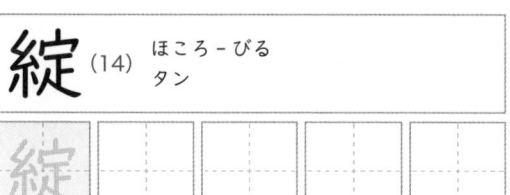

服の縫い目が綻びる　袖口の綻びを縫う
ふく　ぬ　め　ほころ　そでぐち　ほころ　ぬ
経営体制に綻びがみえる　経営破綻
けいえいたいせい　ほころ　けいえいはたん

漏 (14) も-る　も-れる　も-らす　ロウ

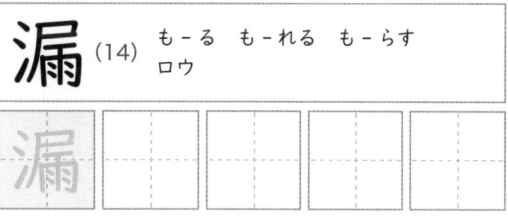

天井から雨が漏る　雨漏り　ガスが漏れる
てんじょう　あめ　も　あまも　も
漏電が原因の火災　試験問題が外部に漏れる
ろうでん　げんいん　かさい　しけんもんだい　がいぶ　も
ため息を漏らす　個人情報の漏洩を防ぐ
いき　も　こじんじょうほう　ろうえい　ふせ

財務・行政

ざいむ・ぎょうせい

Finance/Administration
財務、行政
Hành chính tài vụ

枢 (8) スウ

組織の枢軸となって働く
そしき すうじく はたら
国会議事堂は日本の政治の中枢である
こっかいぎじどう にほん せいじ ちゅうすう
枢要な産業　中枢神経
すうよう さんぎょう ちゅうすうしんけい

閥 (14) バツ

党内に複数の派閥がある
とうない ふくすう はばつ
学閥によって就職先に影響がある　財閥
がくばつ しゅうしょくさき えいきょう ざいばつ

宰 (10) サイ

一国の宰相　委員会の主宰を務める
いっこく さいしょう いいんかい しゅさい つと
劇団を主宰する
げきだん しゅさい

吏 (6) リ

官吏の登用試験　官吏に就く　能吏
かんり とうようしけん かんり つ のうり

頒 (13) ハン

カタログを無料で頒布する
むりょう はんぷ
会員限定のワインの頒布会
かいいんげんてい はんぷかい

暫 (15) ザン

暫時の猶予を願う　マニュアルの暫定版
ざんじ ゆうよ ねが ざんていばん
暫定予算　暫定的に契約を結ぶ
ざんていよさん ざんていてき けいやく むす

漸 (14) ゼン

景気は漸次回復しつつある
けいき ぜんじ かいふく
漸進的に技術が改良される
ぜんしんてき ぎじゅつ かいりょう

16章 復習

1. 漢字の読み方を書いてください。

① 今年の売上の累計を出したところ、なんとか前年を上回った。
② 来月から草野球チームの監督として采配を振ることになった。
③ この論文は課題解決の方向性を的確に示唆している。
④ 不祥事が原因で、CMなどの広告活動を一切自粛することになった。
⑤ 株価暴落がきっかけで、企業の経営破綻が続出している。
⑥ 周囲から非難を浴びたため、一度出した意見を撤回した。
⑦ 政府筋によると、新たな紙幣が発行されることになるようだ。
⑧ 会社を設立するにあたり、行政書士に定款の作成を依頼した。
⑨ 都市に人口が集中し、地方の過疎化という弊害が生じた。
⑩ 緊急の場合は、臨機応変に対応してください。

2. 正しい漢字を選んでください。

1. 彼女は医者として将来をしょくぼうされている。
    ①嘱望　　②眺望　　③職望　　④嘱忘

2. 彼は社内のはばつ争いに勝利し、社長の座に就いた。
    ①派抜　　②派闘　　③派閥　　④把閥

3. 国家機関で公務に従事する役人は、昔はかんりと呼ばれていた。
    ①官理　　②官吏　　③監吏　　④管吏

4. 今日の会議での決定はざんていてきで、最終確定ではない。
    ①暫定的　　②羨呈的　　③暫呈的　　④漸定的

5. この度の報道に対して、首相は「きわめていかんである」と怒りをあらわにした。
    ①偉感　　②遺憾　　③違感　　④偉憾

| 1. | 2. | 3. | 4. | 5. |

15章・16章 アチーブメントテスト

【1】次の文の下線をつけた言葉の読み方を①〜④の中から選び、番号を書いてください。

1. 田中監督の作品は原作に忠実なだけでなく、映像美と音楽性にも定評がある。
   ①ちゅうじつな　②しじつな　③しんじつな　④かんじつな

2. 我が家では、元旦に家族そろって近所の神社に参詣するのが習慣になっている。
   ①さんぱい　②さんし　③さんけい　④さんもうで

3. 犯人の供述によると、仲間に唆されて今回の犯行に及んだとのことだ。
   ①だまされて　②そそのかされて　③さとされて　④ほされて

4. 政府から委嘱された宇宙開発の研究に携わっている。
   ①いしょく　②いぞく　③いたく　④いそく

5. 事件は未解決のまま時効を迎え、真相は闇に葬られてしまった。
   ①たてまつられて　②まつられて　③せまられて　④ほうむられて

1.	2.	3.	4.	5.

【2】次の文の下線をつけた言葉の書き方を①〜④の中から選び、番号を書いてください。

1. 仕事で忙しい毎日が続き、心身ともにひへいしている状態だ。
   ①疲労　②被弊　③疲弊　④疲幣

2. 電車にかばんを忘れてしまい、駅のいしつぶつセンターへ問い合わせた。
   ①逝失物　②逸失物　③遜失物　④遺失物

3. 樹齢1000年の大木を見て、その神々しさにいけいの念を抱いた。
   ①畏敬　②畏慶　③畏継　④畏詣

4. 我が社では毎月、地域へのほうし活動として社員総出でごみ拾いに参加している。
   ①奏仕　②奉仕　③詣仕　④誉仕

5. サービスの利用にあたっては、規約じゅんしゅの徹底が求められる。
   ①逝守　②遜守　③遵守　④遺守

1.	2.	3.	4.	5.

【3】次の文の下線をつけた言葉の読み方を書いてください。

1. 娘の通っている中学校で来月、租税教室が開かれることになった。
2. 子どもが生まれたので、月賦で新車を購入することにした。
3. 不況の影響で、零細企業が相次いで倒産に追い込まれている。
4. 幾多の困難を乗り越えて、彼はついに金メダル獲得を果たした。
5. 教授の手伝いで、学会発表の準備として抄録を作成することになった。
6. そんなに謙遜しなくても、君の作品は素晴らしいから堂々としていなさい。
7. 最近、友人の結婚や出産など慶事が続き、嬉しい限りだ。
8. ある事件の目撃者となった私は、証人として裁判所に召喚された。
9. 今回の小田監督の新作は、シリーズ史上最高傑作だと賞賛されている。
10. あの人の話は面白くていいのだが、いつも本筋から逸脱する。
11. 契約時には約款を熟読してからサインをするようにしている。
12. 祖父の一周忌のために、遠方の親族も一堂に会した。

1.	2.	3.	4.
5.	6.	7.	8.
9.	10.	11.	12.

15章・16章 クイズ

【1】□に漢字を書いて、（　）には読み方も書いてください。

1. あの政治家は公私ともにスキャンダルがなく、清□潔白であると人気だ。
（　　　　　　　）

2. 社会人として、ある程度の□婚□祭のマナーは身につけておくべきだ。
（　　　　　　　）

3. 医療技術の進歩により、男女の平均□命の差が縮まってきた。
（　　　　　　　）

4. 法令□守の考えに基づき、会社でもさまざまな行動規範が示されている。
（　　　　　　　）

5. 新入社員だった頃、田中さんは□切丁寧に仕事を教えてくださった。
（　　　　　　　）

【2】□に入る言葉の記号を右から選んで書いてください。

- 外国人の方が戸惑うことの多い年賀状についてお話を伺います。マナーに詳しい、石橋先生、どうぞよろしくお願いいたします。

- はい、よろしくお願いします。

- ではまず、作成時期についてですが…。

- □に届くように早めに準備することが大切です。年賀状というのは、新年の□ですからね。遅れないようにしましょう。ですが、□のはがきが来た方には送るのは控えます。

- そうですか。内容はどんなことを書いたらいいですか。

- 「明けましておめでとうございます」や、「謹賀新年」、「□新年」といった言葉を書きます。しばらく会っていない方に送る場合は、「ご□しております」の一言と、近況についても書くといいですね。

- なるほど、わかりました。今日はどうもありがとうございました。

A　恭賀
B　無沙汰
C　元旦
D　挨拶
E　喪中

15章・16章　クイズ

【3】□に入る漢字に〇をつけ、その読み方も書いてください。

1. あの人を偲ぶ

佐藤一郎（元内閣総理大臣）七十四歳　〇月△日死去

〜例①□を振るったリーダーシップで②□、静かに③□〜

佐藤氏はいくつもの大臣を歴任したが、政府内の争いでその職を辞した経験を持つ。在任中は新たな国際条約の制定に尽力するなど、国際情勢においても⑤□家という庶民的な一面を持ち、多くの国民の支持を集めた。引退後も衰えず、政治の⑥□である国会議事堂には⑦□を偲ぶための一般⑧□向けの献花台が設置され、多くの人が訪れた。

2. 朝夕、ようやく動く〇〇社長辞任へ

商社最大手の朝夕商社は、ここ数年の①□赤字の責任は大きいとして現社長の辞任を②□株主総会で決めた。役員の報酬も一時、メディアなどへの露出を⑤□した時期もあったが、完全な信頼回復にはいたらなかった。次期社長に就任予定の小林氏は「今回の件で皆様に心配とご迷惑をおかけしたことは大変⑥□である」とコメントを発表した。

カット等の措置も行ったが、専門家は「小手先の改革程度では経営③□は免れない」という見解を示している。現社長は、コンプライアンス違反を犯した社員を④□処分とし、自身大変⑥□である」

（例）協力・**強力**	きょうりょく
① 彩配・采配	
② 宰相・辛相	
③ 遺く・逝く	
④ 派閥・財閥	
⑤ 倹約・検約	
⑥ 中軸・中枢	
⑦ 個人・故人	
⑧ 弔問・召問	

① 累積・塁積	
② 漸次・臨時	
③ 破綻・破談	
④ 禁止・謹慎	
⑤ 自粛・自淑	
⑥ 偉憾・遺憾	

17章 生活様式
せいかつようしき

Lifestyle
生活方式
Phong cách sống

椅 (12) イ
椅子に腰掛ける　大臣の椅子を狙う
いす こしか　だいじん いす ねら
車椅子の生活を余儀なくされる　長椅子
くるまいす せいかつ よぎ　　　　　ながいす

鞄 (14) かばん
鞄を抱える
かばん かか

籠 (22) かご こ－もる　ロウ
鳥籠　灯籠に明かりを灯す
とりかご とうろう あ　　とも
書斎に籠もって執筆する
しょさい こ　　　しっぴつ

箋 (14) セン
付箋にメモを書く　便箋　処方箋
ふせん　　　　か　びんせん しょほうせん

銭 (14) ぜに　セン
小銭　一銭　彼とは金銭感覚が合わない　銭湯
こぜに いっせん かれ　きんせんかんかく あ　　　せんとう

斗 (4) ト
一斗缶　北斗七星
いっとかん ほくとしちせい

升 (4) ます　ショウ
升で量る　一升の酒を飲む　一升瓶
ます はか　いっしょう さけ の　いっしょうびん
相撲の升席
すもう ますせき

斤 (4) キン
一斤　パンを一斤買う
いっきん　　　いっきん か

熟達編　17章　生活様式

醸 (20) かも-す　ジョウ

しょう油を醸す　日本酒を醸造する
共生社会の実現に向けた機運を醸成する
物議を醸す　楽しい雰囲気を醸し出す

酵 (14) コウ

酵母は醸造やパンの製造に使う
みそや納豆などの発酵食品　酵素

薫 (16) かお-る　クン

風薫る5月　魚を薫製にする
教授の薫陶を受ける

釜 (10) かま

釜で米を炊く　釜飯　茶釜

蓋 (13) ふた　ガイ

鍋の蓋　蓋を開ける　頭蓋骨

酎 (10) チュウ

焼酎を飲む　酎ハイ

膳 (16) ゼン

御膳　食膳をにぎわす　ホテルの配膳係
一膳のご飯　箸を三膳用意する

衷 (10) チュウ

衷心から感謝する　苦衷を察する
和洋折衷の家　折衷案を出す

生活様式
せいかつようしき

Lifestyle
生活方式
Phong cách sống

錠 (16) ジョウ

扉に錠を下ろす　ロッカーを施錠する
とびら じょう お　　　　　せじょう
手錠を掛ける　錠剤　朝晩2錠ずつ薬を飲む
てじょう か　じょうざい　あさばん じょう くすり の

頓 (13) トン

部屋を整頓する　身なりに無頓着な人
へや せいとん　　み　　　むとんちゃく ひと
頓服薬が処方される
とんぷくやく しょほう

槽 (15) ソウ

熱帯魚の水槽　浴槽に湯を張る　洗濯槽
ねったいぎょ すいそう　よくそう ゆ は　せんたくそう

窯 (15) かま / ヨウ

窯で器を焼く　陶磁器などを作る窯業
かま うつわ や　とうじき　　　　つく ようぎょう

薪 (16) たきぎ / シン

薪を拾って燃料にする
たきぎ ひろ　ねんりょう
臥薪嘗胆の末に、太平洋横断に成功した
がしんしょうたん すえ　たいへいようおうだん せいこう

斧 (8) おの

斧でまきを割る
おの　　わ

斎 (11) サイ

斎場で葬式を行う　書斎
さいじょう そうしき おこな　しょさい

鎌 (18) かま

鎌で草を刈る　鎌をかけて本心を聞き出す
かま くさ か　かま　　　　ほんしん き だ

熟達編　17章　生活様式

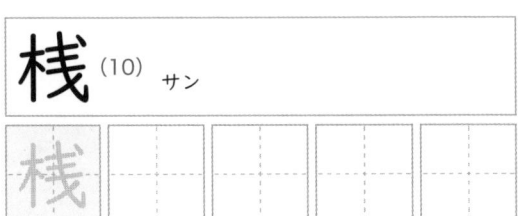

桟 (10) サン

障子の桟　桟橋に船が着く
しょうじ　さん　さんばし　ふね　つ

壇 (16) ダン　タン

壇に上がる　登壇　花壇に花を植える
だん　あ　とうだん　かだん　はな　う
教壇に立つ　土壇場で逆転する
きょうだん　た　どたんば　ぎゃくてん

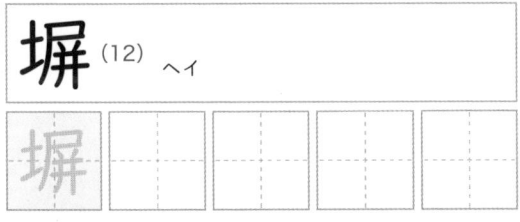

塀 (12) ヘイ

塀を建てる　板塀　石塀
へい　た　いたべい　いしべい

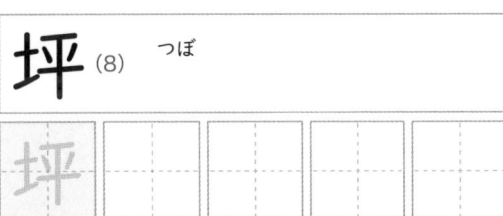

坪 (8) つぼ

一坪　坪当たりの地価　坪単価が高い地域
ひとつぼ　つぼ あ　　ちか　つぼたんか たか ちいき

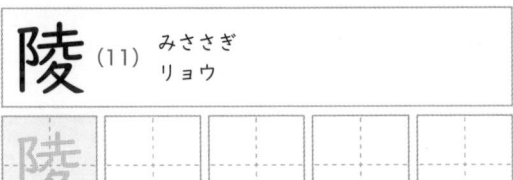

陵 (11) みささぎ　リョウ

陵は天皇や皇后の墓のことをいう
みささぎ てんのう こうごう はか
御陵に参拝する　なだらかな丘陵が続く
ごりょう さんぱい　　　　きゅうりょう つづ

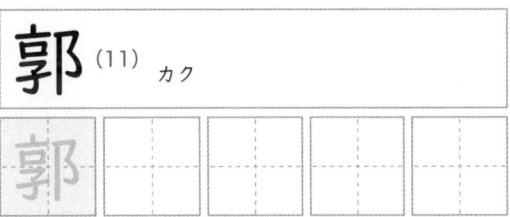

郭 (11) カク

城郭を巡らす　輪郭を描く
じょうかく めぐ　りんかく えが

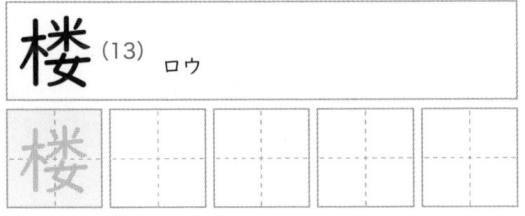

楼 (13) ロウ

砂上の楼閣　ニューヨークの摩天楼　鐘楼
さじょう ろうかく　　　　まてんろう　しょうろう
蜃気楼
しんきろう

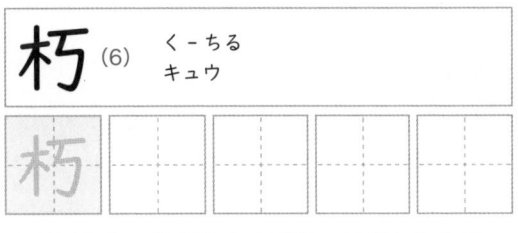

朽 (6) く-ちる　キュウ

木が朽ちる　老朽化した建物　朽廃した小屋
き く　ろうきゅうか たてもの　きゅうはい こや
不朽の名作
ふきゅう めいさく

生活様式
せいかつようしき

Lifestyle
生活方式
Phong cách sống

舗 (15) ホ
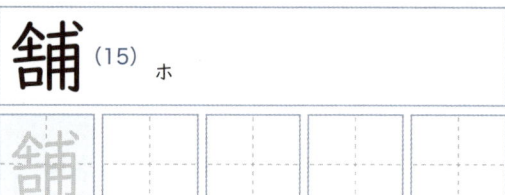
道路を舗装する　店舗を構える
どうろ　ほそう　　てんぽ　かま

隙 (13) すき / ゲキ
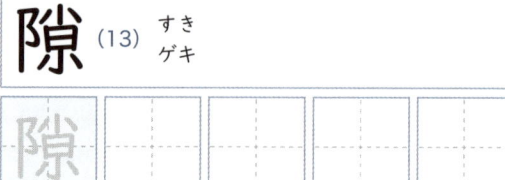
隙間風が入る　心に隙がある　間隙を縫う
すきまかぜ はい　こころ すき　　かんげき ぬ
お手隙の際に資料をお読みください
てすき　さい　しりょう　よ

柵 (9) サク

花壇の柵を作る　鉄柵
かだん　さく つく　てっさく

瓦 (5) かわら / ガ
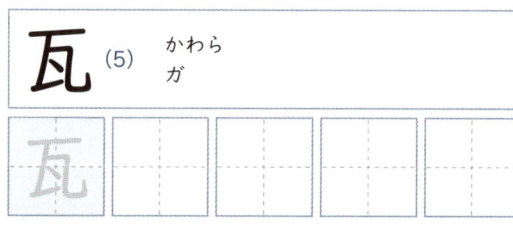
屋根の瓦　鬼瓦　瓦れきの山　制度が瓦解する
やね かわら　おにがわら　が　やま　せいど　がかい

硝 (12) ショウ

硝煙が立ちこめる
しょうえん た

寸 (3) スン
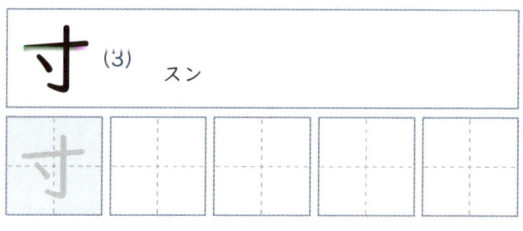
一寸　寸法を測る　ゴール寸前で追い抜かれた
いっすん　すんぽう はか　　すんぜん　お ぬ
寸評　寸暇を惜しんで勉強する　一寸先は闇
すんぴょう　すんか お　　べんきょう　いっすんさき やみ

尺 (4) シャク
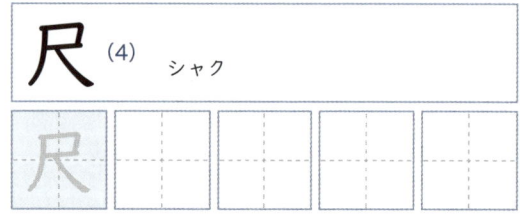
尺を取る　尺度を測る　巻き尺　縮尺した地図
しゃく と　しゃくど はか　ま じゃく　しゅくしゃく ちず

熟達編　17章　生活様式

17章 復習

1. 漢字の読み方を書いてください。

① 自宅近くで道路の舗装工事が行われている。　①
② 9回裏の土壇場でAチームが逆転勝ちした。　②
③ 老朽化した校舎を取り壊し、建て直すことになった。　③
④ 空港はスーツケースや大きな鞄を持った旅行客でにぎわっている。　④
⑤ 戸の隙間から冷たい風が入ってきて、凍えてしまいそうだ。　⑤
⑥ 仕事の効率を上げるには、まず机の周りを整理整頓したほうがいい。　⑥
⑦ 行き詰まった状況を打開すべく、折衷案を取引先に提示した。　⑦
⑧ 父の書斎には約5,000冊の本が置かれている。　⑧
⑨ 都市部における坪当たりの地価が年々上昇している。　⑨
⑩ 事故にあい、車椅子の生活を余儀なくされた。　⑩

2. 正しい漢字を選んでください。

1. じょうざいは苦手なので、粉薬を処方してもらった。
　①条剤　　②錠斎　　③錠剤　　④条済

2. かまで炊いたご飯の味は格別だ。
　①窯　　②鎌　　③釜　　④斧

3. 週に1回はせんとうに行き、広い湯船で疲れを取っている。
　①銭頭　　②選湯　　③繊湯　　④銭湯

4. はっこう食品は健康にいいとされ、その働きが注目を集めている。
　①発行　　②発酵　　③発醸　　④発効

5. 出品作品に審査員がすんぴょうを寄せた。
　①寸評　　②升表　　③斤評　　④斗評

| 1. | 2. | 3. | 4. | 5. |

157

18章 伝統文化
でんとうぶんか

Traditional culture
传统文化
Văn hóa truyền thống

謡 (16) うた-う うたい / ヨウ

歌謡曲を歌う　子どもの好きな童謡
かようきょく　うた　　こ　　　　　す　　どうよう
各地方に伝わる民謡
かくちほう　つた　みんよう
謡は能で謡われる歌詞とその曲　謡曲
うたい　のう　うた　　　かし　　　　きょく　ようきょく

吟 (7) ギン

詩を吟ずる　詩吟　内容を吟味する
し　ぎん　　　しぎん　ないよう　ぎんみ

詠 (12) よ-む / エイ

和歌を詠む　素晴らしい景色に詠嘆する
わか　よ　　　すば　　　　けしき　えいたん
詠嘆の声をあげる
えいたん　こえ

叙 (9) ジョ

事件の様子を叙述する　叙事詩
じけん　ようす　じょじゅつ　　じょじし
自叙伝を書く　叙情的な文章
じじょでん　か　　じょじょうてき　ぶんしょう

随 (12) ズイ

随筆を書く　随筆家　社長の視察に随行する
ずいひつ　か　ずいひつか　しゃちょう　しさつ　ずいこう
他の追随を許す　随時　校内随一の秀才
た　ついずい　ゆる　ずいじ　こうないずいいち　しゅうさい
随分な言い方だ
ずいぶん　い　かた

韻 (19) イン

音韻　韻を踏む　韻文と散文
おんいん　いん　ふ　　いんぶん　さんぶん

諧 (16) カイ

俳諧
はいかい

儒 (16) ジュ

儒教は中国の孔子の教えだ　儒学を研究する
じゅきょう　ちゅうごく　こうし　おし　　じゅがく　けんきゅう
儒学者
じゅがくしゃ

熟達編　18章　伝統文化

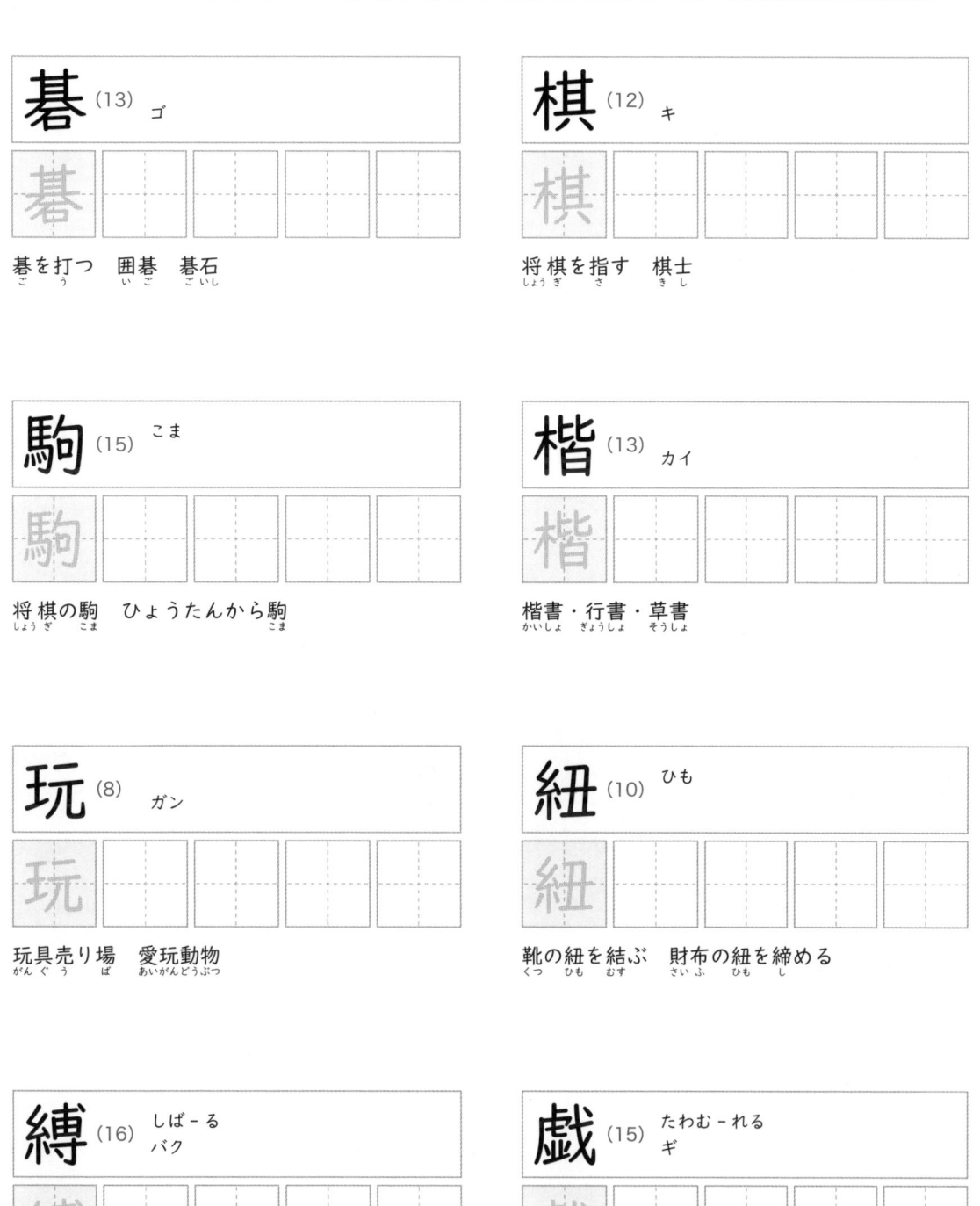

伝統文化
でんとうぶんか

Traditional culture
传统文化
Văn hóa truyền thống

袖 (10) そで / シュウ

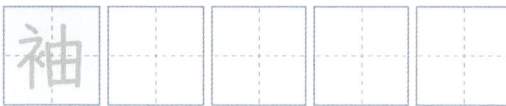

着物の袖　半袖のシャツ　袖口が汚れる
きもの そで　はんそで　　　　そでぐち よご
長袖　新調したスーツに袖を通す　長袖善舞
ながそで　しんちょう　　　　　そで とお　ちょうしゅうぜんぶ

裾 (13) すそ

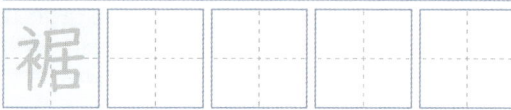

着物の裾が濡れる　富士山の裾野　お裾分け
きもの すそ ぬ　　ふじさん すそ の　　すそわ

襟 (18) えり / キン

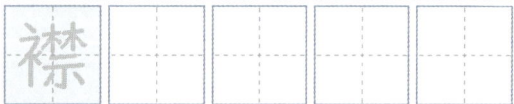

服の襟　襟首　襟を正す　胸襟を開く
ふく えり　えりくび　えり ただ　きょうきん ひら

芯 (7) シン

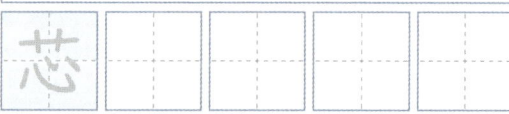

鉛筆の芯　体の芯まで冷える
えんぴつ しん　からだ しん　ひ

駄 (14) ダ

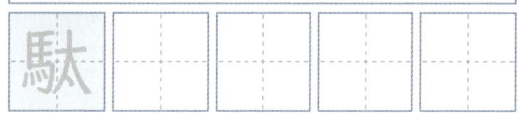

時間の無駄　お金の無駄遣い　無駄口をたたく
じかん むだ　かね むだづか　　むだぐち
駄作　そのやり方では駄目だ　駄菓子
ださく　　　　かた　　　　だめ　　だがし

珠 (10) シュ

真珠のネックレス　珠玉の名曲を集める
しんじゅ　　　　しゅぎょく めいきょく あつ

扇 (10) おうぎ / セン

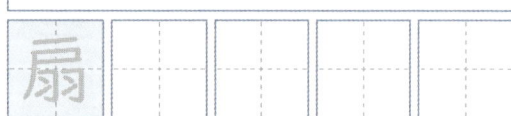

扇であおぐ　扇子　換気扇を掃除する　扇風機
おうぎ　　　せんす　かんきせん そうじ　　せんぷうき
大衆を扇動する
たいしゅう せんどう

呉 (7) ゴ

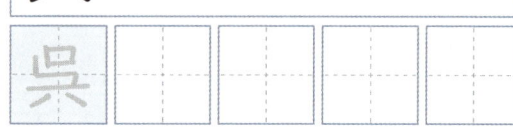

呉服売り場　呉越同舟
ごふく う ば　ご えつどうしゅう

熟達編　18章　伝統文化

藤 (18) ふじ / トウ

藤の花　藤色
進学か就職かの葛藤に苦しむ

藍 (18) あい / ラン

藍色　藍染めのハンカチ　出藍の誉れ

褐 (13) カツ

褐色　茶褐色の髪

錦 (16) にしき / キン

錦の着物　錦絵　錦秋　故郷に錦を飾る

唐 (10) から / トウ

唐草模様の風呂敷　中国の唐の時代　遣唐使
唐突な発言　唐辛子

紋 (10) モン

水紋　波紋が広がる　指紋をとる　家の紋章
家紋

漆 (14) うるし / シツ

漆を塗る　漆器のお椀　漆黒の髪

鈴 (13) すず / レイ / リン

財布に鈴をつける　ドアの呼び鈴
風鈴の音を楽しむ　予鈴が鳴る
鈴を転がすような声

伝統文化
でんとうぶんか

Traditional culture
传统文化
Văn hóa truyền thống

匠 (6) ショウ

師匠と弟子　意匠を凝らす
ししょう でし　いしょう こ

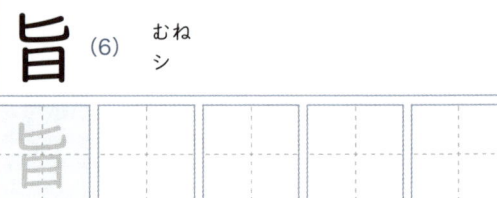

旨 (6) むね　シ

旨い料理に舌鼓を打つ　話がある旨を伝える
うま りょうり したつづみ う　はなし　むね つた
趣旨　論文の要旨をまとめる
しゅし　ろんぶん ようし

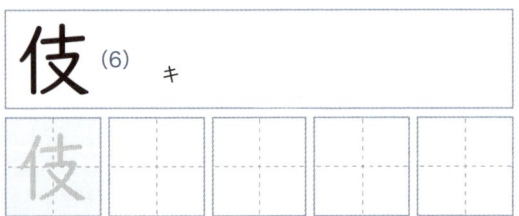

伎 (6) キ

歌舞伎
か ぶ き

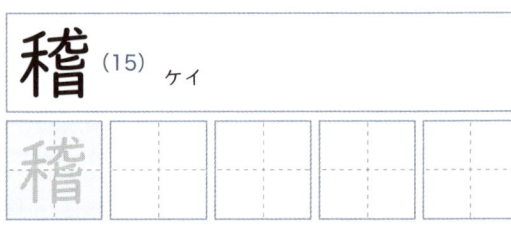

稽 (15) ケイ

稽古に励む　滑稽な話　荒唐無稽
けいこ はげ　こっけい はなし　こうとう む けい

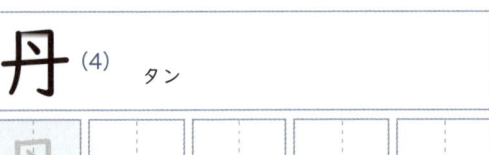

丹 (4) タン

丹念に調べる　丹精を込めた贈り物
たんねん しら　たんせい こ　おく もの
丹精して盆栽を育てる
たんせい　ぼんさい そだ

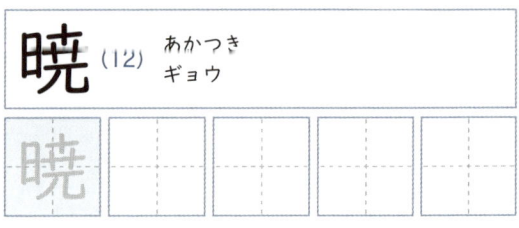

暁 (12) あかつき　ギョウ

暁の空　春暁　成功した暁には乾杯しよう
あかつき そら　しゅんぎょう　せいこう あかつき　かんぱい

宵 (10) よい　ショウ

宵の口　宵の明星　宵寝朝起き
よい くち　よい みょうじょう　よい ね あさ お
徹宵友と語り合う
てっしょう とも かた あ

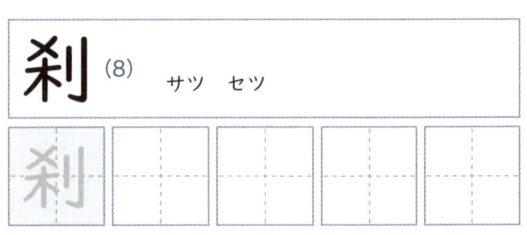

刹 (8) サツ　セツ

名刹を訪れる　刹那
めいさつ おとず　せつ な

熟達編　18章　伝統文化

18章 復習
しょう　ふくしゅう

1. 漢字の読み方を書いてください。
かんじ　よ　かた　か

① 成人式に着る振袖に合わせ、華やかな錦の帯を購入した。
せいじんしき　き　ふりそで　あ　　　はな　　　にしき　おび　こうにゅう

② このレストランはシェフが吟味した食材を使うことで有名だ。
ぎんみ　しょくざい　つか　　　　　　ゆうめい

③ 孫の成長を願って詠んだ俳句が入賞した。
まご　せいちょう　ねが　よ　　　はいく　にゅうしょう

④ 最近剣道を習い始め、週に1回稽古に通っている。
さいきんけんどう　なら　はじ　しゅう　かい　けいこ　かよ

⑤ 師匠の厳しい指導で、踊りの腕がめきめきとあがった。
ししょう　きび　しどう　　　おど　　うで

⑥ 囲碁が趣味の祖父とは、帰省のたびに手合わせしている。
いご　しゅみ　そふ　　　きせい　　　　てあ

⑦ 税金の無駄遣いはやめて、国民の生活に予算を充ててほしい。
ぜいきん　むだづか　　　　　　こくみん　せいかつ　よさん　あ

⑧ この小説は別れの場面の叙述がとても美しく、そして悲しい。
しょうせつ　わか　ばめん　じょじゅつ　　　うつく　　　　　　かな

⑨ 来週までに講義の要旨をレポートにまとめる課題が出された。
らいしゅう　こうぎ　ようし　　　　　　　　　　　かだい　だ

⑩ 母から真珠のネックレスを譲り受けた。
はは　しんじゅ　　　　　　　　　ゆず　う

①	
②	
③	
④	
⑤	
⑥	
⑦	
⑧	
⑨	
⑩	

2. 正しい漢字を選んでください。
ただ　かんじ　えら

1. 規則にしばられる生活に嫌気がさした。
きそく　　　　　　せいかつ　いやけ

　①絹られる　　②縫られる　　③縛られる　　④紋られる

2. チェスは、こまの動かし方がわかって初めて面白さがわかる。
うご　かた　　　　　はじ　おもしろ

　①駒　　②駄　　③験　　④騒

3. シャツのそでが長すぎたので、2センチほど詰めてもらった。
なが　　　　　　　　　　　つ

　①襟　　②裾　　③袖　　④被

4. 警察は現場に残っていたしもんから、犯人を特定した。
けいさつ　げんば　のこ　　　　　　　　はんにん　とくてい

　①指紋　　②脂紡　　③指紛　　④旨紐

5. 日が暮れて、よいの明星が西の空に輝く。
ひ　く　　　　　みょうじょう　にし　そら　かがや

　①宴　　②宙　　③容　　④宵

| 1. | 2. | 3. | 4. | 5. |

163

17章・18章 アチーブメントテスト

【1】次の文の下線をつけた言葉の読み方を①～④の中から選び、番号を書いてください。

1. 素材や大きさによって異なる風鈴の音は、聞く人に安らぎを与えてくれる。
   ①ふうりん　　②ふれい　　③ふうれん　　④ふりん

2. 献金をめぐる先日の大臣の発言が物議を醸している。
   ①はなして　　②おこして　　③もよおして　　④かもして

3. 大通りに面した一等地に新しい店舗を構えた。
   ①てんほ　　②てんぽ　　③てんぼ　　④てんほう

4. この映画は、丹念に調査や取材を行って制作された点が評価された。
   ①たんねいに　　②しゅうねいに　　③しゅうねんに　　④たんねんに

5. 彼女は唐突に席を立ち、独り言を言いながら部屋を出て行った。
   ①とうつに　　②からとつに　　③とうとつに　　④からとに

1.	2.	3.	4.	5.

【2】次の文の下線をつけた言葉の書き方を①～④の中から選び、番号を書いてください。

1. 長引く不況の影響を受け、消費者の財布のひもは固いままだ。
   ①縛　　②紐　　③紋　　④綻

2. 交通事故で足を骨折し、しばらく車いすの生活を余儀なくされた。
   ①椅子　　②格子　　③扇子　　④硝子

3. 大学在学中、ゼミの教授からくんとうを受け、大学院へ進学して研究を続けることにした。
   ①窯党　　②薫陶　　③勲等　　④煎陶

4. 精魂込めて育てている野菜を猪から守るために、畑の周りに電気さくを取り付けた。
   ①塀　　②桟　　③堀　　④柵

5. 近所に新しくできた食パン専門店でいっきん購入し、試食してみた。
   ①一斗　　②一寸　　③一斤　　④一升

1.	2.	3.	4.	5.

【3】次の文の下線をつけた言葉の読み方を書いてください。

1. 旅行が趣味の父は、定年退職後、日本各地の名刹巡りをすると言っている。
2. 今回の選挙は大混戦が予想されたが、蓋を開けてみたら与党の圧勝だった。
3. 会社の宴会で部長が滑稽な面をつけて、踊りを披露した。
4. 漆器のお椀は湿気に弱く、保管が難しいと言われている。
5. 日本の結婚式では、新郎新婦の母親の着物は家紋入りが正装となっている。
6. 庭の花壇で育てた花を鉢に植え替えて、友人にプレゼントした。
7. 1980年代にヒットした歌謡曲を集めたアルバムが販売された。
8. 本校は４月入学が基本ですが、随時入学も認めています。
9. デパートの玩具売り場は子どもたちには夢の世界だろう。
10. 芋を原料にした焼酎は優しい甘さが特徴で、鹿児島の特産品だ。
11. 写真を見ていると、夫と息子の顔の輪郭や背格好がそっくりなことに気がついた。
12. 取引先から電話があったことを付箋に書き、机の上に貼っておいた。

1.	2.	3.	4.
5.	6.	7.	8.
9.	10.	11.	12.

17章・18章 クイズ

【1】 AとBを組み合わせて、文章に合う一つの漢字を作り、□に書いてください。

A: 士 金 戸 糸 酉 金 艹 王 木 革 馬

B: 方 孝 勹 兼 定 朱 羽 句 心 包 文

例）父の跡を継いで、寺の [坊] 主になった。

① 彼の余計な一言が原因で、グループ内に波[　]がひろがった。（ない は もん）
② 手[　]をかけられた犯人は、終始うつむいたままだった。（じょう）
③ しょうゆやみそは、大豆を発[　]させて作る。（こう）
④ エアコンより[　]風機を使ったほうが電気代が安い。（せん）
⑤ この真[　]のネックレスは安いとはいえ、10万円もする。（じゅ）
⑥ 最近、将棋を始めたが、[　]の役割がなかなか覚えられない。（こま）
⑦ 建物の老[　]化にともない、年内で閉店することとなった。（きゅう）
⑧ 機械化が進み、[　]で稲刈りをすることもなくなった。（かま）
⑨ 凍えるほど寒い夜は、鍋料理を食べて、体の[　]から温まろう。（しん）
⑩ 初任給で買ったブランドの[　]を今も大切に使っている。（かばん）

【2】 テーマに関連する漢字のグループです。テーマに合わない漢字を一つ選んでください。

例）文学 ： 叙・随・諧・宵 → 宵

① 歌 ： 謡・吟・楷・詠 → _____
② 色 ： 暁・藤・藍・褐 → _____
③ 遊び ： 碁・匠・棋・駒 → _____
④ 料理 ： 蓋・斧・釜・膳 → _____
⑤ 単位 ： 升・寸・瓦・坪 → _____

17章・18章　クイズ

【3】これはある雑誌のコラムです。①〜⑩の下線部の漢字の読み方を書いてください。

今こそ手に取ってほしい一品

何でも安価で簡単に手に入るようになった昨今。だからこそ、本当に必要なものは何か、①吟味するいい機会ではないでしょうか。

今日は、心ときめく職人の技が詰まった品をいくつかご紹介します。

まずは、こちらの②漆器。

何度も何度も③漆を塗り重ねているため、丈夫で長持ちなのが特徴です。

次は④藍染め。今の時代に合わせて、シャツやワンピースなどにすれば生活に取り入れやすいので、おすすめです。

こちらの着物は⑤襟の合わせや⑥袖の柄などが美しいですね。藍染めの色は、涼やかさを⑦醸し出すことができるので、暑い季節におすすめです。

次にご紹介するのは竹で編まれた⑧籠です。食器や果物を入れたり、花を飾ったりとさまざまな用途があって便利です。

このように⑨意匠を凝らし、⑩丹精を込めて作られた作品は貴重で、同じものは世界に二つとありません。多くの名品の中から自分好みのものを選ぶ時間は、とてもぜい沢だと思いませんか。皆さんもぜひ身近なものから始めてみてください。

①	②	③	④	⑤
⑥	⑦	⑧	⑨	⑩

19章 犯罪・戦争
はんざい・せんそう

Crime/War
犯罪、战争
Phạm pháp và chiến tranh

窃 (9) セツ
窃盗事件が起こる　窃盗犯を検挙する
せっとうじけん　お　　せっとうはん　けんきょ

拐 (8) カイ
子どもが誘拐された　未解決の誘拐事件
こ　　ゆうかい　　　　みかいけつ　ゆうかいじけん

賄 (13) まかな－う / ワイ
両親からの送金で生活費を賄う
りょうしん　そうきん　せいかつひ　まかな
賄い付きのアルバイト　贈賄　収賄
まかな　つ　　　　　　　ぞうわい　しゅうわい

賂 (13) ロ
賄賂を受け取る
わいろ　う　と

拉 (8) ラ
何者かに拉致される　拉致問題
なにもの　らち　　　　らちもんだい

虐 (9) しいた－げる / ギャク
動物を虐げる　虐待　残虐な行為
どうぶつ しいた　ぎゃくたい　ざんぎゃく こうい
戦争で虐殺が行われる　自虐的な発言
せんそう ぎゃくさつ おこな　じぎゃくてき　はつげん

喝 (11) カツ
大声で騒ぐ酔っ払いを一喝する　恐喝に遭う
おおごえ さわ よ ぱら　　いっかつ　きょうかつ あ
拍手喝采を浴びる
はくしゅかっさい あ

賭 (16) か－ける / ト
競馬に大金を賭ける　賭け事
けいば　たいきん　か　　　か　ごと
野球賭博で捕まる
やきゅうとばく　つか

熟達編　19章　犯罪・戦争

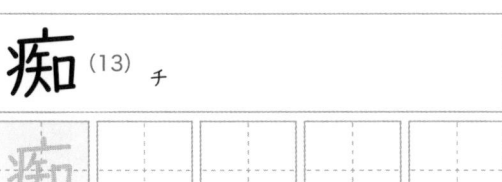

痴 (13) チ

友人に仕事の愚痴をこぼす　痴漢に遭う
ゆうじん　しごと　ぐち　　　ちかん　あ
痴話げんか　音痴
ちわ　　　　おんち

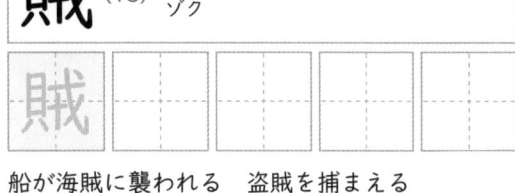

賊 (13) ゾク

船が海賊に襲われる　盗賊を捕まえる
ふね　かいぞく　おそ　　とうぞく　つか
逆賊の汚名を着せられる
ぎゃくぞく　おめい　き
海賊版サイトの視聴禁止
かいぞくばん　　　しちょうきんし

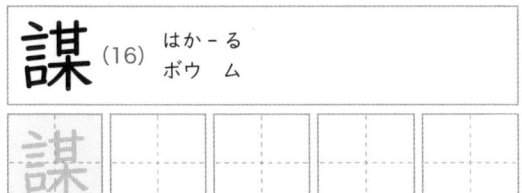

謀 (16) はか－る
　　　　ボウ　ム

大統領暗殺を謀る　無謀な計画　陰謀を企てる
だいとうりょうあんさつ　はか　むぼう　けいかく　いんぼう　くわだ
謀反を起こす　謀略を巡らす
むほん　お　　　ぼうりゃく　めぐ

踪 (15) ソウ

事件後に失踪する　失踪者
じけんご　しっそう　　しっそうしゃ

殉 (10) ジュン

殉職　殉教者
じゅんしょく　じゅんきょうしゃ

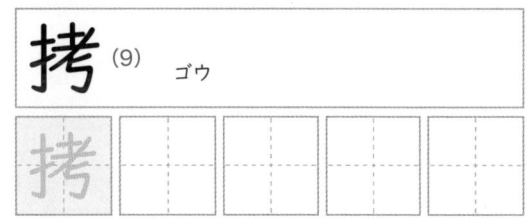

拷 (9) ゴウ

拷問にかける
ごうもん

陣 (10) ジン

陣地　敵陣　陣頭に立って指揮する
じんち　てきじん　じんとう　た　　しき
円陣を組む　報道陣　陣痛
えんじん　く　　ほうどうじん　じんつう

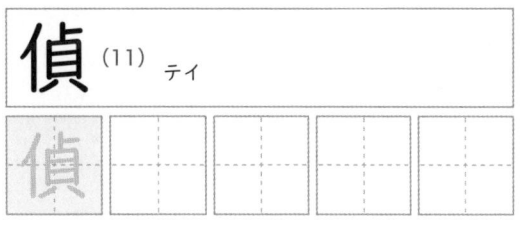

偵 (11) テイ

敵地を偵察する　競合店を偵察に行く
てきち　ていさつ　きょうごうてん　ていさつ　い
私立探偵　探偵小説
しりつたんてい　たんていしょうせつ

犯罪・戦争
はんざい・せんそう

Crime/War
犯罪、战争
Phạm pháp và chiến tranh

懲 (18)　こ−りる　こ−らす　こ−らしめる　チョウ

失敗に懲りず挑戦する　悪人を懲らす
しっぱい　　こ　　ちょうせん　　あくにん　こ
悪を懲らしめるヒーロー
あく　こ
懲役5年を求刑された　懲罰を受ける
ちょうえき　ねん　きゅうけい　　ちょうばつ　う

戒 (7)　いまし−める　カイ

彼の不注意を戒める　懲戒免職
かれ　ふちゅうい　いまし　　ちょうかいめんしょく
津波を警戒する　厳重に戒告する　厳戒態勢
つなみ　けいかい　　げんじゅう　かいこく　　げんかいたいせい

猶 (12)　ユウ

3日間の猶予を与える
かかん　ゆうよ　あた
一刻の猶予も許されない
いっこく　ゆうよ　ゆる
懲役3年、執行猶予5年の判決を受ける
ちょうえき　ねん　しっこうゆうよ　ねん　はんけつ　う

陪 (11)　バイ

陪審制度　祝賀の宴に陪席する
ばいしんせいど　しゅくが　うたげ　ばいせき

糾 (9)　キュウ

汚職を糾弾する　事態が紛糾する
おしょく　きゅうだん　　じたい　ふんきゅう

劾 (8)　ガイ

政府高官の不正を弾劾する　弾劾裁判
せいふこうかん　ふせい　だんがい　　だんがいさいばん

勃 (9)　ボツ

内乱が勃発する
ないらん　ぼっぱつ

搾 (13)　しぼ−る　サク

レモンを搾る　乳搾り　税金を搾り取る
しぼ　　ちちしぼ　　ぜいきん　しぼ　と
利益を搾取する
りえき　さくしゅ

熟達編　19章　犯罪・戦争

邪 (8) ジャ

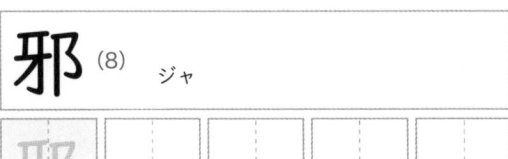

邪悪な心　無邪気な人　勉強の邪魔をする
じゃあく こころ　むじゃき ひと　べんきょう じゃま
邪道　お邪魔します
じゃどう　じゃま

虚 (11) キョ　コ

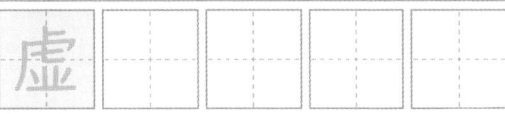

空虚な日々　虚無感に襲われる　虚偽の証言
くうきょ ひび　きょむかん おそ　きょぎ しょうげん
虚弱体質　虚空を掴む
きょじゃくたいしつ　こくう つか

酷 (14) コク

残酷な刑罰　冷酷な人　体を酷使する
ざんこく けいばつ　れいこく ひと　からだ こくし
過酷なトレーニング　酷評　酷暑
かこく　こくひょう　こくしょ
この二つの作品は酷似している
ふた さくひん　こくじ

禍 (13) カ

禍根を残す　舌禍を招く　人生の禍福
かこん のこ　ぜっか まね　じんせい かふく

堕 (12) ダ

堕落した生活　政治の堕落
だらく せいかつ　せいじ だらく

嚇 (17) カク

犬が牙をむいて威嚇する　威嚇射撃
いぬ きば　いかく　いかくしゃげき

征 (8) セイ

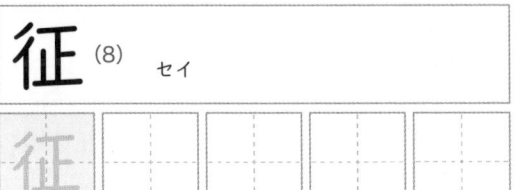

試合でヨーロッパへ遠征する　海外遠征
しあい　えんせい　かいがいえんせい
隣国を征服する
りんごく せいふく

覇 (19) ハ

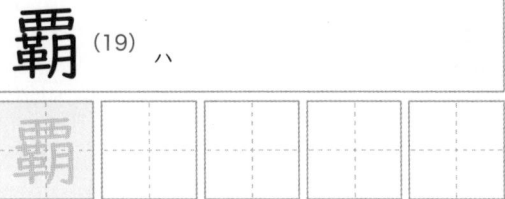

アジア大会の覇者となる
たいかい はしゃ
ワールドカップを制覇する　覇権を握る
せいは　はけん にぎ
覇気がない声
はき こえ

犯罪・戦争
はんざい・せんそう

Crime/War
犯罪、战争
Phạm pháp và chiến tranh

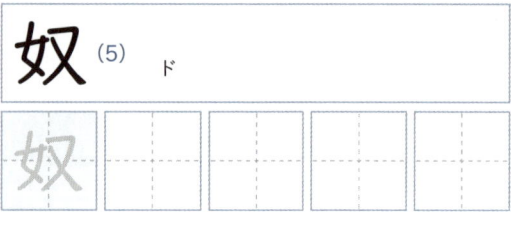

奴 (5) ド

守銭奴
しゅせんど

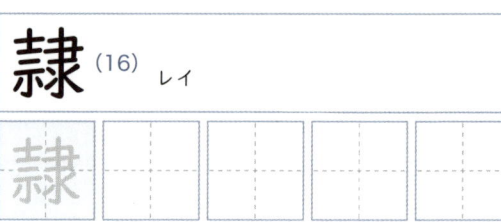

隷 (16) レイ

奴隷　大国に隷属する
どれい　たいこく　れいぞく

囚 (5) シュウ

囚人　死刑囚
しゅうじん　しけいしゅう

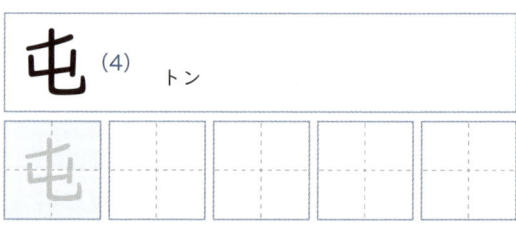

屯 (4) トン

陸軍が駐屯する　駐屯地
りくぐん　ちゅうとん　ちゅうとんち

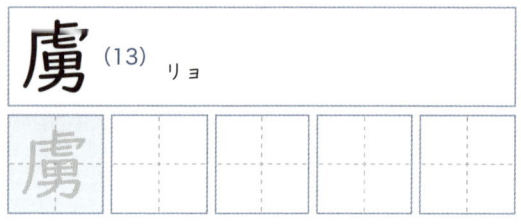

虜 (13) リョ

捕虜　虜囚
ほりょ　りょしゅう

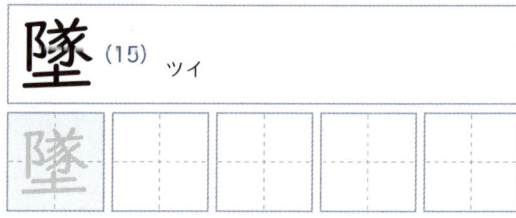

墜 (15) ツイ

飛行機が墜落する　墜落事故
ひこうき　ついらく　ついらくじこ
会社の信用が失墜する　ミサイルを撃墜する
かいしゃ　しんよう　しっつい　　　　　　げきつい

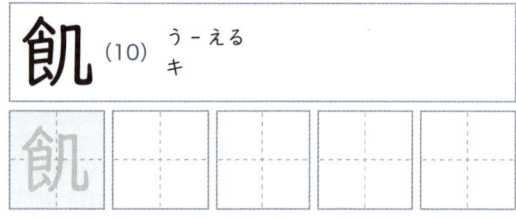

飢 (10) う-える / キ

凶作により飢える　飢えが広がる
きょうさく　　　う　　　う　　ひろ
愛情に飢えた子ども　大飢饉が起こる
あいじょう　う　こ　　　　だいききん　お

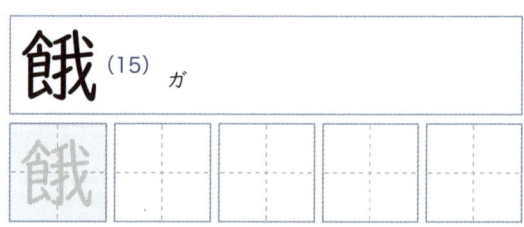

餓 (15) ガ

餓死　飢餓に苦しむ　餓鬼大将
がし　きが　くる　　　がきだいしょう

熟達編　19章　犯罪・戦争

19章 復習
ふくしゅう

1. 漢字の読み方を書いてください。

① 太平洋側を中心に降り続く大雨に警戒が必要だ。　①
② 仕事で疲れて帰ってきても、娘の無邪気な笑顔を見るだけで癒される。　②
③ 母校のラグビーチームが2年連続、全国制覇を成し遂げた。　③
④ 大物政治家が賄賂を受けとった容疑で逮捕された。　④
⑤ フジ牧場は乗馬や牛の乳搾りができる体験型牧場として人気がある。　⑤
⑥ 武装グループに拉致されたジャーナリストが、無事に解放された。　⑥
⑦ 児童相談所によると、虐待の相談件数は年々増加傾向にあるそうだ。　⑦
⑧ サッカー日本代表が2週間、ヨーロッパ遠征を行った。　⑧
⑨ 見知らぬ二人組みの男に恐喝され、現金10万円を奪われた。　⑨
⑩ 3年前に東京と埼玉で相次いだ誘拐事件は未解決のままだ。　⑩

2. 正しい漢字を選んでください。

1. 警察官が犯人の銃撃を受けてじゅんしょくした。
　①離職　　②退職　　③殉職　　④旬職

2. サンダルで富士山に登るとは、なんてむぼうなことだろう。
　①無帽な　　②無望な　　③無冒な　　④無謀な

3. カジノでルーレットに大金をかけたが、あえなく負けてしまった。
　①賭けた　　②掛けた　　③架けた　　④懸けた

4. 会社の経費を着服した社員がしっそうし、未だに見つかっていない。
　①執送　　②失踪　　③失荘　　④疾走

5. 激務でストレスを抱えているのは分かるが、酒の席で仕事のぐちは聞きたくない。
　①唇知　　②愚知　　③愚痴　　④唇痴

| 1. | 2. | 3. | 4. | 5. |

20章 行為・状態

Action/Situations
行为、状态
Hành vi và trạng thái

嗅 (13)
か-ぐ
キュウ

花の香りを嗅ぐ　犬は嗅覚が優れている

剥 (10)
は-がれる　は-げる　は-がす
は-ぐ
ハク

爪が剥がれる　ペンキが剥げる
値札シールを剥がす　化けの皮を剥がす
木の皮を剥ぐ　剥製　弁護士資格を剥奪される

据 (11)
す-わる　す-える

赤ちゃんの首が据わる
会議室にテレビモニターを据える
腰を据えて話し合う　保険料の据え置き

斬 (11)
き-る
ザン

刀で敵を斬る　世相を斬る　斬新なアイデア

蹴 (19)
け-る
シュウ

ボールを蹴る　要求を蹴る
ライバルを蹴落とす　挑戦者を一蹴する　蹴球

擁 (10)
ヨウ

子どもを抱擁する　人権を擁護する
新人候補を擁立する
5万人の従業員を擁するA社

鍛 (17)
きた-える
タン

体を鍛える　新人を鍛える　鍛造業

錬 (16)
レン

金属を精錬する　心身を鍛錬する　錬金術
百戦錬磨

熟達編　20章　行為・状態

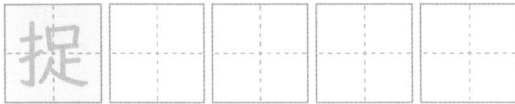

捉 (10)　とら-える
　　　　ソク

文章の要点を捉える
ぶんしょう ようてん とら
純愛映画が女性の心を捉えた　真相を捕捉する
じゅんあいえいが じょせい こころ とら　　しんそう ほそく

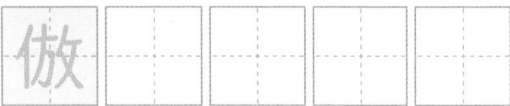

倣 (10)　なら-う
　　　　ホウ

前例に倣う　人の作品を模倣する
ぜんれい なら　ひと さくひん もほう

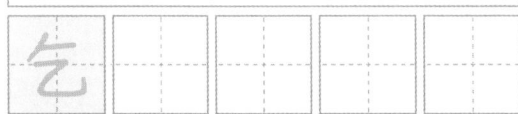

乞 (3)　こ-う

通行人に金品を乞う　教えを乞う
つうこうにん きんぴん こ　おし こ
近日公開、乞うご期待
きんじつこうかい こ きたい

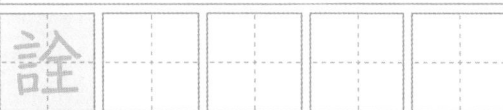

詮 (13)　セン

詮ずる所、責任は自分にある　所詮かなわぬ夢
せん ところ せきにん じぶん　　しょせん ゆめ
プライベートを根掘り葉掘り詮索する
ねほ はほ せんさく

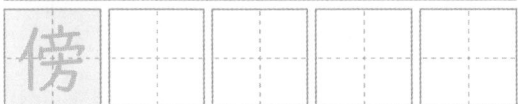

傍 (12)　かたわ-ら
　　　　ボウ

辞書を傍らに置く　騒ぎを傍観する
じしょ かたわ お　さわ ぼうかん
裁判を傍聴する　傍線を引く　路傍に花が咲く
さいばん ぼうちょう　ぼうせん ひ　ろぼう はな さ
傍若無人な振る舞い
ぼうじゃくぶじん ふ ま

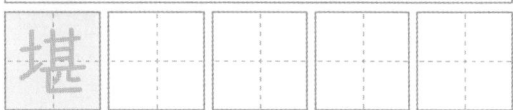

堪 (12)　た-える
　　　　カン

首相の任に堪える　聞くに堪えない悪口
しゅしょう にん た　き た わるぐち
感謝に堪えない　堪忍袋の緒が切れる
かんしゃ た　かんにんぶくろ お き
フランス語に堪能な人
ご かん/たんのう ひと

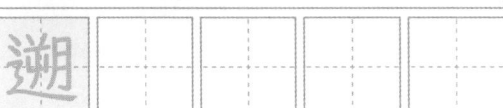

遡 (遡) (14)　さかのぼ-る
　　　　　　 ソ

鮭が川を遡る　人類の歴史を遡る
さけ かわ さかのぼ　じんるい れきし さかのぼ
未払いの残業代を遡及して支払う
みはら ざんぎょうだい そきゅう しはら

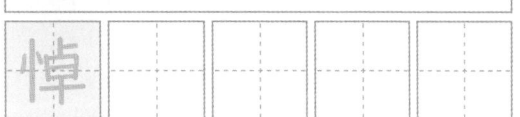

悼 (11)　いた-む
　　　　トウ

友の死を悼む　哀悼の意を表する
とも し いた　あいとう い ひょう
追悼の辞を述べる　悼辞
ついとう じ の　とうじ

行為・状態
こうい・じょうたい

Action/Situations
行为、状态
Hành vi và trạng thái

鎮 (18)　しず-まる　しず-める　チン

痛みが鎮まる　内乱を鎮める　心を鎮める
デモを鎮圧する　山火事が鎮火した
政界の重鎮　火山活動が鎮静化した　鎮痛剤

窮 (15)　きわ-まる　きわ-める　キュウ

横領が発覚して進退窮まった　退屈窮まる
困難を窮める　窮屈な服　窮地に陥る

萎 (11)　な-える　イ

青葉が萎える　闘争心が萎える
上司の前だと萎縮してしまう

溺 (13)　おぼ-れる　デキ

海で溺れる　溺れる者は藁をも掴む
溺死する　我が子を溺愛する

遭 (14)　あ-う　ソウ

盗難に遭う　事件現場に遭遇する
困難な問題に遭遇する　冬山で遭難する

惧 (11)　グ

将来を危惧する　絶滅危惧種

享 (8)　キョウ

自然の恵みを享受する　享楽的な生活
祖父は享年八十であった

葛 (12)　くず　カツ

葛は秋の七草の一つ　葛湯を飲む　葛餅
葛藤

熟達編　20章　行為・状態

遍 (12) ヘン

富士山は普遍的な美しさを持つ
ふじさん　ふへんてき　うつく
諸国を遍歴する　何遍言ったらわかるんだ
しょこく　へんれき　　なんべんい
たまった本を一遍に読みきった　遍路
　　　ほん　いっぺん　よ　　　　へんろ

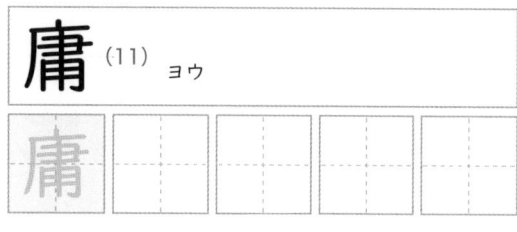

庸 (11) ヨウ

中庸の立場をとる　凡庸な人
ちゅうよう　たちば　　ぼんよう　ひと

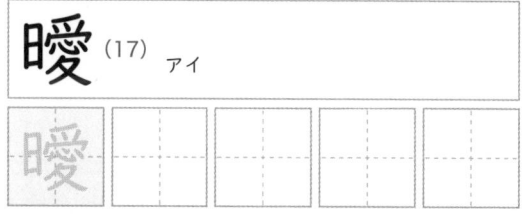

曖 (17) アイ

曖昧な返事
あいまい　へんじ

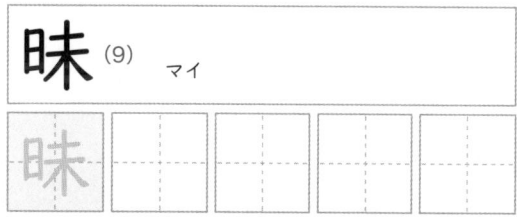

昧 (9) マイ

曖昧な態度をとる　読書三昧の日々
あいまい　たいど　　どくしょざんまい　ひび

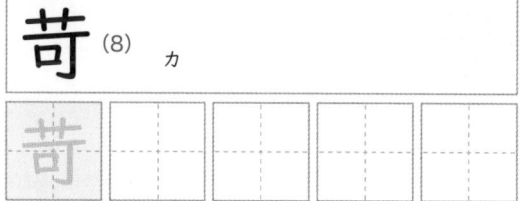

苛 (8) カ

苛酷な条件を突きつけられた
かこく　じょうけん　つ
戦闘は苛烈を極めた
せんとう　かれつ　きわ

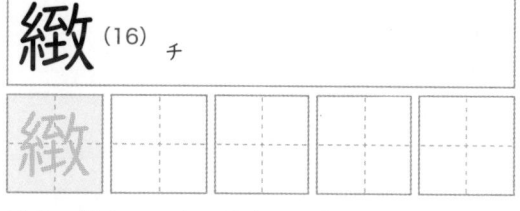

緻 (16) チ

緻密に織られた布　緻密な仕事ぶり
ちみつ　お　　　ぬの　ちみつ　しごと
精緻を極めた細工
せいち　きわ　　さいく

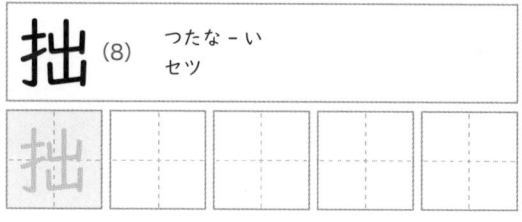

拙 (8) つたな-い　セツ

彼女の説明は拙い　稚拙な文章　拙劣な手口
かのじょ　せつめい　つたな　ちせつ　ぶんしょう　せつれつ　てぐち
拙宅
せったく

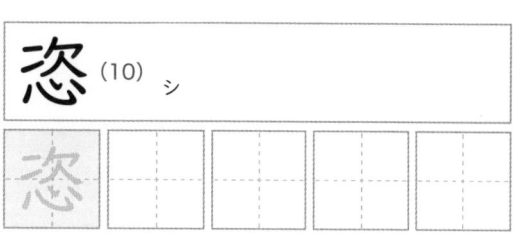

恣 (10) シ

恣意的な解釈
しいてき　かいしゃく

行為・状態
こうい・じょうたい

Action/Situations
行为、状态
Hành vi và trạng thái

顕 (18) ケン

努力の跡が顕著に見られる
どりょく あと けんちょ み
問題点が顕在化する　自己顕示欲が強い人
もんだいてん けんざい か　じ こ けんじ よく つよ ひと
顕微鏡で観察する　長年の功績を顕彰する
けんびきょう かんさつ　ながねん こうせき けんしょう

泰 (10) タイ
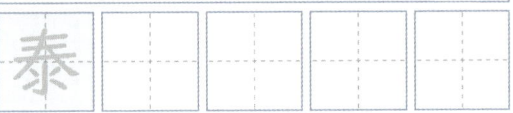
泰然とした態度　国家安泰を祈願する
たいぜん たいど　こっか あんたい きがん
彼は泰然自若としている
かれ たいぜんじじゃく
北里柴三郎は医学界の泰斗として知られている
きたざとしばさぶろう いがくかい たいと し

璧 (18) ヘキ

完璧な演技　完璧に仕上げる
かんぺき えんぎ　かんぺき し あ
二人は日本文学の双璧だ
ふたり にほんぶんがく そうへき

凄 (10) セイ
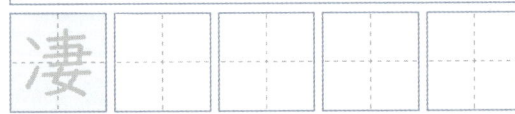
凄惨な事故現場を目の当たりにする
せいさん じこげんば め あ
凄絶な戦い
せいぜつ たたか

甚 (9) はなは-だ　はなは-だしい　ジン

甚だ不愉快だ　勘違いも甚だしい
はなは ふゆかい　かんちが はなは
今回の地震は甚大な被害をもたらした
こんかい じしん じんだい ひがい
ご理解賜りますと幸甚に存じます
り かい たまわ　こうじん ぞん

僅 (13) わず-か　キン
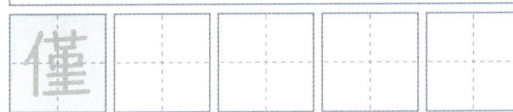
僅かな変化も見逃さない　僅か一秒の出来事
わず へんか みのが　わず いちびょう できごと
試合に僅差で負ける
しあい きんさ ま

旺 (8) オウ

食欲が旺盛だ　好奇心旺盛
しょくよく おうせい　こうきしんおうせい

寡 (14) カ
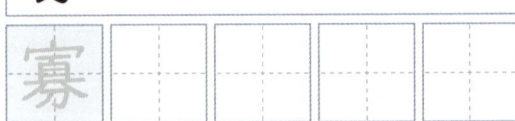
大手企業による寡占　参加者の多寡は問わない
おおてきぎょう かせん　さんかしゃ たか と
寡作な画家　寡黙な人
かさく がか　かもく ひと

20章 復習

1. 漢字の読み方を書いてください。

① 社会的に注目を集めている事件の裁判を傍聴した。
② 小川さんは何でも買い与えてしまうほど、孫を溺愛している。
③ 10年間も続いた内乱がやっと鎮まって、平和が戻ってきた。
④ ボーナスをもらえたとしても、所詮数万円だろう。
⑤ 地震の甚大な被害により、多くの人が犠牲になった。
⑥ プロジェクトを成功させるには、まずデータの緻密な分析が必要だ。
⑦ たとえ高学歴だからといって、将来が安泰になるとは限らない。
⑧ 仕事では曖昧な返事を避け、誤解を招かないようにしている。
⑨ チケットが残り僅かになりました。お早めにご予約ください。
⑩ 努力した結果が成績に顕著に表れている。

2. 正しい漢字を選んでください。

1. この文章は残忍な場面や表現が多く、読むにたえない。
   ①絶えない　②耐えない　③堪えない　④勘えない

2. 恒久平和は人類ふへんの願いである。
   ①普遍　②普変　③普編　④普辺

3. あの選手はかんぺきな演技を披露し、首位に立った。
   ①完壁な　②完避な　③完璧な　④完癖な

4. 高校生の息子は食欲がおうせいで、1日5合のご飯を食べる。
   ①旺盛　②旺成　③旺誠　③王盛

5. 鈴木さんはかもくな人なので、彼の発する一言には重みがある。
   ①寡然な　②寡黙な　③慕黙な　④募黙な

| 1. | 2. | 3. | 4. | 5. |

19章・20章 アチーブメントテスト

【1】次の文の下線をつけた言葉の読み方を①〜④の中から選び、番号を書いてください。

1. 両親からの送金だけで、生活費を賄っている。
   ①おぎなって　②まかなって　③おこなって　④やしなえなって

2. 裁判の席で虚偽の証言をすることは、法で禁じられている。
   ①こき　②きょき　③きょぎ　④こぎ

3. 病で倒れた祖母の傍らに寄り添い、看病をしている。
   ①かたひら　②たかひら　③かとわら　④かたわら

4. ギャンブルでの借金が妻にばれて、離婚を迫られるという窮地に追い込まれている。
   ①きゅうち　②きょうち　③しゅうち　④しょうち

5. 人々に衝撃と悲しみを与えた旅客機の墜落事故から、20年が経った。
   ①とうらく　②ついらく　③たいらく　④つうらく

| 1. | 2. | 3. | 4. | 5. |

【2】次の文の下線をつけた言葉の書き方を①〜④の中から選び、番号を書いてください。

1. 最近上司に怒られてばかりで、すっかりやる気がなえてしまった。
   ①成えて　②萎えて　③奈えて　④委えて

2. 監視員はプールでおぼれている子どもを見つけ、直ちに救助に向かった。
   ①溺れて　②弱れて　③泳れて　④浸れて

3. 先日の首相の発言は、海外諸国との関係に大いにかこんを残すこととなった。
   ①禍混　②渦根　③禍根　④渦混

4. 取引先の担当者に頼み込んで、製品の納期を1週間ゆうよしてもらった。
   ①猶予　②尊予　③猶余　④猶与

5. 新入社員が初めて提出した企画書はざんしんで、新鮮に感じた。
   ①斬親　②暫新　③薪新　④斬新

| 1. | 2. | 3. | 4. | 5. |

【3】次の文の下線をつけた言葉の読み方を書いてください。

1. 飲酒運転で逮捕された市議会議員が懲戒免職となった。
2. 大統領暗殺を謀ったとされる男が、先週ニューヨークで捕まった。
3. 不安定な政治や経済状況により、わが国の将来を危惧する若者が多い。
4. 彼女は幼少時の家庭不和の影響により、今もなお家族の愛情に飢えている。
5. 母校の野球部は全国大会の初戦を僅差で勝利した。
6. いじめを傍観している人は、被害者にとっては加害者と同じことになる。
7. 今年の夏は40度以上の酷暑が続き、熱中症で救急搬送される人が増加した。
8. 先週上陸した台風によって、土砂崩れや浸水等の甚大な被害がもたらされた。
9. 先日見たアクション映画の拷問シーンが衝撃的で、目に焼き付いて離れない。
10. レポートを作成していると、猫がパソコンに乗ってきて邪魔をする。
11. 息子は日本代表選手に選ばれ、ヨーロッパへ遠征することになった。
12. 飲み会のたびに同僚にプライベートを詮索されるので、迷惑している。

1.	2.	3.	4.
5.	6.	7.	8.
9.	10.	11.	12.

19章・20章 クイズ

【1】 漢字の読み方しりとりです。最後の漢字の読み方に続けて、次の言葉の読み方を書いてください。

1. 覇権 → 顕在化 → 寡作 → 搾取
   (はけん) (けんざいか) (   ) (   )

2. 囚人 → 陣地 → 痴漢 → 完璧
   (   ) (   ) (   ) (   )

3. 精緻 → 稚拙 → 窃盗 → 盗賊
   (   ) (   )音に注意( ) (   ) (   )

【2】 次のカタカナと関係が深い漢字に一つ〇をしてください。

例）シャンプー ⇒ 顕・㊀匂・享

1. ペンキ ⇒ 璧・堪・剥
2. ボール ⇒ 蹴・乞・捉
3. ジム ⇒ 擁・鍛・虐
4. デモ ⇒ 鎮・陪・溺
5. レモン ⇒ 搾・拷・拉

【3】 ☐の漢字と┆┆の部首を組み合わせて、漢字を完成させてください。

| 放 | ~~段~~ | 各 | ~~者~~ | 東 | 亥 | 曷 | 考 | 旁 | 寺 |

\+

1. 金 / 鍛 / ☐
2. イ / ☐ / ☐
3. 貝 / 賭 / ☐
4. 扌 / ☐
5. 艹 / ☐
6. 力 / ☐

19章・20章　クイズ

【4】「おすすめドラマ」を紹介している雑誌の記事を読み、①～⑳の読みを書いてください。

この夏のおすすめドラマ4選

名探偵ポチ
～あらすじ＆おすすめポイント～

東京で活動するワンワン①探偵団のエースは、柴犬のポチ。②嗅覚に優れ、多くの事件の解決に貢献してきた。ある日、大富豪の娘のまりちゃんが③誘拐されてしまう。探偵団は依頼を受けて捜査を始めるが、なかなか見つけられない。諦めかけたその時、繁華街での目撃情報が…。探偵団は④僅かな情報を頼りに、まりちゃんを見つけることができるのか…？

ワンワン探偵団のチームプレーに感動すること間違いありません！

残された秘宝の謎
～あらすじ＆おすすめポイント～

伝説の⑤海賊王ソフィーが残したとされる秘宝を求め、旅に出る主人公のジニーたち。旅の途中、何者かに⑥拉致されて⑦捕虜になった仲間を救うため、⑧敵陣に乗り込む。⑨凄絶な戦いの末、そこでジニーたちが見つけたものとは…？

ハラハラドキドキしながらも、⑩無邪気な仲間たちに癒されますよ！

最高の選択
～あらすじ＆おすすめポイント～

山で⑪遭難してしまった愛子は、山岳救助ボランティアの優太に救助される。これをきっかけに二人の恋が始まり、幸せな日々を送っていた。愛子は向上心⑫旺盛な性格で、仕事もプライベートも充実させたいと考えていたが、優太の海外赴任が決まり、複雑な気持ちに…。⑬寡黙な優太は二人の将来について何も言わず、愛子に⑭曖昧な態度を取り続ける。悩んだ末の決断は…？

愛子役を演じる女優美奈の笑顔は、男性の心を⑮捉えるでしょう！

ドタバタ★ガール
～あらすじ＆おすすめポイント～

大手企業に入社した桜。新生活への期待に胸を膨らませていたが、ミスを重ねてばかりで、上司の前では⑯萎縮してしまう。ある日、大きなミスをしてしまい、取引先を怒らせてしまう。退職を考えた桜だったが、そんな⑰窮地を救ったのが先輩まり子だった。この出会いがきっかけで、桜は⑱緻密で丁寧な仕事ぶりを見せ、上司の信頼を得ていくが…。

努力の跡が⑲顕著に見られ、成長する桜の姿に勇気づけられます。

⑳乞う、ご期待！

①	②	③	④	⑤
⑥	⑦	⑧	⑨	⑩
⑪	⑫	⑬	⑭	⑮
⑯	⑰	⑱	⑲	⑳

21章 大陸・航海
たいりく こうかい

Continent/Navigation
大陆、航海
Lục địa và hàng hải

漠 (13) バク

砂漠の緑化を進める　広漠たる大地
さばく りょくか すす　こうばく だいち
将来について漠然と考える　漠然とした不安
しょうらい ばくぜん かんが　ばくぜん ふあん

盤 (15) バン

大雨で地盤が緩む　地盤沈下
おおあめ じばん ゆる　じばんちんか
碁盤の目のような道路　生活の基盤
ごばん め どうろ　せいかつ きばん
支持を集めて選挙地盤を固める
しじ あつ せんきょじばん かた

隆 (11) リュウ

地面が隆起する　隆盛をきわめた王朝
じめん りゅうき　りゅうせい おうちょう

堆 (11) タイ

土砂が堆積する　堆積岩　花に堆肥をやる
どしゃ たいせき　たいせきがん　はな たいひ

潟 (15) かた

海が砂州によって分離されて潟ができる
うみ さす ぶんり かた
潮が引き干潟が現れる
しお ひ ひがた あらわ

渓 (11) ケイ

渓谷で川下りを楽しむ　渓流で釣りをする
けいこく かわくだ たの　けいりゅう つ
雪渓
せっけい

勾 (4) コウ

急な勾配の坂
きゅう こうばい さか

熟達編　21章　大陸・航海

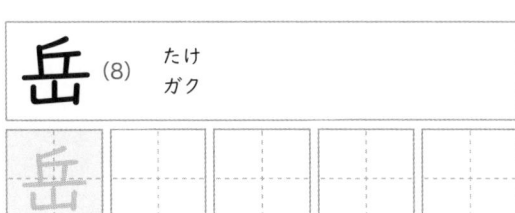

岳 (8) たけ / ガク

八ヶ岳は火山活動によってできた　山岳地帯
岳父

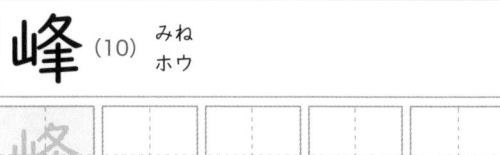

峰 (10) みね / ホウ

富士の峰に雪がかぶる　包丁の峰で肉をたたく
日本文学の最高峰に輝く
展望台から立山連峰が見える

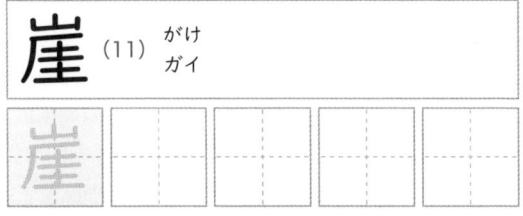

崖 (11) がけ / ガイ

家の裏の崖が崩れた　崖っぷちに立たされる
断崖絶壁

坑 (7) コウ

炭坑内の事故　坑道　廃坑

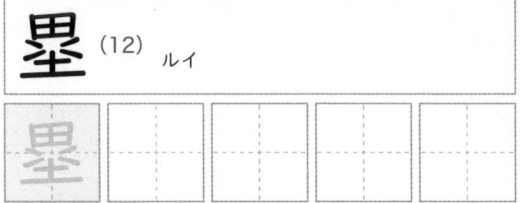

塁 (12) ルイ

土塁　塁壁を築く　本塁打を打つ

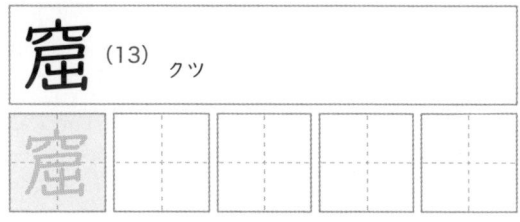

窟 (13) クツ

洞窟　不良の巣窟と化した廃屋を解体する

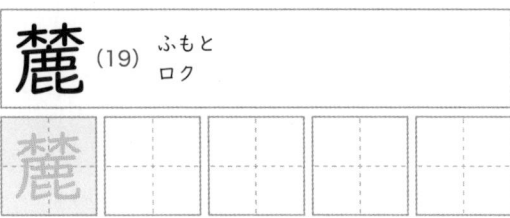

麓 (19) ふもと / ロク

山の麓の村　富士山麓に広がる湖

大陸・航海
たいりく　こうかい

Continent/Navigation
大陆、航海
Lục địa và hàng hải

帆 (6) ほ / ハン

船の帆（ふねのほ）　風が出てきたので帆を上げた（かぜがでてきたのでほをあげた）　帆船（はんせん）
ヨットが帆走する（ほんそうする）　順風満帆な人生（じゅんぷうまんぱんなじんせい）

隻 (10) セキ

港に数隻の客船が停泊している（みなとにすうせきのきゃくせんがていはくしている）
隻腕のピアニスト（せきわんのピアニスト）

艦 (21) カン

艦船模型を集める（かんせんもけいをあつめる）　潜水艦（せんすいかん）　軍艦（ぐんかん）　艦隊（かんたい）

艇 (13) テイ

救命艇（きゅうめいてい）　競艇（きょうてい）

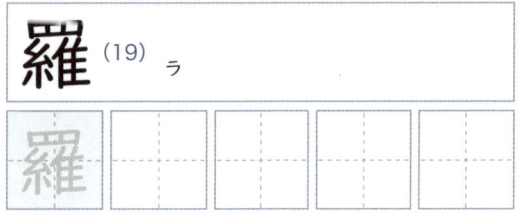

羅 (19) ラ

全分野を網羅する（ぜんぶんやをもうらする）　数字を羅列する（すうじをられつする）
船の羅針盤（ふねのらしんばん）

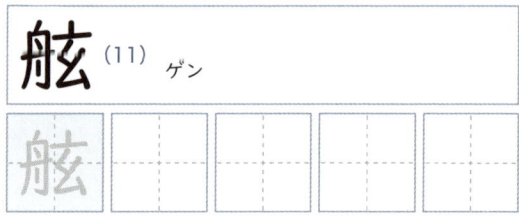

舷 (11) ゲン

船の右舷左舷に灯りを灯す（ふねのうげんさげんにあかりをともす）

熟達編　21章　大陸・航海

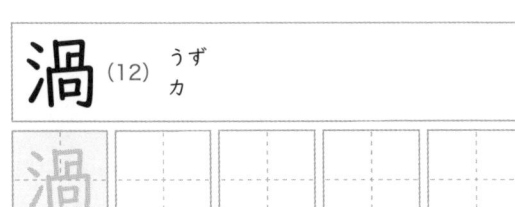

水が渦を巻いて流れていく　渦潮
争いの渦に巻き込まれる
疑惑の渦中にある人物

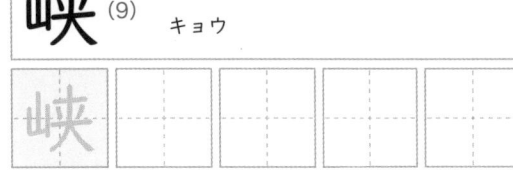

崖の上から峡谷を見下ろす
各国の船が海峡を航行する

船が座礁する　捜査が暗礁に乗り上げる
さんご礁

金魚鉢に藻を入れる　藻類　海藻を食べる
海の藻くずと消える

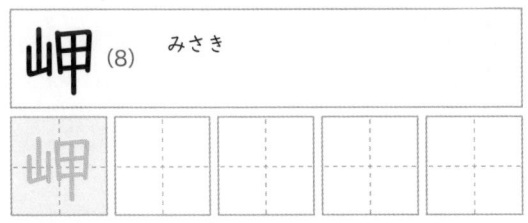

岬の灯台

湖畔を散策する

大陸・航海
たいりく　こうかい

Continent/Navigation
大陆、航海
Lục địa và hàng hải

郡 (10) グン

郡は行政区画の一つ
ぐん　ぎょうせいくかく　ひと
複数の郡を合併し新たな市が作られた
ふくすう　ぐん　がっぺい　あら　し　つく

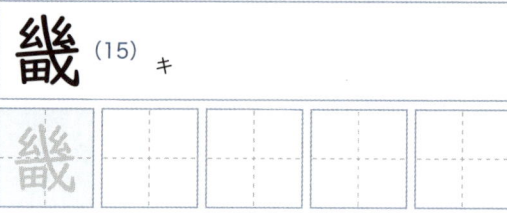

畿 (15) キ

近畿地方
きんきちほう

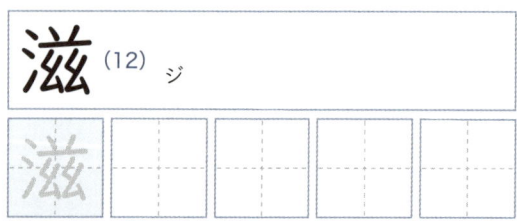

滋 (12) ジ

滋養のある食べ物　滋育
じよう　　　　た　もの　じいく

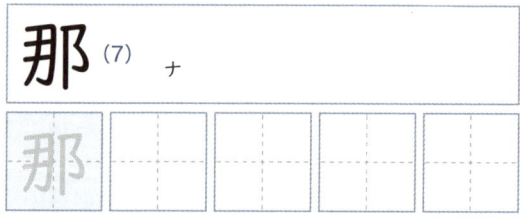

那 (7) ナ

刹那的な思考で今を生きる　沖縄県那覇市
せつなてき　しこう　いま　い　　おきなわけんなはし

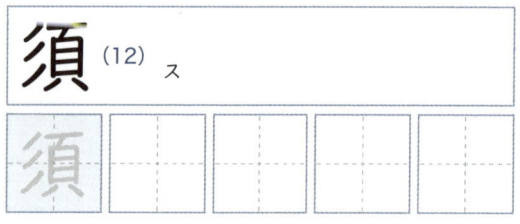

須 (12) ス

試験には受験票が必須だ　急須
しけん　じゅけんひょう　ひっす　きゅうす
栃木県那須市
とちぎけんなすし

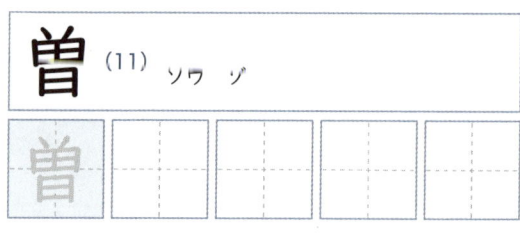

曽 (11) ソウ　ゾ

曽祖父母　未曽有の大地震
そうそふぼ　みぞう　おおじしん
長野県を流れる木曽川
ながのけん　なが　きそがわ

21章 復習

1. 漢字の読み方を書いてください。

① 自分の将来について、まだ漠然としか考えていない。
② 山の麓にはキャンプ場や温泉があり、登山客の人気を博している。
③ ロープウェイからのぞいた渓谷の美しさに目を奪われた。
④ 市民の生活基盤を整えることが政治家の私の仕事だ。
⑤ ここは川の上流から流れてきた土砂が堆積してできた土地だ。
⑥ 漢字マスターシリーズは改定常用漢字を網羅している。
⑦ 近年の異常気象は未曽有の大災害を予期させ、不安が高まる。
⑧ 彼は意に反して、権力争いの渦に巻き込まれてしまった。
⑨ 今度の休暇は、湖畔に新しくできた高級ホテルで過ごす予定だ。
⑩ 誰もが順風満帆な人生を願うが、人生には苦労がつきものだ。

2. 正しい漢字を選んでください。

1. かいきょうの航行を巡る安全保障について、国際会議で議論された。
   ①界境　　②海峡　　③界挟　　④海狭

2. 緑地を増やし、さばくかを抑制するプロジェクトが進行している。
   ①砂漠化　　②礁漠化　　③砂獏化　　④砂模化

3. 市街地かられんぽうが一望できる景色は、訪れる人々を魅了する。
   ①連峰　　②連邦　　③連那　　④連蜂

4. 何千万年も前、大陸の衝突で海底がりゅうきし、山脈になった。
   ①陵起　　②隆起　　③硫起　　④隆畿

5. だんがい絶壁から見た、広大な海に沈む夕焼けが忘れられない。
   ①墳崖　　②断涯　　③断崖　　④壇崖

| 1. | 2. | 3. | 4. | 5. |

22章(しょう) 感情(かんじょう)

Emotion
感情
Cảm xúc

瞳 (17)　ひとみ / ドウ

瞳を閉じる（ひとみ・と）　つぶらな瞳（ひとみ）　瞳孔が開く（どうこう・ひら）

眉 (9)　まゆ / ビ・ミ

眉毛（まゆげ）　眉間にしわを寄せる（みけん・よ）　眉をひそめる（まゆ）
眉目（びもく）

頬 (15)　ほお

頬を赤らめる（ほお・あか）　頬を膨らます（ほお・ふく）　頬がゆるむ（ほお）
ごちそうを頬張る（ほおば）

唇 (10)　くちびる / シン

唇が乾く（くちびる・かわ）　唇をかむ（くちびる）　唇をとがらす（くちびる）
口唇ヘルペス（こうしん）

膝 (15)　ひざ

膝を曲げる（ひざ・ま）　膝小僧（ひざこぞう）　膝枕（ひざまくら）　膝を打つ（ひざ・う）
膝を交えて話す（ひざ・まじ・はな）
親の膝元を離れ、一人暮らしを始める（おや・ひざもと・はな・ひとりぐ・はじ）

肘 (7)　ひじ

肘をついて食事をするのは行儀が悪い（ひじ・しょくじ・ぎょうぎ・わる）
肩肘を張る（かたひじ・は）　肘鉄砲をくらわす（ひじでっぽう）　肘掛けいす（ひじか）

脇 (10)　わき

本を脇に抱えて歩く（ほん・わき・かか・ある）　話が脇にそれる（はなし・わき）
脇見運転をする（わきみ・うんてん）　脇道に入る（わきみち・はい）　脇役（わきやく）

尻 (5)　しり

転んで尻を打つ（ころ・しり・う）　尻もち（しり）　尻に敷かれる（しり・し）
尻をたたいて勉強させる（しり・べんきょう）　目尻を下げる（めじり・さ）
帳尻を合わせる（ちょうじり・あ）　尻込みする（しりご）

熟達編　22章　感情

艶 (19) つや / エン

髪に艶がある　艶やかな肌　妖艶な女性

麗 (19) うるわ-しい / レイ

麗しい女性　華麗な舞台に目を見張る
彼女は容姿端麗だ　眉目秀麗の男性

醜 (17) みにく-い / シュウ

足に醜い傷が残る　心が醜い人
遺産を巡る醜い争い　人前で醜態をさらす
あの政治家は醜聞が絶えない

爽 (11) さわ-やか / ソウ

爽やかな秋の空気　爽やかな笑顔
気分爽快

淫 (11) みだ-ら / イン

淫らな生活を送る　淫行に及ぶ　淫乱

蛮 (12) バン

野蛮な土地　野蛮な行為　蛮行を繰り返す

傲 (13) ゴウ

傲慢な態度　傲然と構える

朴 (6) ボク

素朴な疑問を抱く　祖母が作る素朴な味の料理
純朴な人柄

感情
かんじょう

Emotion
感情
Cảm xúc

臆 (17) オク

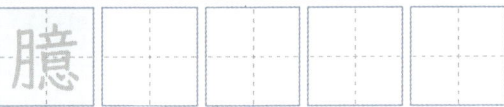

臆病な人　臆面もなく上司の悪口を言う
おくびょう ひと　おくめん　　　じょうし わるぐち い
臆することなく意見を述べる
おく　　　　　　　いけん の

摯 (15) シ

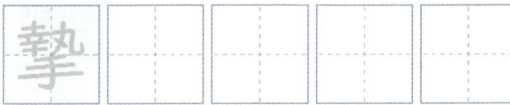

真摯な態度で取り組む　真摯に受け止める
しんし たいど と く　しんし う と

癖 (18) くせ／ヘキ

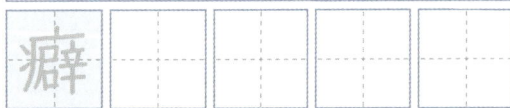

爪をかむ癖　髪に癖がつく　口癖
つめ　　　くせ　かみ くせ　　　くちぐせ
字の癖で人柄がわかる　悪い習癖を直す
じ くせ ひとがら　　　　わる しゅうへき なお
潔癖な性格
けっぺき せいかく

嘲 (15) あざけ-る／チョウ

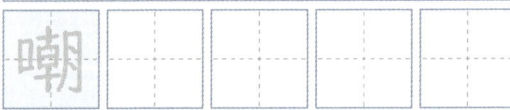

人の失敗を嘲る
ひと しっぱい あざけ
彼の失態は世間の嘲笑をかった
かれ しったい せけん ちょうしょう
自嘲気味に話す
じちょうぎみ はな

怨 (9) エン／オン

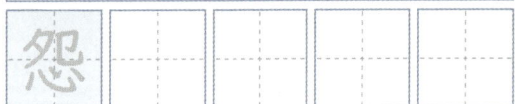

怨恨による犯行　怨念を晴らす
えんこん　　　はんこう　おんねん は

呪 (8) のろ-う／ジュ

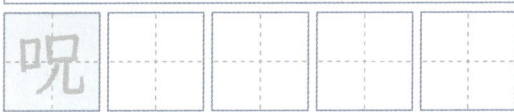

人を呪う　呪われた運命　わが身の不幸を呪う
ひと のろ　のろ　　　うんめい　　　み ふこう のろ
呪縛から解き放たれる　呪文をかける
じゅばく と はな　　　　じゅもん

蔑 (14) さげす-む／ベツ

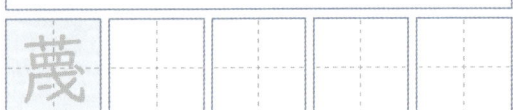

相手を蔑む　蔑むような目つき
あいて さげす　さげす　　　　め
嘘つきだと蔑まれる　軽蔑した態度
うそ　　　　さげす　　　けいべつ たいど
周囲の蔑視に耐える
しゅうい べっし た

罵 (15) ののし-る／バ

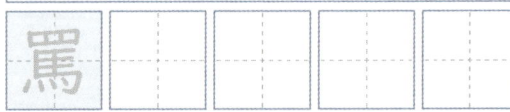

口汚く罵る　人前で罵倒された
くちぎたな ののし　ひとまえ ばとう
罵声を浴びせる
ばせい あ

22章 復習

1. 漢字の読み方を書いてください。

① 彼の汚い言葉づかいに、誰もが眉をひそめた。
② あの子はりんごのような赤い頬をしている。
③ 肘をついて食事をするのはマナーが悪い。
④ この街道は脇見運転で事故を起こす車が絶えない。
⑤ 雪が降った翌朝、道で転んで尻もちをついた。
⑥ 彼女はいつも爽やかな笑顔で挨拶してくれる。
⑦ 家の中で靴を脱ぐ習慣に素朴な疑問を抱いている。
⑧ 真冬は唇が乾くので、リップクリームを常に携帯している。
⑨ 浮気が3度目となれば、軽蔑されるのも当然だ。
⑩ 膝を痛めた祖母のため、立ち上がりやすい椅子をプレゼントした。

2. 正しい漢字を選んでください。

1. 彼は人の失敗をちょうしょうするような言い方をするので嫌われている。
　①挑笑　　②嘲笑　　③潮笑　　④聴笑

2. 新しいことを始めるときは誰もがおくびょうになるものだ。
　①臆病　　②億病　　③奥病　　④憶病

3. いくら上司とはいえ、ごうまんな態度は許されない。
　①傲慢な　　②業慢な　　③侯慢な　　④剛慢な

4. けっぺきすぎる性格は時にトラブルを起こすことがある。
　①結壁　　②潔癖　　③潔壁　　④結癖

5. 劇団20周年の舞台公演で披露されたかれいな衣装に目を奪われた。
　①花零な　　②華麗な　　③嘉麗な　　④華零な

| 1. | 2. | 3. | 4. | 5. |

23章 医療（いりょう）

Medical treatment
医疗
Y tế

喉 (12) のど / コウ

喉が渇く　喉仏　喉頭がん
喉元すぎれば熱さを忘れる

咽 (9) イン

咽喉　咽頭がん

拳 (10) こぶし / ケン

握り拳　拳法を習う　不法に拳銃を所持する
太極拳

掌 (12) ショウ

お墓の前で合掌する　車掌の車内放送
政治の実権を掌握する

股 (8) また / コ

大股で歩く　股割り　股関節が痛い
世界を股にかけて活躍する　二股をかける

孔 (4) コウ

鼻孔を膨らませる　葉は気孔で呼吸する

貌 (14) ボウ

堂々たる風貌　美貌の持ち主
事件の全貌が明らかになる
めざましい変貌を遂げた国

顎 (18) あご / ガク

美顔器で顎のラインをひきしめる　顎関節症

熟達編　23章　医療

疾 (10) シツ
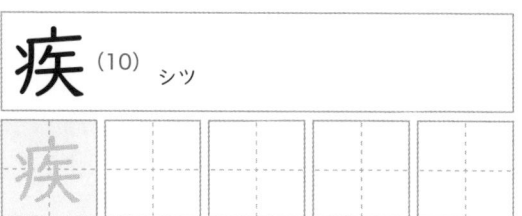
胸部に疾患がある　三大疾病　全力疾走する
疾風のごとく走った

疫 (9) エキ ヤク
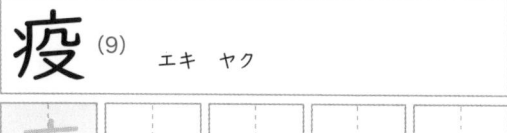
疫病がはやる　適度な運動で免疫力を高める
空港の検疫所　あの人は疫病神のような存在だ

梗 (11) コウ
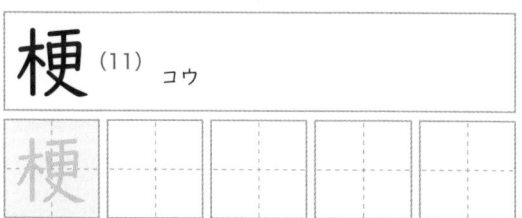
脳梗塞　心筋梗塞

塞 (13) ふさ-がる ふさ-ぐ サイ ソク
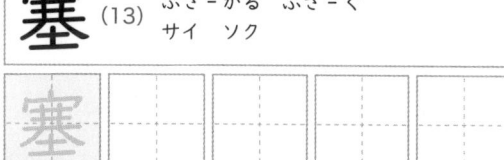
道が落石で塞がる　悲しみで胸が塞がる
両手で耳を塞ぐ　両親を亡くして塞ぎ込む
腸閉塞　閉塞感がある　要塞

痘 (12) トウ
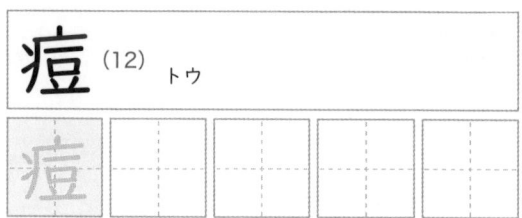
水痘　天然痘

篤 (16) トク
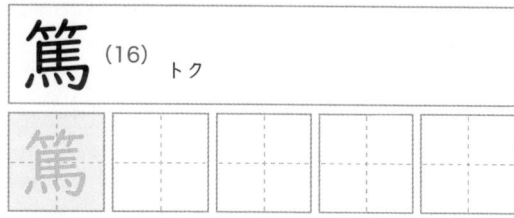
温厚篤実な人柄
篤志家の支援により大学に進学できた
危篤状態

慢 (14) マン
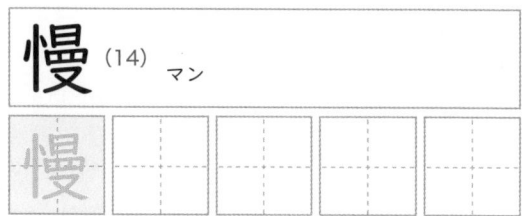
職務怠慢で厳重注意を受けた　緩慢な動作
慢性の疾患　愛車を自慢する　我慢強い性格

醒 (16) セイ
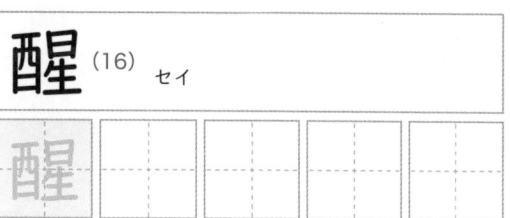
昏睡状態から覚醒する　覚醒剤

医療
いりょう

Medical treatment
医疗
Y tế

撲 (15) ボク

打撲傷を負う　撲殺事件　がんを撲滅する
だぼくしょう お　ぼくさつじけん　　　ぼくめつ
麻薬撲滅運動
まやくぼくめつうんどう

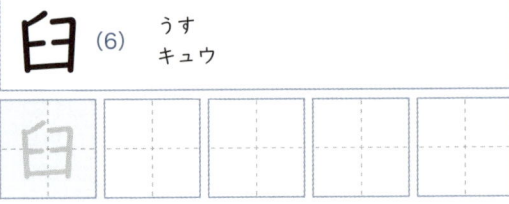

臼 (6) うす／キュウ

臼と杵で餅をつく　臼歯　肩を脱臼する
うす きね もち　　きゅうし　かた　だっきゅう

捻 (11) ネン

新しいアイデアを捻出する　資金を捻出する
あたら　　　　　　ねんしゅつ　　しきん　ねんしゅつ
腸捻転
ちょうねんてん

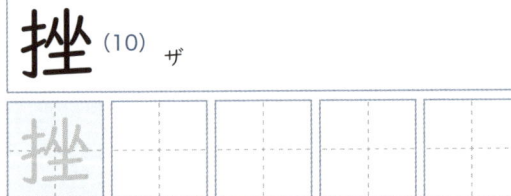

挫 (10) ザ

挫折　足首を捻挫する
ざせつ　あしくび　ねんざ
不況で事業計画が頓挫する
ふきょう　じぎょうけいかく　とんざ

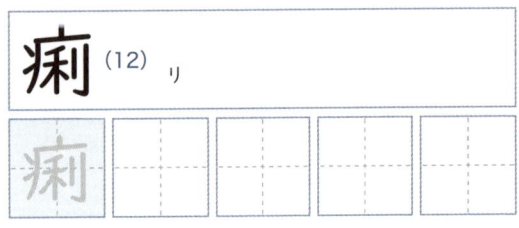

痢 (12) リ

下痢止めの薬を飲む
げりど　　くすり　の
疫痢は子どもに多い伝染病
えきり　こ　　　おお　でんせんびょう

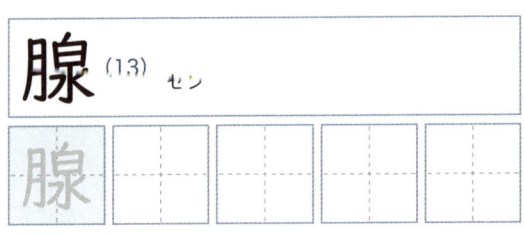

腺 (13) セン

前立腺　甲状腺の機能が低下する　涙腺が弱い
ぜんりつせん　こうじょうせん　きのう　ていか　　るいせん　よわ
汗腺
かんせん

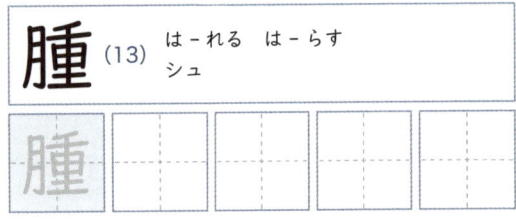

腫 (13) はーれる／はーらす／シュ

喉が腫れる　捻挫した足の腫れがひかない
のど　は　　　ねんざ　　あし　は
泣き腫らす　骨肉腫
な　は　　　こつにくしゅ

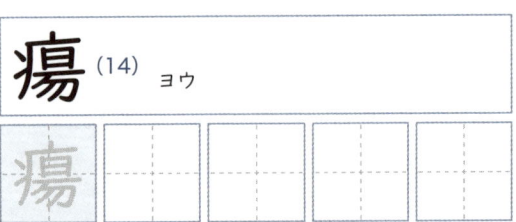

瘍 (14) ヨウ

脳に腫瘍ができる
のう　しゅよう

熟達編　23章　医療

摂 (13) セツ

栄養を摂取する　摂食障害
えいよう　せっしゅ　せっしょくしょうがい
健康のために摂生を心がける　不摂生な生活
けんこう　　　　せっせい こころ　　　　ふ せっせい せいかつ
自然の摂理
しぜん　せつり

唾 (11) つば／ダ

唾を飲み込む　唾液　その情報は眉唾物だ
つば の こ　　だえき　　　じょうほう　　まゆつばもの

尿 (7) ニョウ

尿検査　糖尿病　子どもの夜尿症
にょうけんさ　とうにょうびょう　こ　　　　やにょうしょう
尿素入りハンドクリーム
にょうそ い

痕 (11) あと／コン

やけどの痕が消えない　傷痕が残る
あと き　　　　　　きずあと のこ
事件現場に血痕が残っている　人が通った痕跡
じ けんげんば けっこん のこ　　　　　ひと とお　こんせき

循 (12) ジュン

市内を循環するバス　悪循環を断ち切る
しない じゅんかん　　　あくじゅんかん た き
循環器科
じゅんかん き か

矯 (17) た-める／キョウ

盆栽の枝を矯める　歯並びを矯正する
ぼんさい えだ た　　　は なら　きょうせい
発音を矯正する
はつおん きょうせい

髄 (19) ズイ

骨髄移植　脊髄反射　寒さが骨の髄まで染みる
こつずい いしょく　せきずいはんしゃ　さむ　　ほね ずい　　し
文学の真髄を究める
ぶんがく しんずい きわ

癒 (18) い-える／い-やす／ユ

心の傷が癒える　水で喉の渇きを癒やす
こころ きず い　　　みず のど かわ　　い
ペットに癒やされる　病気が治癒する
い　　　　　　　びょうき ちゆ
手術の痕が癒着する　政界と財界の癒着
しゅじゅつ あと ゆちゃく　　せいかい ざいかい ゆちゃく

医療
いりょう

Medical treatment
医疗
Y tế

痩 (12) や-せる ソウ

ダイエットをして5kg痩せた
そばは痩せた土地でも育つ　医療痩身

耗 (10) モウ コウ

消耗品　摩耗したタイヤを交換する
体力を消耗する　心神耗弱

泌 (8) ヒツ ヒ

ホルモンの分泌　泌尿器科

胎 (9) タイ

超音波で胎児の成長を確認する　胎教
活気ある町から経済発展の胎動を感じる

裸 (13) はだか ラ

裸になる　裸体画を描く　全裸
裸眼視力を測る　赤裸々に告白する

骸 (16) ガイ

死骸　骸骨　事故車の残骸
形骸化している制度

剖 (10) ボウ

変死体を解剖する

盲 (8) モウ

盲導犬　盲点を突かれる
一部の意見を盲信するのは危険だ
恋は盲目　盲腸の手術をする

熟達編　23章　医療

23章 復習
ふくしゅう

1. 漢字の読み方を書いてください。

① 昨晩食べたものが悪かったのか、起きてから下痢が止まらない。　①
② 彼女は幼い頃からの夢だった盲導犬の訓練士になった。　②
③ 祖父の危篤の知らせを受け、急いで病院へ向かった。　③
④ 50歳を越えたあたりから、涙腺が弱くなってきたような気がする。　④
⑤ 20年の政治家人生を経て、彼はついに党の実権を掌握した。　⑤
⑥ 裸眼だと視力が0.1もないので、眼鏡が絶対に必要だ。　⑥
⑦ 脳梗塞で手足がまひしたが、懸命なリハビリで回復してきた。　⑦
⑧ 硬いものをいつもより食べ過ぎたせいで、顎が痛くなった。　⑧
⑨ 理学療法士になるために、解剖学や生物学などを学んでいる。　⑨
⑩ バスケットボールをしていて相手と接触し、足首を捻挫した。　⑩

2. 正しい漢字を選んでください。

1. ホテルと空港のターミナルを結ぶじゅんかんバスを利用する。

　①巡環　　②循換　　③巡喚　　④循環

2. 歯並びが気になってきたので、歯科きょうせいを始めることにした。

　①矯整　　②矯正　　③矯勢　　④矯制

3. 許可なくけんじゅうを所持していると、10年以下の懲役が科せられる。

　①掌銃　　②拳銃　　③券銃　　④巻銃

4. 胃が痛いのをがまんしすぎたせいで、悪化してしまった。

　①我満　　②戒慢　　③我慢　　④賀慢

5. 三大しっぺいを保障する生命保険に加入した。

　①疫病　　②疾病　　③痘病　　④瘍病

1.	2.	3.	4.	5.

21章-23章 アチーブメントテスト

【1】次の文の下線をつけた言葉の読み方を①〜④の中から選び、番号を書いてください。

1. この市民団体は長年、違法薬物撲滅運動に取り組んでいる。
   ①ぼくめつ　　②しょうめつ　　③じょうめつ　　④たんめつ

2. ここ何日も耳が痛くて、鼻水も止まらないので、耳鼻咽喉科へ行った。
   ①こういんか　　②こうこうか　　③いんとうか　　④いんこうか

3. 近隣住民らの証言もあり、事件の全貌がだんだんと明らかになってきた。
   ①ぜんがん　　②ぜんぼう　　③ぜんよう　　④ぜんがい

4. 干潟は海のレストランとも呼ばれ、春には潮干狩りの客でにぎわう所もある。
   ①ひかた　　②かんとう　　③ひがた　　④かんがた

5. 隻腕のピアニストとして有名になった彼は、今も音楽活動で世界中を飛び回っている。
   ①せきうで　　②そうわん　　③せきわん　　④そううで

1.	2.	3.	4.	5.

【2】次の文の下線をつけた言葉の書き方を①〜④の中から選び、番号を書いてください。

1. 将来人生のせんたくしを増やせるように、さまざまなことに挑戦していきたい。
   ①選択枝　　②選択岐　　③選択肢　　④選択伎

2. 街頭演説をしている議員が、聴衆からばせいを浴びていた。
   ①篤声　　②罵声　　③駄声　　④駆声

3. ホルモンぶんぴつのバランスが取れなくなると、体調を崩しやすくなる。
   ①分秘　　②分蜜　　③分密　　④分泌

4. 私は城巡りが趣味で、どるいや堀などの形状を見て楽しむのが好きだ。
   ①土墨　　②土塁　　③土室　　④土壁

5. 先月の事故以来、昏睡状態だった友人が今朝、かくせいした。
   ①覚醒　　②確醒　　③獲醒　　④嚇醒

1.	2.	3.	4.	5.

【3】次の文の下線をつけた言葉の読み方を書いてください。

1. 検査の結果、脳に<u>腫瘍</u>が見つかり入院して手術することになった。
2. 父はストレス発散のため、休みのたびに競馬や<u>競艇</u>に行っている。
3. 私は政界と財界の<u>癒着</u>を根絶して、クリーンな政治活動を目指したい。
4. タンカーの<u>座礁</u>による石油の流出で、海洋生物がダメージを受けている。
5. <u>郡</u>とは行政区画の一つで、「〇〇県〇〇郡〇〇町」のように一定の区画を表している。
6. 疲れが取れないことを医者に相談すると、<u>滋養</u>のある食事を勧められた。
7. 若気の至りで作った借金が妻にばれ、私は<u>崖</u>っぷちに立たされている。
8. <u>海藻</u>は低カロリーながらも栄養価が高いので、昔からよく食べられている。
9. <u>近畿</u>地方とは、大阪、京都をはじめとする二府四県で構成される地域のことだ。
10. <u>刹那</u>的な生き方を理想としている彼は、いつもその瞬間を大切にしている。
11. ある政治家が支援者に対し<u>淫ら</u>な行為に及んだとして、辞職に追い込まれた。
12. 猫の<u>瞳孔</u>は明るさだけでなく、感情でも開いたり細長くなったりする。

1.	2.	3.	4.
5.	6.	7.	8.
9.	10.	11.	12.

21章-23章 クイズ

【1】□に入る漢字を考え、（　）には言葉の読み方を書いてください。□には、ヒトの体に関係のある漢字が入ります。

1. 4月から大学生になるので親の□元（　　）を離れ、一人暮らしを始めることにした。

2. 彼は世界を□□（　　）にかけて活躍する素晴らしい選手だ。

3. A：昨日飲み会に誘われて、またたくさん飲んじゃった…。
   B：また飲んだの！？先週、二日酔いがひどくて「もうお酒飲まない！」って言ってたのに。「□元（　　）過ぎれば熱さ忘れる」ってのは、まさにこのことだね。

4. 彼は彼女とのなれそめを、テレビの前で赤□々（　　）に告白した。

5. 私の祖父は、陶芸の真□（　　）を極め、人間国宝に認定された。

6. 彼はいつもいい加減だから、今回の話も眉□（　　）もので、にわかには信じがたい。

【2】症状を訴えている3人は、何科へ行ったらいいでしょうか。A～Eから選んでください。また①～⑥の漢字の読みも（　）に書いてください。

A：眼科
・視力検査
・定期健診
・まぶたの①腫れ（　　）

B：耳鼻咽喉科
・耳や喉の痛み
・②甲状腺の腫れ（　　）

C：内科
・かぜ
・貧血
・③下痢（　　）

D：整形外科
・関節痛　・打撲　・④捻挫（　　）
・骨折、⑤脱臼（　　）

E：皮膚科
・肌荒れ、アトピー
・やけどの⑥痕の治療（　　）

たろう：先週、友達とバスケットボールをしたんですが、足首をひねっちゃって…。
［　］

はなこ：天ぷらを作っていたら、やけどをしてしまって。きれいに治したいんです。
［　］

たくや：昨日から、ずっとお腹の調子が悪くて…。
［　］

21章-23章 クイズ

【3】文の中に漢字の誤りが一つあります。下線をひき、〈　〉に正しい漢字を書いてください。

1. 自宅前の坂は匂配が急すぎるので、自転車で上れない。　〈　　　〉
2. 近所の博物館で、ミイラや髄骨などの特別展が開かれているらしい。　〈　　　〉
3. ハイキング中、急に大雨が降ってきたので、近くの洞岳に入って雨風をしのいだ。　〈　　　〉
4. 私はプラモデルが好きで、特に砲台などを搭載した軍艇が好きだ。　〈　　　〉
5. 今回の失敗と真撃に向き合い、今後の成長の糧にしようと心に誓った。　〈　　　〉
6. 最近、体の免痘力が下がってきたせいか、風邪をひきやすくなった。　〈　　　〉
7. プログラミングの講義を受けるにはパソコンが必頂で、先週買いに行った。　〈　　　〉
8. 鉱石が埋まっているかもしれない、と話題の抗道を探検するツアーに申し込んだ。　〈　　　〉

【4】ある小説の一部分を読み、①～⑩の漢字の読みを書いてください。

男女の①醜い争いには関わるつもりはない。私はカッとなって彼の家を飛び出した。足は無意識に、海へ向かってこの②岬にある灯台を眺めにくるのだ。

彼女がいると知りながら、男の家にあがるなんて、③野蛮な女なんだ。無心で走りながら、なんて思ったりもしたが、やめておく。それで仮に、「④呪ってやる！」などと新聞で記事にされては、たまったものではないから。正直なところ、あの女が死んでしまって、「⑤怨恨による犯行か」などと女の私から見ても、確かに彼女はきれいだった。何より⑦艶のあるきれいな黒髪で、後ろ姿でも美人だとわかった。もう敗北感しかない。

どのくらい走っただろうか。海に着いた時には、体力は⑧消耗しきっていた。という理由もあるのだろうけど…。息を整え、海を見ていると、心がだんだん穏やかになってきた。しばらく一人で海を眺めたり、⑩瞳を閉じて波の音を聞いたりしていた。しばらくそうしていると、遠くの方から砂を踏む音が聞こえてきた。だんだん近づいてくるその音の主はもしかして――。と思って振り向いてみるとそこには――。

最近は⑨不摂生が続いていたから、

①	②	③	④	⑤
⑥	⑦	⑧	⑨	⑩

熟達編 まとめテスト

【1】次の文の下線をつけた言葉の読み方を①〜④の中から選び、番号を書いてください。

1．家族の恒例行事として、毎年初詣に行っている。
　　①ういもうで　　②ういもおで　　③はつもおで　　④はつもうで

2．焼酎を飲みながら鍋をつつくひとときに、幸せを感じる。
　　①しょうちゅう　　②しょちゅう　　③しゅうちゅう　　④しょっちゅう

3．吹奏楽部の素晴らしい演奏は、満員の観客から拍手喝采を浴びた。
　　①かつさい　　②かっさい　　③かっせい　　④かつせい

4．タンパク質や食物繊維の摂取により、免疫力が高められる。
　　①せっしょ　　②せつしゅ　　③せっしゅ　　④せっしゅう

5．私の母校は、東京都の代表としてこの大会に臨み、見事優勝した。
　　①のそみ　　②かんがみ　　③のぞみ　　④いどみ

| 1. | 2. | 3. | 4. | 5. |

【2】次の文の下線をつけた言葉の書き方を①〜④の中から選び、番号を書いてください。

1．部長は常に腕を組み、みけんにしわを寄せているので近寄りがたい。
　　①瞳間　　②眉問　　③眉間　　④眉門

2．このビルはろうきゅうかを理由に、年内で取り壊されることが決まった。
　　①老朽化　　②老巧化　　③老汚化　　④老弓化

3．練習の成果をいかんなく発揮できるよう、がんばってください。
　　①遺憾　　②遺感　　③違憾　　④潰感

4．電子けんびきょうの発達により、新種のウイルスを捉えるのに成功した。
　　①験微鏡　　②顕微鏡　　③検微鏡　　④顕徴鏡

5．彼のスピーチは長いばかりで、話のようしがわからない。
　　①容紙　　②要誌　　③容旨　　④要旨

| 1. | 2. | 3. | 4. | 5. |

熟達編　まとめテスト

【3】次の文の下線をつけた言葉の読み方を書いてください。

1. 彼の<u>傲慢</u>な態度に対し、チームのメンバーから不満が<u>噴出</u>している。
2. 大雨で<u>地盤</u>が緩んでいる地域では、土砂災害の危険があるので注意してください。
3. 昨年度と今年度の経費を比較したところ、<u>消耗品</u>の費用が上がっていた。
4. 温泉に入る際、貴重品は<u>脱衣所</u>横のロッカーに入れてください。
5. 購入したばかりなのに、家の天井から<u>雨漏り</u>がするので、修繕をお願いした。
6. いつも元気な声で<u>挨拶</u>する花子ちゃんは、近所のみんなにかわいがられている。
7. 彼の<u>束縛</u>が強すぎて、休日に友人と出かけることもできずに困っている。
8. ガスを使うときは、事故を防ぐためにも必ず<u>換気扇</u>を回すか窓を開けてください。
9. お風呂でくつろぐために、リラックス効果のあるひのきの<u>浴槽</u>にリフォームしたい。
10. <u>錠剤</u>を飲むのが難しい子どもやお年寄りには、服用補助ゼリーが有効だ。
11. 私が行ったプレゼンテーションに対し異論も出たが、部長は<u>擁護</u>してくれた。
12. 今年の夏は、<u>湖畔</u>にある別荘で家族と1か月ほど過ごす予定だ。

1.	2.	3.	4.
5.	6.	7.	8.
9.	10.	11.	12.

漢字マスター N1 改訂版
Kanji for advanced level

難読編
なんどくへん

字

24章 しょう

弄 (7) もてあそ-ぶ／ロウ

他人の気持ちを弄ぶ　弱者を愚弄する
運命に翻弄される

憬 (15) ケイ
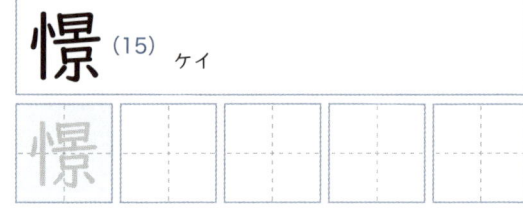

憧憬を抱く

羞 (11) シュウ

羞恥心を持つ

虞 (13) おそれ
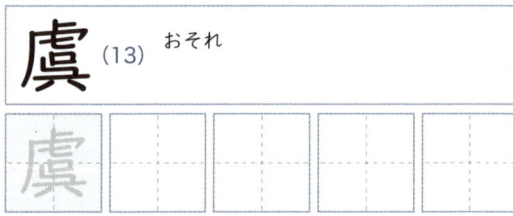

将来に対し漠たる虞を抱く

鬱 (29) ウツ
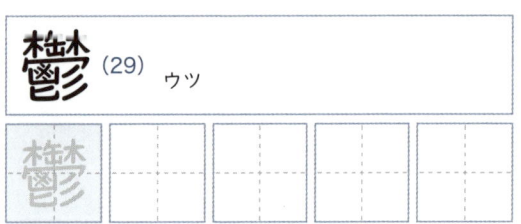

憂鬱　鬱陶しい　鬱血

喩 (12) ユ
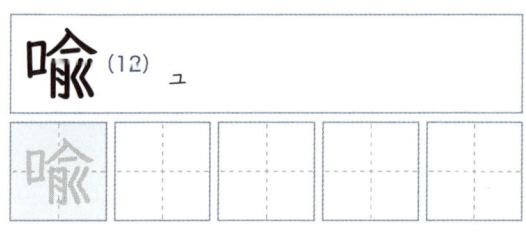

比喩表現を使う

彙 (13) イ

語彙

難読編 24章

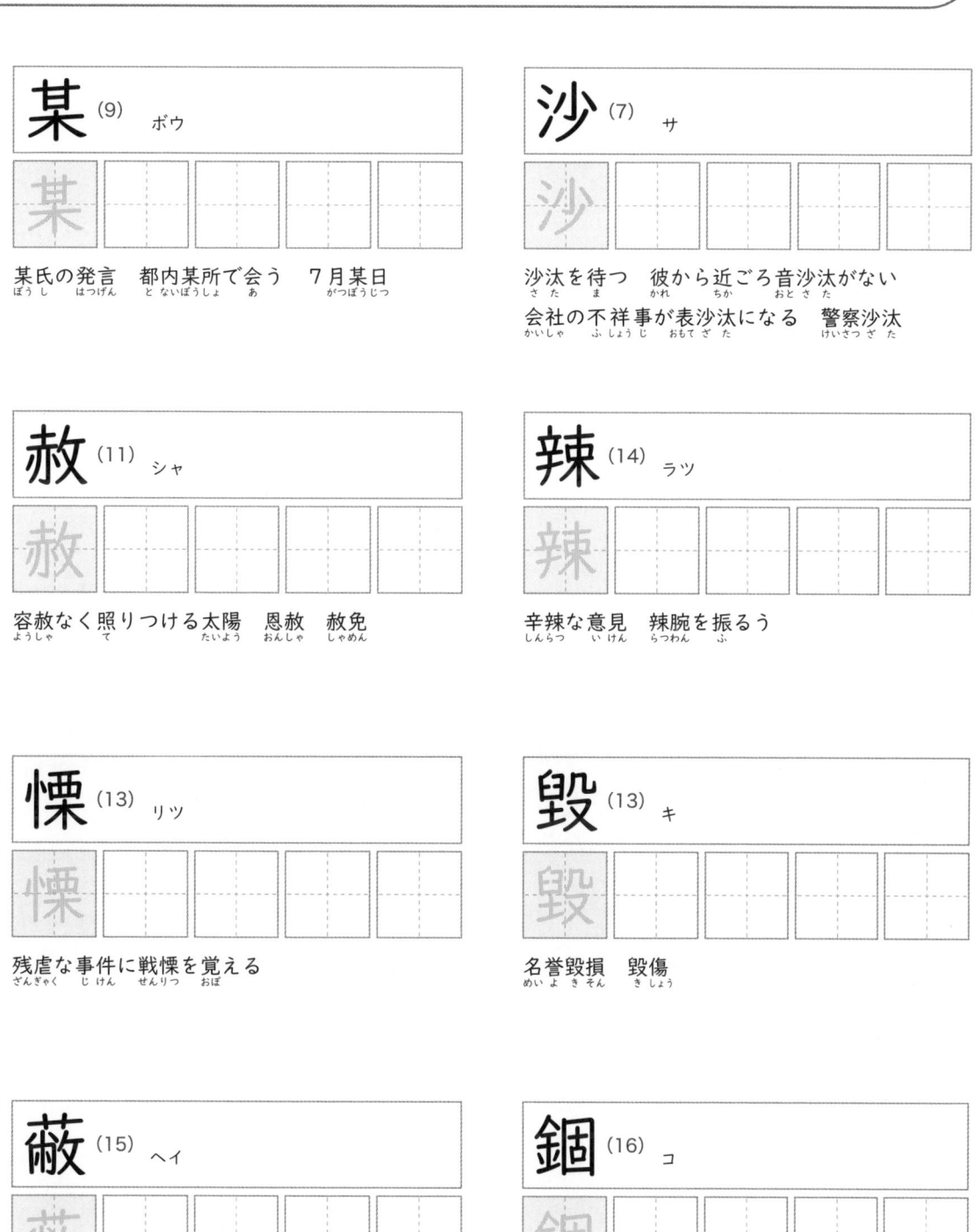

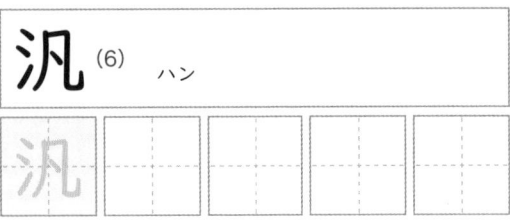

汎 (6) ハン

汎用性のあるシステム　広汎にわたる活動
はんようせい　　　　　こうはん　　　かつどう

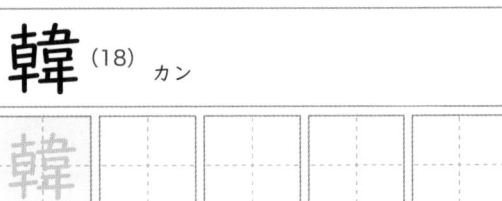

韓 (18) カン

大韓民国　韓国
だいかんみんこく　かんこく

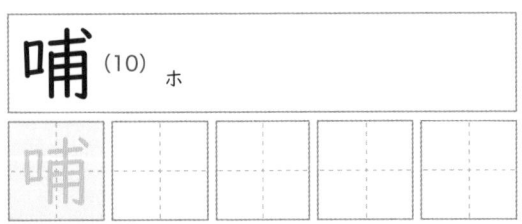

哺 (10) ホ

哺乳類　哺乳瓶
ほにゅうるい　ほにゅうびん

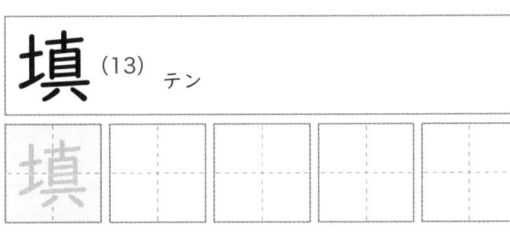

填 (13) テン

ガスの充填　赤字を補填する
じゅうてん　あかじ　ほてん

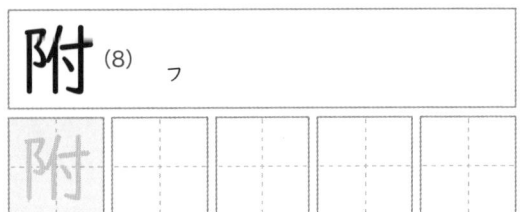

附 (8) フ

巻末に参考資料を附記する　附則
かんまつ　さんこうしりょう　ふき　　ふそく
大学附属の高校に通う　寄附
だいがくふぞく　こうこう　かよ　きふ

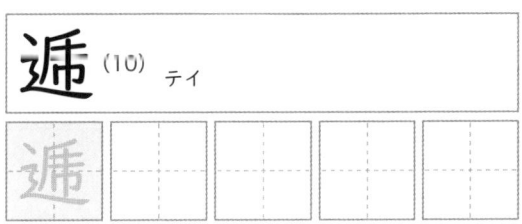

逓 (10) テイ

逓信省は通信、交通を総括する中央省庁だった
ていしんしょう　つうしん　こうつう　そうかつ　ちゅうおうしょうちょう

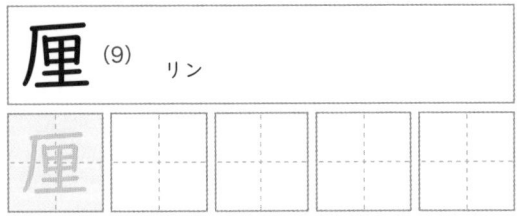

厘 (9) リン

三割二分六厘の打率
さんわりにぶろくりん　だりつ

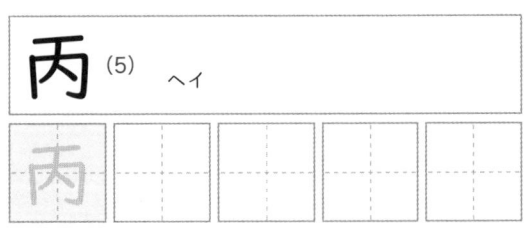

丙 (5) ヘイ

甲乙丙丁
こうおつへいてい

難読編 24章

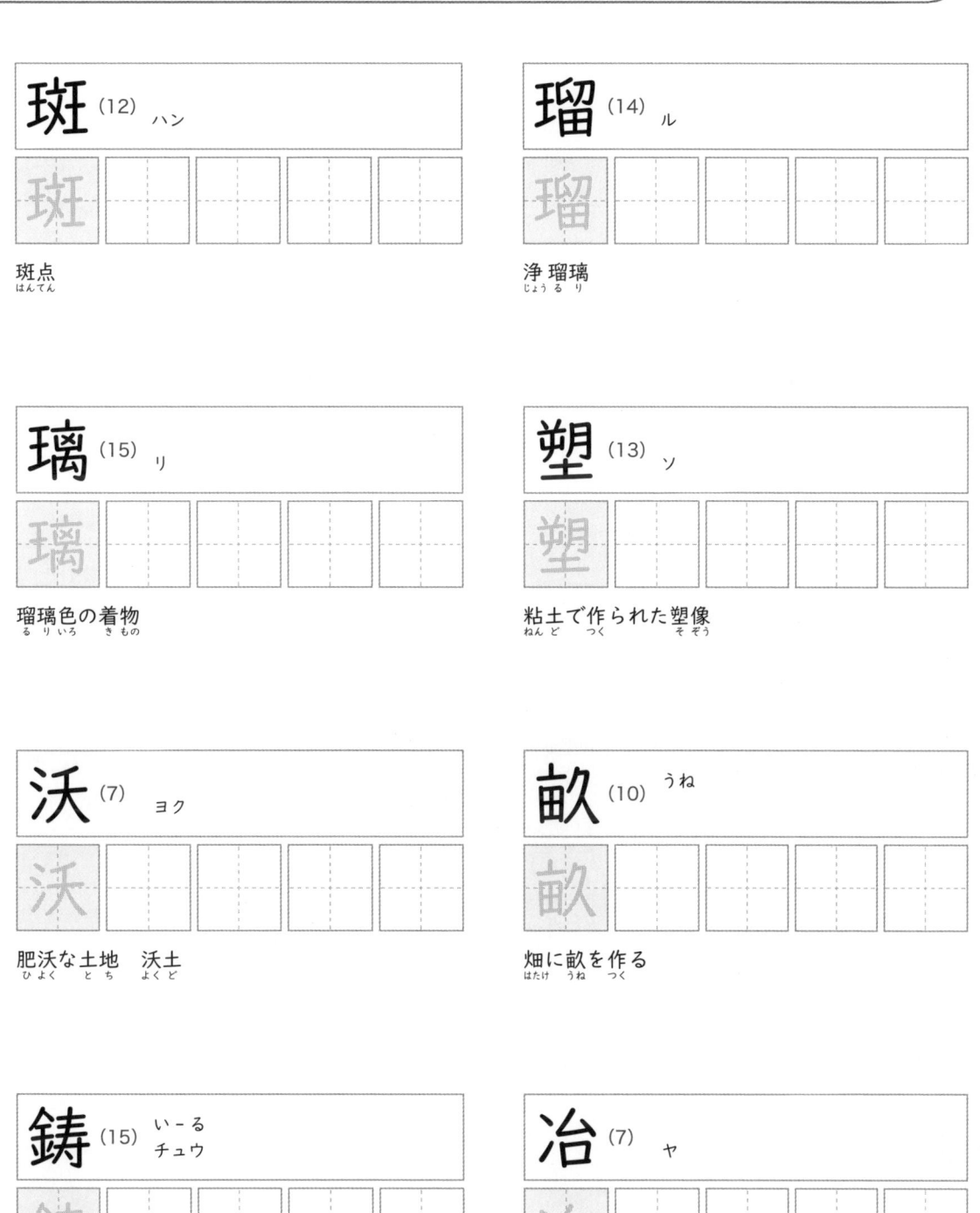

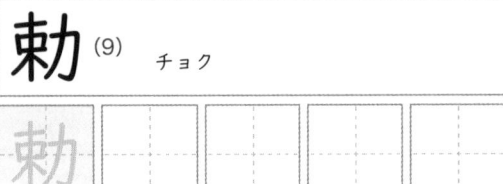

勅 (9) チョク

勅語は天皇が国民に対して発した公務上の言葉だ
勅使が派遣された　王の勅命が下る

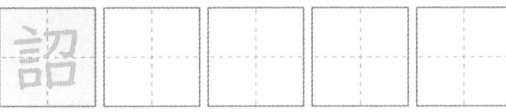

詔 (12) みことのり／ショウ

詔は天皇が発する公務上の文書だ
詔書を賜る

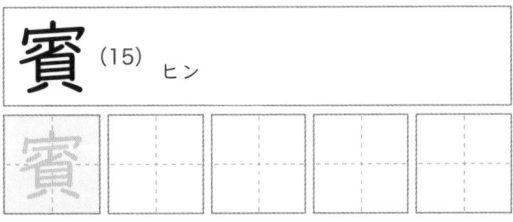

賓 (15) ヒン

来賓の挨拶　賓客をもてなす　国賓　主賓
迎賓館

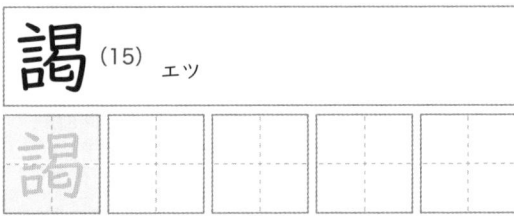

謁 (15) エツ

国王に謁見する　謁見の間　皇帝に拝謁する

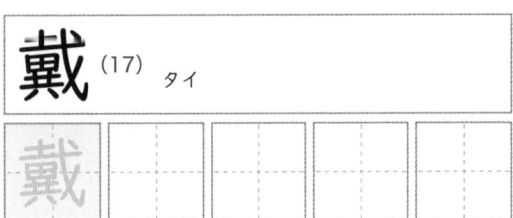

戴 (17) タイ

戴冠式　謹んで、頂戴いたします

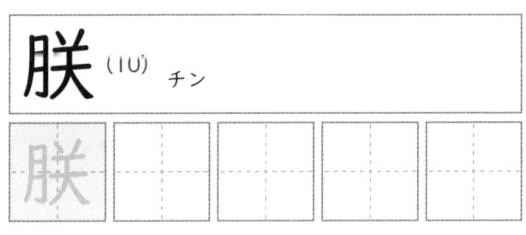

朕 (10) チン

朕は天子の自称だ

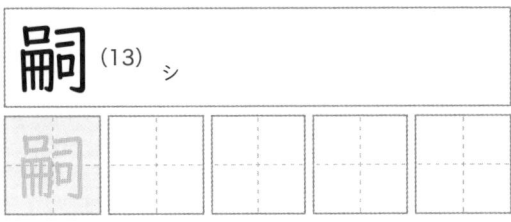

嗣 (13) シ

君主の後継者のことを嗣君という

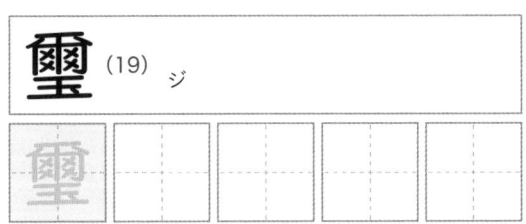

璽 (19) ジ

国家を表す印のことを国璽という

難読編　24章

翁 (10) オウ

老翁
ろうおう

帥 (9) スイ

財閥の総帥
ざいばつ　そうすい

曹 (11) ソウ

法曹　社長の御曹司　重曹で掃除する
ほうそう　しゃちょう　おんぞうし　じゅうそう　そうじ

尉 (11) イ

少尉・中尉・大尉
しょうい　ちゅうい　たいい

爵 (17) シャク

五等爵（公爵　侯爵　伯爵　子爵　男爵）
ごとうしゃく　こうしゃく　こうしゃく　はくしゃく　ししゃく　だんしゃく
爵位　男爵芋でコロッケを作る
しゃくい　だんしゃくいも　　　　　　つく

侯 (9) コウ

侯爵
こうしゃく

嫡 (14) チャク

嫡子　嫡男
ちゃくし　ちゃくなん

熟字訓
じゅくじくん

海女／海士	あま	蚊帳	かや
硫黄	いおう	為替	かわせ
田舎	いなか	玄人	くろうと
息吹	いぶき	景色	けしき
浮気	うわき	居士	こじ
浮つく	うわつく	早乙女	さおとめ
叔父／伯父	おじ	雑魚	ざこ
乙女	おとめ	桟敷	さじき
叔母／伯母	おば	早苗	さなえ
お巡りさん	おまわりさん	尻尾	しっぽ
鍛冶	かじ	老舗	しにせ
風邪	かぜ	芝生	しばふ
固唾	かたず	砂利	じゃり
仮名	かな	数珠	じゅず

白髪	しらが		二十／二十歳	はたち
素人	しろうと		波止場	はとば
数寄屋／数奇屋	すきや		吹雪	ふぶき
相撲	すもう		迷子	まいご
草履	ぞうり		真面目	まじめ
太刀	たち		土産	みやげ
稚児	ちご		眼鏡	めがね
築山	つきやま		猛者	もさ
梅雨	つゆ		紅葉	もみじ
凸凹	でこぼこ		木綿	もめん
投網	とあみ		最寄り	もより
雪崩	なだれ		弥生	やよい
祝詞	のりと		浴衣	ゆかた
博士	はかせ		寄席	よせ

索引

読み	漢字	ページ	章
あ			
ア	亜	72	7章
アイ	哀	54	5章
アイ	挨	136	15章
あい	藍	161	18章
アイ	曖	177	20章
あーう	遭	176	20章
あーえて	敢	55	5章
あおーぐ	仰	138	15章
あーかす	飽	54	5章
あかつき	暁	162	18章
あーがる	揚	43	4章
あきらーめる	諦	24	1章
あーきる	飽	54	5章
あーげる	揚	43	4章
あご	顎	194	23章
あこがーれる	憧	40	3章
あさ	麻	93	10章
あざけーる	嘲	192	22章
あざむーく	欺	125	14章
あせーる	焦	24	1章
あつかーう	扱	20	1章
あと	痕	197	23章
あなどーる	侮	30	2章
あま	尼	108	12章
あみ	網	45	4章
あやーしい	怪	40	3章
あやーしい	妖	110	12章
あやーしむ	怪	40	3章
あやつーる	操	21	1章
あらーい	粗	59	6章
あわーい	淡	92	10章
あわーせる	併	28	2章
あわーただしい	慌	24	1章
あわーてる	慌	24	1章
あわーれ	哀	54	5章
あわーれむ	哀	54	5章
い			
イ	為	20	1章
イ	慰	30	2章
イ	唯	59	6章
イ	緯	71	7章
い	猪	76	8章
イ	維	93	10章
イ	威	138	15章
イ	畏	139	15章
イ	遺	140	15章
イ	椅	152	17章
イ	萎	176	20章
イ	彙	208	24章
イ	尉	213	24章
いーえる	癒	197	23章
いき	粋	60	6章
いきどおーる	憤	40	3章
いーく	逝	140	15章
いく	幾	142	16章
いこーい	憩	27	2章
いこーう	憩	27	2章

読み	漢字	ページ	章
いしずえ	礎	102	11章
いたーむ	悼	175	20章
いたーめる	炒	43	4章
いたーる	至	61	6章
イチ	壱	143	16章
イツ	逸	145	16章
いつくーしむ	慈	39	3章
いつわーる	偽	27	2章
いどーむ	挑	24	1章
いな	稲	90	10章
いね	稲	90	10章
いのしし	猪	76	8章
いましーめる	戒	170	19章
いーまわしい	忌	140	15章
いーむ	忌	140	15章
いも	芋	42	4章
いやーしい	卑	52	5章
いやーしむ	卑	52	5章
いやーしめる	卑	52	5章
いーやす	癒	197	23章
いーる	炒	43	4章
いーる	煎	120	13章
いーる	鋳	211	24章
イン	隠	22	1章
イン	姻	36	3章
イン	陰	52	5章
イン	韻	158	18章
イン	淫	191	22章
イン	咽	194	23章
う			
ウ	烏	75	8章
うーい	憂	54	5章
うーえる	飢	172	19章
うーける	請	87	9章
うす	臼	196	23章
うず	渦	187	21章
うた	唄	118	13章
うたい	謡	158	18章
うたーう	謡	158	18章
ウツ	鬱	208	24章
うったーえる	訴	123	14章
うとーい	疎	60	6章
うとーむ	疎	60	6章
うながーす	促	30	2章
うね	畝	211	24章
うばーう	奪	23	1章
うやうやーしい	恭	137	15章
うら	浦	70	7章
うらーむ	恨	40	3章
うらーめしい	恨	40	3章
うらやーましい	羨	40	3章
うらやーむ	羨	40	3章
うるおーう	潤	58	6章
うるおーす	潤	58	6章
うるし	漆	161	18章
うるーむ	潤	58	6章
うるわーしい	麗	191	22章

読み	漢字	ページ	章
うれ-い	愁	54	5章
うれ-い	憂	54	5章
うれ-える	愁	54	5章
うれ-える	憂	54	5章
う-れる	熟	58	6章
え え	餌	75	8章
エイ	詠	158	18章
えが-く	描	117	13章
エキ	疫	195	23章
えさ	餌	75	8章
エツ	悦	39	3章
エツ	閲	86	9章
エツ	謁	212	24章
えり	襟	160	18章
え-る	獲	91	10章
エン	縁	36	3章
エン	沿	60	6章
エン	鉛	72	7章
エン	猿	76	8章
エン	艶	191	22章
エン	怨	192	22章
お お	雄	76	8章
お	尾	77	8章
オウ	凹	69	7章
オウ	皇	106	12章
オウ	旺	178	20章
オウ	翁	213	24章
おうぎ	扇	160	18章
おお-う	覆	26	2章
おおかみ	狼	76	8章
おお-せ	仰	138	15章
おか-す	冒	107	12章
オク	臆	192	22章
おこ-す	興	28	2章
おこた-る	怠	52	5章
おこ-る	興	28	2章
おさ-える	抑	23	1章
お-しい	惜	29	2章
お-しむ	惜	29	2章
おす	雄	76	8章
お-す	推	103	11章
おそ-う	襲	125	14章
おそれ	虞	208	24章
おそ-れる	畏	139	15章
おだ-やか	穏	52	5章
おちい-る	陥	30	2章
オツ	乙	87	9章
おとしい-れる	陥	30	2章
おと-る	劣	28	2章
おど-る	躍	22	1章
おとろ-える	衰	39	3章
おどろ-かす	驚	29	2章
おどろ-く	驚	29	2章
おに	鬼	110	12章
おの	斧	154	17章
おのれ	己	38	3章
おぼ-れる	溺	176	20章
おもむき	趣	116	13章

読み	漢字	ページ	章
おもむ-く	赴	86	9章
およ-び	及	28	2章
およ-ぶ	及	28	2章
およ-ぼす	及	28	2章
お-る	織	93	10章
おれ	俺	38	3章
おろ-か	愚	55	5章
おろし	卸	85	9章
おろ-す	卸	85	9章
オン	恩	37	3章
オン	穏	52	5章
オン	怨	192	22章
か カ	嫁	36	3章
カ	暇	53	5章
か	蚊	74	8章
カ	佳	103	11章
カ	箇	104	11章
カ	架	110	12章
カ	禍	171	19章
カ	苛	177	20章
カ	寡	178	20章
カ	渦	187	21章
ガ	芽	68	7章
ガ	牙	77	8章
ガ	雅	118	13章
ガ	賀	137	15章
ガ	瓦	156	17章
ガ	餓	172	19章
カイ	潰	28	2章
カイ	懐	39	3章
カイ	怪	40	3章
カイ	悔	54	5章
カイ	塊	72	7章
カイ	諧	158	18章
カイ	楷	159	18章
カイ	拐	168	19章
カイ	戒	170	19章
ガイ	涯	37	3章
ガイ	慨	40	3章
ガイ	該	87	9章
ガイ	概	88	9章
ガイ	蓋	153	17章
ガイ	劾	170	19章
ガイ	崖	185	21章
ガイ	骸	198	23章
かいこ	蚕	92	10章
かえり-みる	顧	86	9章
かお-る	薫	153	17章
かか-げる	掲	22	1章
かがや-く	輝	27	2章
か-かる	懸	102	11章
か-かる	架	110	12章
かき	柿	42	4章
かき	垣	44	4章
かぎ	鍵	46	4章
カク	隔	28	2章
カク	穫	90	10章
カク	獲	91	10章

217

読み	漢字	ページ	章	読み	漢字	ページ	章
カク	殻	92	10章	カン	鑑	116	13章
か-く	描	117	13章	カン	貫	124	14章
カク	郭	155	17章	カン	冠	136	15章
カク	嚇	171	19章	カン	棺	140	15章
か-ぐ	嗅	174	20章	カン	款	143	16章
ガク	岳	185	21章	カン	喚	144	16章
ガク	顎	194	23章	カン	憾	145	16章
かく-す	隠	22	1章	カン	堪	175	20章
かく-れる	隠	22	1章	カン	艦	186	21章
かげ	陰	52	5章	カン	韓	210	24章
がけ	崖	185	21章	ガン	玩	159	18章
か-ける	駆	22	1章	かんが-みる	鑑	116	13章
か-ける	懸	102	11章	かんば-しい	芳	59	6章
か-ける	架	110	12章	かんむり	冠	136	15章
か-ける	賭	168	19章	キ	輝	27	2章
かげ-る	陰	52	5章	キ	己	38	3章
かご	籠	152	17章	キ	奇	56	5章
かた	潟	184	21章	キ	既	62	6章
かたまり	塊	72	7章	キ	亀	74	8章
かたよ-る	偏	101	11章	キ	軌	88	9章
かたわ-ら	傍	175	20章	キ	汽	94	10章
カツ	滑	58	6章	キ	揮	102	11章
か-つ	且	61	6章	キ	旗	107	12章
カツ	括	104	11章	キ	騎	107	12章
カツ	轄	126	14章	キ	鬼	110	12章
カツ	褐	161	18章	キ	紀	119	13章
カツ	喝	168	19章	キ	棄	124	14章
カツ	葛	176	20章	キ	貴	139	15章
かて	糧	92	10章	キ	忌	140	15章
かな-でる	奏	118	13章	キ	幾	142	16章
かね	鐘	108	12章	キ	棋	159	18章
かばん	鞄	152	17章	キ	伎	162	18章
かま	釜	153	17章	キ	飢	172	19章
かま	窯	154	17章	キ	饑	188	21章
かま	鎌	154	17章	キ	毀	209	24章
かめ	亀	74	8章	ギ	偽	27	2章
かも	鴨	75	8章	ギ	宜	61	6章
かも-す	醸	153	17章	ギ	擬	102	11章
から	唐	161	18章	ギ	犠	125	14章
から	殻	92	10章	ギ	欺	125	14章
からす	烏	75	8章	ギ	儀	136	15章
か-り	狩	91	10章	ギ	戯	159	18章
か-る	駆	22	1章	き-く	聴	21	1章
か-る	刈	90	10章	きた-える	鍛	174	20章
か-る	狩	91	10章	キチ	吉	109	12章
かわら	瓦	156	17章	キツ	吉	109	12章
カン	陥	30	2章	きぬ	絹	93	10章
カン	寛	52	5章	きば	牙	77	8章
カン	敢	55	5章	きも	肝	78	8章
カン	緩	59	6章	キャク	却	124	14章
カン	閑	60	6章	ギャク	虐	168	19章
カン	幹	68	7章	キュウ	及	28	2章
カン	肝	78	8章	キュウ	鳩	75	8章
カン	還	86	9章	キュウ	宮	106	12章
カン	勘	87	9章	キュウ	弓	107	12章
カン	甲	87	9章	キュウ	朽	155	17章
カン	歓	88	9章	キュウ	糾	170	19章
カン	監	102	11章	キュウ	嗅	174	20章

さくいん

読み	漢字	ページ	章
キュウ	窮	176	20章
キュウ	臼	196	23章
キョ	拠	102	11章
キョ	虚	171	19章
キョウ	挟	26	2章
キョウ	興	28	2章
キョウ	狂	29	2章
キョウ	驚	29	2章
キョウ	凶	109	12章
キョウ	郷	119	13章
キョウ	恭	137	15章
キョウ	享	176	20章
キョウ	峡	187	21章
キョウ	矯	197	23章
ギョウ	凝	55	5章
ギョウ	仰	138	15章
ギョウ	暁	162	18章
きり	霧	71	7章
き-る	斬	174	20章
きわ-まる	窮	176	20章
きわ-める	窮	176	20章
キン	巾	45	4章
キン	琴	118	13章
キン	謹	137	15章
キン	斤	152	17章
キン	襟	160	18章
キン	錦	161	18章
キン	僅	178	20章
ギン	吟	158	18章
ク	駆	22	1章
ク	貢	84	9章
ク	功	101	11章
ク	宮	106	12章
グ	愚	55	5章
グ	惧	176	20章
く-いる	悔	54	5章
グウ	遇	88	9章
グウ	宮	106	12章
くき	茎	68	7章
くさ-い	臭	58	6章
くさ-らす	腐	58	6章
くさり	鎖	107	12章
くさ-る	腐	58	6章
くさ-れる	腐	58	6章
くし	串	45	4章
くじら	鯨	76	8章
くず	葛	176	20章
くせ	癖	192	22章
くだ-く	砕	26	2章
くだ-ける	砕	26	2章
くちびる	唇	190	22章
く-ちる	朽	155	17章
クツ	窟	185	21章
くつがえ-す	覆	26	2章
くつがえ-る	覆	26	2章
くま	熊	76	8章
くも-る	曇	71	7章
くや-しい	悔	54	5章

読み	漢字	ページ	章
く-やむ	悔	54	5章
くら	倉	44	4章
くり	栗	42	4章
く-る	繰	100	11章
くる-う	狂	29	2章
くる-おしい	狂	29	2章
くわ	桑	92	10章
クン	勲	139	15章
クン	薫	153	17章
グン	郡	188	21章
ケ	懸	102	11章
ゲ	牙	77	8章
ケイ	掲	22	1章
ケイ	憩	27	2章
ケイ	系	36	3章
ケイ	茎	68	7章
ケイ	径	70	7章
ケイ	蛍	74	8章
ケイ	鶏	75	8章
ケイ	継	84	9章
ケイ	啓	101	11章
ケイ	慶	136	15章
ケイ	詣	137	15章
ケイ	稽	162	18章
ケイ	渓	184	21章
ケイ	憬	208	24章
ゲイ	鯨	76	8章
ゲキ	隙	156	17章
けず-る	削	26	2章
けた	桁	104	11章
ケツ	傑	139	15章
けもの	獣	77	8章
け-る	蹴	174	20章
ケン	鍵	46	4章
ケン	圏	71	7章
ケン	献	84	9章
ケン	遣	84	9章
ケン	繭	92	10章
ケン	絹	93	10章
ケン	懸	102	11章
ケン	剣	107	12章
ケン	憲	123	14章
ケン	謙	138	15章
ケン	倹	142	16章
ケン	顕	178	20章
ケン	拳	194	23章
ゲン	幻	110	12章
ゲン	弦	118	13章
ゲン	舷	186	21章
コ	己	38	3章
コ	孤	38	3章
コ	誇	39	3章
コ	虎	76	8章
コ	顧	86	9章
コ	拠	102	11章
コ	弧	104	11章
コ	鼓	118	13章
コ	故	140	15章

219

読み	漢字	ページ	章	読み	漢字	ページ	章
コ	虚	171	19章	こと	琴	118	13章
コ	股	194	23章	ことぶき	寿	137	15章
コ	鋼	209	24章	こぶし	拳	194	23章
ゴ	悟	24	1章	こま	駒	159	18章
ゴ	娯	116	13章	こ－もる	籠	152	17章
ゴ	碁	159	18章	こ－やし	肥	91	10章
ゴ	呉	160	18章	こ－やす	肥	91	10章
コウ	慌	24	1章	こよみ	暦	116	13章
コウ	控	27	2章	こ－らしめる	懲	170	19章
コウ	興	28	2章	こ－らす	凝	55	5章
コウ	孝	37	3章	こ－らす	懲	170	19章
コウ	絞	42	4章	こ－りる	懲	170	19章
コウ	郊	44	4章	こ－る	凝	55	5章
コウ	綱	44	4章	ころ	頃	62	6章
コウ	巧	56	5章	コン	恨	40	3章
コウ	衡	56	5章	コン	昆	74	8章
コウ	恒	62	6章	コン	献	84	9章
コウ	溝	69	7章	コン	墾	91	10章
コウ	貢	84	9章	コン	魂	140	15章
こ－う	請	87	9章	コン	懇	145	16章
コウ	甲	87	9章	コン	痕	197	23章
コウ	耕	90	10章	サ	佐	85	9章
コウ	鋼	94	10章	サ	鎖	107	12章
コウ	功	101	11章	サ	詐	125	14章
コウ	項	104	11章	サ	唆	144	16章
コウ	稿	104	11章	サ	沙	209	24章
コウ	皇	106	12章	ザ	挫	196	23章
コウ	后	106	12章	サイ	砕	26	2章
コウ	抗	122	14章	サイ	栽	90	10章
コウ	拘	126	14章	サイ	載	100	11章
コウ	仰	138	15章	サイ	采	144	16章
コウ	酵	153	17章	サイ	宰	146	16章
こ－う	乞	175	20章	サイ	斎	154	17章
コウ	勾	184	21章	サイ	塞	196	23章
コウ	坑	185	21章	さえぎ－る	遮	23	1章
コウ	喉	194	23章	さかのぼ－る	遡	175	20章
コウ	孔	194	23章	さ－く	裂	23	1章
コウ	梗	195	23章	サク	削	26	2章
コウ	耗	198	23章	サク	錯	61	6章
コウ	侯	213	24章	サク	索	100	11章
ゴウ	剛	53	5章	サク	柵	156	17章
ゴウ	豪	55	5章	サク	搾	170	19章
ゴウ	郷	119	13章	さげす－む	蔑	192	22章
ゴウ	拷	169	19章	さ－ける	裂	23	1章
ゴウ	傲	191	22章	さ－げる	提	84	9章
こえ	肥	91	10章	さ－す	挿	26	2章
こ－える	肥	91	10章	サツ	撮	20	1章
こ－がす	焦	24	1章	サツ	擦	122	14章
こ－がれる	焦	24	1章	サツ	拶	136	15章
コク	穀	90	10章	サツ	刹	162	18章
コク	克	101	11章	さと－す	諭	27	2章
コク	酷	171	19章	さと－る	悟	24	1章
ゴク	獄	110	12章	さび	寂	38	3章
こ－げる	焦	24	1章	さび－しい	寂	38	3章
こころざし	志	101	11章	さび－れる	寂	38	3章
こころざ－す	志	101	11章	さまた－げる	妨	23	1章
コツ	滑	58	6章	さむらい	侍	107	12章
こと	殊	59	6章	さる	猿	76	8章

さくいん

読み	漢字	ページ	章
さわ-やか	爽	191	22章
さわ-る	障	85	9章
サン	惨	54	5章
サン	酸	72	7章
サン	蚕	92	10章
サン	桟	155	17章
ザン	惨	54	5章
ザン	暫	146	16章
ザン	斬	174	20章

し

読み	漢字	ページ	章
シ	至	61	6章
シ	雌	76	8章
シ	肢	77	8章
シ	祉	94	10章
シ	志	101	11章
シ	矢	107	12章
シ	施	122	14章
シ	諮	126	14章
シ	賜	139	15章
シ	旨	162	18章
シ	恣	177	20章
シ	摯	192	22章
シ	嗣	212	24章
ジ	慈	39	3章
ジ	磁	71	7章
ジ	餌	75	8章
ジ	侍	107	12章
ジ	滋	188	21章
ジ	璽	212	24章
しいた-げる	虐	168	19章
しお	潮	70	7章
しか-る	叱	21	1章
シキ	織	93	10章
ジク	軸	88	9章
しげ-る	茂	69	7章
しず-まる	鎮	176	20章
しず-める	鎮	176	20章
した-う	慕	39	3章
シツ	叱	21	1章
シツ	嫉	40	3章
シツ	執	123	14章
シツ	漆	161	18章
シツ	疾	195	23章
しの-ばせる	忍	29	2章
しの-ぶ	忍	29	2章
しば	芝	69	7章
しば-る	縛	159	18章
しぼ-る	絞	42	4章
しぼ-る	搾	170	19章
し-まる	締	26	2章
し-まる	絞	42	4章
し-み	染	93	10章
し-みる	染	93	10章
し-める	締	26	2章
し-める	絞	42	4章
しも	霜	71	7章
シャ	遮	23	1章
シャ	煮	43	4章
シャ	舎	44	4章

読み	漢字	ページ	章
シャ	赦	209	24章
ジャ	蛇	74	8章
ジャ	邪	171	19章
シャク	釈	100	11章
シャク	尺	156	17章
シャク	爵	213	24章
ジャク	寂	38	3章
ジャク	雀	75	8章
シュ	殊	59	6章
シュ	狩	91	10章
シュ	朱	92	10章
シュ	趣	116	13章
シュ	珠	160	18章
シュ	腫	196	23章
ジュ	樹	68	7章
ジュ	寿	137	15章
ジュ	儒	158	18章
ジュ	呪	192	22章
シュウ	愁	54	5章
シュウ	臭	58	6章
シュウ	酬	87	9章
シュウ	秀	103	11章
シュウ	執	123	14章
シュウ	襲	125	14章
シュウ	袖	160	18章
シュウ	囚	172	19章
シュウ	蹴	174	20章
シュウ	醜	191	22章
シュウ	羞	208	24章
ジュウ	獣	77	8章
シュク	叔	36	3章
シュク	淑	37	3章
シュク	粛	144	16章
ジュク	熟	58	6章
シュン	旬	42	4章
シュン	俊	53	5章
シュン	瞬	62	6章
ジュン	旬	42	4章
ジュン	盾	56	5章
ジュン	潤	58	6章
ジュン	巡	84	9章
ジュン	准	126	14章
ジュン	遵	143	16章
ジュン	殉	169	19章
ジュン	循	197	23章
ショ	諸	104	11章
ショ	庶	116	13章
ジョ	徐	62	6章
ジョ	如	120	13章
ジョ	叙	158	18章
ショウ	唱	21	1章
ショウ	焦	24	1章
ショウ	称	38	3章
ショウ	憧	40	3章
ショウ	晶	72	7章
ショウ	渉	85	9章
ショウ	障	85	9章
ショウ	奨	103	11章

221

読み	漢字	ページ	章	読み	漢字	ページ	章
ショウ	彰	103	11章	ズイ	髄	197	23章
ショウ	尚	108	12章	スウ	崇	119	13章
ショウ	鐘	108	12章	スウ	枢	146	16章
ショウ	肖	117	13章	す-える	据	174	20章
ショウ	祥	119	13章	す-かす	透	58	6章
ショウ	衝	122	14章	すき	隙	156	17章
ショウ	訟	123	14章	す-く	透	58	6章
ショウ	償	123	14章	す-ける	透	58	6章
ショウ	抄	143	16章	すず	鈴	161	18章
ショウ	升	152	17章	すずめ	雀	75	8章
ショウ	硝	156	17章	すす-める	薦	103	11章
ショウ	匠	162	18章	すそ	裾	160	18章
ショウ	宵	162	18章	すた-る	廃	124	14章
ショウ	礁	187	21章	すた-れる	廃	124	14章
ショウ	掌	194	23章	すで-に	既	62	6章
ショウ	詔	212	24章	すべ-る	滑	58	6章
ジョウ	譲	30	2章	す-ます	澄	58	6章
ジョウ	嬢	37	3章	すみ	墨	117	13章
ジョウ	蒸	43	4章	す-む	澄	58	6章
ジョウ	縄	45	4章	す-る	擦	122	14章
ジョウ	丈	59	6章	す-れる	擦	122	14章
ジョウ	剰	60	6章	す-わる	据	174	20章
ジョウ	壌	91	10章	スン	寸	156	17章
ジョウ	醸	153	17章	セ	施	122	14章
ジョウ	錠	154	17章	ゼ	是	123	14章
ショク	拭	20	1章	セイ	誓	24	1章
ショク	殖	91	10章	セイ	婿	36	3章
ショク	織	93	10章	セイ	斉	61	6章
ショク	嘱	144	16章	セイ	請	87	9章
ジョク	辱	30	2章	セイ	誠	102	11章
しり	尻	190	22章	セイ	聖	109	12章
シン	浸	20	1章	セイ	牲	125	14章
シン	慎	27	2章	セイ	逝	140	15章
シン	紳	37	3章	セイ	征	171	19章
シン	請	87	9章	セイ	凄	178	20章
シン	審	123	14章	セイ	醒	195	23章
シン	薪	154	17章	セキ	惜	29	2章
シン	芯	160	18章	セキ	戚	36	3章
シン	唇	190	22章	セキ	寂	38	3章
ジン	尽	24	1章	セキ	脊	78	8章
ジン	尋	30	2章	セキ	析	100	11章
ジン	迅	56	5章	セキ	斥	124	14章
ジン	腎	78	8章	セキ	隻	186	21章
ジン	仁	108	12章	セツ	刹	162	18章
ジン	陣	169	19章	セツ	窃	168	19章
ジン	甚	178	20章	セツ	拙	177	20章
ス	素	72	7章	セツ	摂	197	23章
ス	須	188	21章	ぜに	銭	152	17章
スイ	遂	27	2章	セン	潜	22	1章
スイ	衰	39	3章	セン	羨	40	3章
スイ	炊	43	4章	セン	栓	46	4章
スイ	粋	60	6章	セン	宣	84	9章
スイ	垂	68	7章	セン	繊	93	10章
す-い	酸	72	7章	セン	染	93	10章
スイ	穂	90	10章	セン	践	100	11章
スイ	推	103	11章	セン	薦	103	11章
スイ	帥	213	24章	セン	仙	108	12章
ズイ	随	158	18章	セン	煎	120	13章

さくいん

読み	漢字	ページ	章
セン	遷	126	14章
セン	旋	145	16章
セン	箋	152	17章
セン	銭	152	17章
セン	扇	160	18章
セン	詮	175	20章
セン	腺	196	23章
ゼン	繕	93	10章
ゼン	禅	108	12章
ゼン	漸	146	16章
ゼン	膳	153	17章
そ ソ	狙	21	1章
ソ	粗	59	6章
ソ	疎	60	6章
ソ	素	72	7章
ソ	措	86	9章
ソ	礎	102	11章
ソ	訴	123	14章
ソ	阻	125	14章
ソ	租	142	16章
ソ	遡	175	20章
ソ	塑	211	24章
ゾ	曽	188	21章
ソウ	操	21	1章
そーう	添	23	1章
ソウ	挿	26	2章
ソウ	倉	44	4章
ソウ	壮	60	6章
そーう	沿	60	6章
ソウ	霜	71	7章
ソウ	桑	92	10章
ソウ	僧	108	12章
ソウ	創	116	13章
ソウ	奏	118	13章
ソウ	葬	136	15章
ソウ	喪	136	15章
ソウ	槽	154	17章
ソウ	踪	169	19章
ソウ	遭	176	20章
ソウ	藻	187	21章
ソウ	曽	188	21章
ソウ	爽	191	22章
ソウ	痩	198	23章
ソウ	曹	213	24章
そーえる	添	23	1章
ソク	促	30	2章
ソク	捉	175	20章
ソク	塞	195	23章
ゾク	属	94	10章
ゾク	俗	120	13章
ゾク	賊	169	19章
そそのかーす	唆	144	16章
そで	袖	160	18章
そーまる	染	93	10章
そーめる	染	93	10章
ソン	遜	138	15章
た タ	汰	138	15章
ダ	惰	52	5章

読み	漢字	ページ	章
ダ	蛇	74	8章
ダ	妥	88	9章
ダ	駄	160	18章
ダ	堕	171	19章
ダ	唾	197	23章
タイ	耐	24	1章
タイ	怠	52	5章
タイ	逮	125	14章
タイ	泰	178	20章
タイ	堆	184	21章
タイ	胎	198	23章
タイ	戴	212	24章
たーえる	耐	24	1章
たーえる	堪	175	20章
たがやーす	耕	90	10章
たきぎ	薪	154	17章
たーく	炊	43	4章
タク	卓	46	4章
タク	択	85	9章
タク	託	85	9章
タク	拓	94	10章
ダク	濁	58	6章
ダク	諾	87	9章
たくーみ	巧	56	5章
たくわーえる	蓄	21	1章
たけ	丈	59	6章
たけ	岳	185	21章
たずーねる	尋	30	2章
たたかーう	闘	125	14章
ただーし	但	61	6章
ただよーう	漂	70	7章
たつ	竜	110	12章
たつ	龍	110	12章
ダツ	奪	23	1章
たっとーい	貴	139	15章
たっとーぶ	貴	139	15章
たて	盾	56	5章
たてまつーる	奉	137	15章
たな	棚	46	4章
たま	霊	110	12章
たましい	魂	140	15章
だまーる	黙	21	1章
たまわーる	賜	139	15章
たーめる	矯	197	23章
たーらす	垂	68	7章
たーれる	垂	68	7章
たわむーれる	戯	159	18章
たわら	俵	92	10章
タン	嘆	29	2章
タン	胆	78	8章
タン	淡	92	10章
タン	旦	137	15章
タン	綻	145	16章
タン	壇	155	17章
タン	丹	162	18章
タン	鍛	174	20章
ダン	旦	137	15章
ダン	壇	155	17章

223

読み	漢字	ページ	章	読み	漢字	ページ	章
ち				つぼ	坪	155	17章
チ	稚	52	5章	つま	爪	77	8章
チ	痴	169	19章	つ-む	摘	85	9章
チ	緻	177	20章	つむ-ぐ	紡	93	10章
ちか-う	誓	24	1章	つめ	爪	77	8章
チク	蓄	21	1章	つや	艶	191	22章
チク	逐	61	6章	つゆ	露	71	7章
チツ	窒	72	7章	つらぬ-く	貫	124	14章
チャク	嫡	213	24章	つる	鶴	75	8章
チュウ	抽	117	13章	つる	弦	118	13章
チュウ	忠	138	15章	つ-る	釣	117	13章
チュウ	酎	153	17章	つるぎ	剣	107	12章
チュウ	衷	153	17章	て	テイ	諦	24	1章
チュウ	鋳	211	24章	テイ	締	26	2章
チョ	猪	76	8章	テイ	邸	44	4章
チョウ	貼	20	1章	テイ	亭	44	4章
チョウ	聴	21	1章	テイ	堤	69	7章
チョウ	眺	21	1章	テイ	提	84	9章
チョウ	跳	22	1章	テイ	訂	100	11章
チョウ	挑	24	1章	テイ	廷	106	12章
チョウ	澄	58	6章	テイ	帝	106	12章
チョウ	潮	70	7章	テイ	抵	122	14章
チョウ	蝶	74	8章	テイ	貞	138	15章
チョウ	腸	78	8章	テイ	呈	139	15章
チョウ	釣	117	13章	テイ	偵	169	19章
チョウ	彫	117	13章	テイ	艇	186	21章
チョウ	徴	124	14章	テイ	逓	210	24章
チョウ	弔	136	15章	テキ	摘	85	9章
チョウ	懲	170	19章	テキ	笛	118	13章
チョウ	嘲	192	22章	デキ	溺	176	20章
チョク	抄	86	9章	テツ	哲	101	11章
チョク	勅	212	24章	テツ	迭	126	14章
チン	陳	124	14章	テツ	撤	144	16章
チン	鎮	176	20章	テン	添	23	1章
チン	朕	212	24章	テン	典	108	12章
つ	ツイ	椎	78	8章	テン	填	210	24章
ツイ	墜	172	19章	と	ト	塗	20	1章
つか-う	遣	84	9章	ト	妬	40	3章
つ-かす	尽	24	1章	ト	斗	152	17章
つ-かる	漬	43	4章	ト	賭	168	19章
つか-わす	遣	84	9章	ド	奴	172	19章
つ-きる	尽	24	1章	トウ	踏	22	1章
つ-ぐ	継	84	9章	トウ	桃	42	4章
つ-くす	尽	24	1章	トウ	騰	43	4章
つぐな-う	償	123	14章	トウ	棟	44	4章
つく-る	創	116	13章	トウ	透	58	6章
つくろ-う	繕	93	10章	トウ	稲	90	10章
つ-ける	漬	43	4章	トウ	搭	94	10章
つたな-い	拙	177	20章	トウ	陶	117	13章
つちか-う	培	90	10章	トウ	塔	119	13章
つつし-む	慎	27	2章	トウ	闘	125	14章
つつし-む	謹	137	15章	トウ	謄	143	16章
つつみ	堤	69	7章	トウ	藤	161	18章
つづみ	鼓	118	13章	トウ	唐	161	18章
つな	綱	44	4章	トウ	悼	175	20章
つば	唾	197	23章	トウ	痘	195	23章
つばさ	翼	75	8章	ドウ	胴	77	8章
つぶ-す	潰	28	2章	ドウ	瞳	190	22章
つぶ-れる	潰	28	2章				

	読み	漢字	ページ	章
	とうげ	峠	70	7章
	とうと-い	貴	139	15章
	とうと-ぶ	貴	139	15章
	トク	匿	38	3章
	トク	督	102	11章
	トク	徳	139	15章
	トク	篤	195	23章
	と-げる	遂	27	2章
	トツ	凸	69	7章
	とつ-ぐ	嫁	36	3章
	とな-える	唱	21	1章
	とびら	扉	46	4章
	と-ぶ	跳	22	1章
	とぼ-しい	乏	53	5章
	とむら-う	弔	136	15章
	ともな-う	伴	23	1章
	とら	虎	76	8章
	とら-える	捉	175	20章
	と-る	撮	20	1章
	と-る	執	123	14章
	トン	頓	154	17章
	トン	屯	172	19章
	ドン	貪	29	2章
	ドン	曇	71	7章
な	ナ	那	188	21章
	なえ	苗	68	7章
	な-える	萎	176	20章
	なが-める	眺	21	1章
	なぐさ-む	慰	30	2章
	なぐさ-める	慰	30	2章
	なげ-かわしい	嘆	29	2章
	なげ-く	嘆	29	2章
	なぞ	謎	109	12章
	なつ-かしい	懐	39	3章
	なつ-かしむ	懐	39	3章
	なつ-く	懐	39	3章
	なつ-ける	懐	39	3章
	なべ	鍋	45	4章
	なま-ける	怠	52	5章
	なまり	鉛	72	7章
	なめ-らか	滑	58	6章
	なら-う	倣	175	20章
	なわ	縄	45	4章
	なわ	苗	68	7章
に	ニ	仁	108	12章
	ニ	尼	108	12章
	ニ	弐	143	16章
	に-える	煮	43	4章
	にお-う	臭	58	6章
	にお-う	匂	59	6章
	にご-す	濁	58	6章
	にご-る	濁	58	6章
	にじ	虹	71	7章
	にしき	錦	161	18章
	にせ	偽	27	2章
	に-やす	煮	43	4章
	ニョ	如	120	13章
	ニョウ	尿	197	23章

	読み	漢字	ページ	章
	に-る	煮	43	4章
	にわとり	鶏	75	8章
	ニン	忍	29	2章
ぬ	ぬ-う	縫	26	2章
	ぬぐ-う	拭	20	1章
	ぬ-る	塗	20	1章
ね	ネイ	寧	61	6章
	ネン	粘	29	2章
	ネン	捻	196	23章
	ねた-む	妬	40	3章
	ねば-る	粘	29	2章
	ねら-う	狙	21	1章
	ねんご-ろ	懇	145	16章
の	の-せる	載	100	11章
	のぞ-む	臨	144	16章
	のど	喉	194	23章
	ののし-る	罵	192	22章
	の-る	載	100	11章
	のろ-う	呪	192	22章
は	ハ	派	84	9章
	ハ	把	85	9章
	ハ	覇	171	19章
	バ	婆	37	3章
	バ	罵	192	22章
	ハイ	肺	78	8章
	ハイ	排	86	9章
	ハイ	廃	124	14章
	バイ	培	90	10章
	バイ	賠	124	14章
	バイ	媒	145	16章
	バイ	陪	170	19章
	はか	墓	140	15章
	は-がす	剥	174	20章
	はがね	鋼	94	10章
	はか-る	諮	126	14章
	はか-る	謀	169	19章
	は-がれる	剥	174	20章
	は-く	履	26	2章
	ハク	伯	36	3章
	ハク	舶	94	10章
	ハク	剥	174	20章
	は-ぐ	剥	174	20章
	バク	幕	116	13章
	バク	縛	159	18章
	バク	漠	184	21章
	は-げる	剥	174	20章
	はさ-まる	挟	26	2章
	はさ-む	挟	26	2章
	はし	箸	45	4章
	はずかし-める	辱	30	2章
	はた	旗	107	12章
	はだか	裸	198	23章
	ハチ	鉢	45	4章
	はち	蜂	74	8章
	ハツ	鉢	45	4章
	バツ	伐	68	7章
	バツ	閥	146	16章
	はと	鳩	75	8章

読み	漢字	ページ	章
はなは－だ	甚	178	20章
はなは－だしい	甚	178	20章
は－ねる	跳	22	1章
はば－む	阻	125	14章
は－らす	腫	196	23章
は－る	貼	20	1章
は－れる	腫	196	23章
ハン	伴	23	1章
ハン	凡	53	5章
ハン	煩	54	5章
ハン	氾	69	7章
ハン	繁	88	9章
ハン	搬	94	10章
ハン	班	101	11章
ハン	範	103	11章
ハン	藩	116	13章
ハン	頒	146	16章
ハン	帆	186	21章
ハン	畔	187	21章
ハン	汎	210	24章
ハン	斑	211	24章
バン	伴	23	1章
バン	盤	184	21章
バン	蛮	191	22章
ひ ヒ	扉	46	4章
ヒ	卑	52	5章
ヒ	披	86	9章
ヒ	肥	91	10章
ヒ	妃	106	12章
ヒ	碑	119	13章
ヒ	秘	122	14章
ヒ	罷	126	14章
ヒ	泌	178	23章
ビ	微	62	6章
ビ	尾	77	8章
ビ	眉	190	22章
ひい－でる	秀	103	11章
ひか－える	控	27	2章
ひざ	膝	190	22章
ひじ	肘	190	22章
ひそ－む	潜	22	1章
ひた－す	浸	20	1章
ひた－る	浸	20	1章
ヒツ	泌	198	23章
ひとみ	瞳	190	22章
ひま	暇	53	5章
ひめ	姫	106	12章
ひ－める	秘	122	14章
ひも	紐	159	18章
ヒョウ	漂	70	7章
ヒョウ	俵	92	10章
ビョウ	苗	68	7章
ビョウ	描	117	13章
ひるがえ－す	翻	100	11章
ひるがえ－る	翻	100	11章
ヒン	頻	62	6章
ヒン	賓	212	24章
ビン	敏	53	5章

読み	漢字	ページ	章
ふ フ	扶	38	3章
フ	腐	58	6章
フ	膚	77	8章
フ	赴	86	9章
フ	譜	118	13章
フ	訃	140	15章
フ	賦	142	16章
フ	附	210	24章
ブ	侮	30	2章
ブ	奉	137	15章
ふえ	笛	118	13章
ふ－える	殖	91	10章
ふ－く	拭	20	1章
フク	伏	22	1章
フク	覆	26	2章
ふく－らむ	膨	59	6章
ふく－れる	膨	59	6章
ふさ	房	42	4章
ふさ－がる	塞	195	23章
ふさ－ぐ	塞	195	23章
ふじ	藤	161	18章
ふ－す	伏	22	1章
ふ－せる	伏	22	1章
ふた	蓋	153	17章
ふち	縁	36	3章
フツ	沸	43	4章
ふところ	懐	39	3章
ふ－まえる	踏	22	1章
ふ－む	踏	22	1章
ふもと	麓	185	21章
ふ－やす	殖	91	10章
ふる－う	奮	29	2章
フン	紛	28	2章
フン	奮	29	2章
フン	憤	40	3章
フン	雰	60	6章
フン	墳	119	13章
へ ヘイ	併	28	2章
ヘイ	陛	106	12章
ヘイ	餅	120	13章
ヘイ	幣	142	16章
ヘイ	弊	145	16章
ヘイ	塀	155	17章
ヘイ	蔽	209	24章
ヘイ	丙	210	24章
ヘキ	壁	178	20章
ヘキ	癖	192	22章
へだ－たる	隔	28	2章
へだ－てる	隔	28	2章
ベツ	蔑	192	22章
へび	蛇	74	8章
ヘン	偏	101	11章
ヘン	遍	177	20章
ベン	弁	123	14章
ほ ホ	穂	90	10章
ホ	舗	156	17章
ホ	帆	186	21章
ホ	哺	210	24章

さくいん

読み	漢字	ページ	章
ボ	慕	39	3章
ボ	模	103	11章
ボ	墓	140	15章
ホウ	縫	26	2章
ホウ	褒	30	2章
ホウ	飽	54	5章
ホウ	芳	59	6章
ホウ	蜂	74	8章
ホウ	胞	77	8章
ホウ	俸	87	9章
ホウ	邦	126	14章
ホウ	奉	137	15章
ホウ	倣	175	20章
ホウ	峰	185	21章
ボウ	妨	23	1章
ボウ	房	42	4章
ボウ	乏	53	5章
ボウ	妄	55	5章
ボウ	膨	59	6章
ボウ	紡	93	10章
ボウ	冒	107	12章
ボウ	謀	169	19章
ボウ	傍	175	20章
ボウ	貌	194	23章
ボウ	剖	198	23章
ボウ	某	209	24章
ほうむーる	葬	136	15章
ほお	頬	190	22章
ほがーらか	朗	52	5章
ボク	墨	117	13章
ボク	睦	120	13章
ボク	朴	191	22章
ボク	撲	196	23章
ほこ	矛	56	5章
ほこーる	誇	39	3章
ほころーびる	綻	145	16章
ほたる	蛍	74	8章
ボツ	没	70	7章
ボツ	勃	170	19章
ほどこーす	施	122	14章
ほまーれ	誉	139	15章
ほーめる	褒	30	2章
ほり	堀	119	13章
ほーる	彫	117	13章
ほろーびる	滅	60	6章
ほろーぼす	滅	60	6章
ホン	奔	88	9章
ホン	翻	100	11章
ボン	盆	42	4章
ボン	凡	53	5章
ボン	煩	54	5章
マ	磨	20	1章
マ	麻	93	10章
マ	魔	109	12章
マ	摩	122	14章
マイ	昧	177	20章
まかなーう	賄	168	19章
まぎーらす	紛	28	2章

読み	漢字	ページ	章
まぎーらわしい	紛	28	2章
まぎーらわす	紛	28	2章
まぎーれる	紛	28	2章
マク	膜	78	8章
マク	幕	116	13章
まくら	枕	46	4章
まこと	誠	102	11章
ます	升	152	17章
また	又	62	6章
また	股	194	23章
またたーく	瞬	62	6章
マツ	抹	120	13章
まどーう	惑	27	2章
まぬかーれる	免	28	2章
まぼろし	幻	110	12章
まゆ	繭	92	10章
まゆ	眉	190	22章
マン	漫	117	13章
マン	慢	195	23章
ミ	魅	55	5章
ミ	眉	190	22章
みがーく	磨	20	1章
みき	幹	68	7章
みことのり	詔	212	24章
みさお	操	21	1章
みさき	岬	187	21章
みささぎ	陵	155	17章
みじーめ	惨	54	5章
みぞ	溝	69	7章
みだーら	淫	191	22章
ミツ	蜜	74	8章
ミツ	密	122	14章
みつーぐ	貢	84	9章
みにくーい	醜	191	22章
みね	峰	185	21章
みや	宮	106	12章
ミョウ	妙	56	5章
ミョウ	冥	109	12章
ム	矛	56	5章
ム	霧	71	7章
ム	謀	169	19章
むこ	婿	36	3章
むさぼーる	貪	29	2章
むーす	蒸	43	4章
むな	棟	44	4章
むね	棟	44	4章
むね	旨	162	18章
むーらす	蒸	43	4章
むーれる	蒸	43	4章
め	芽	68	7章
め	雌	76	8章
メイ	銘	39	3章
メイ	冥	109	12章
めぐーる	巡	84	9章
めす	雌	76	8章
メツ	滅	60	6章
メン	免	28	2章
メン	麺	120	13章

227

読み	漢字	ページ	章
モ	茂	69	7章
モ	模	103	11章
も	喪	136	15章
も	藻	187	21章
モウ	網	45	4章
モウ	妄	55	5章
モウ	猛	55	5章
モウ	盲	198	23章
モウ	耗	198	23章
もうーでる	詣	137	15章
モク	黙	21	1章
もぐーる	潜	22	1章
もち	餅	120	13章
もてあそーぶ	弄	208	24章
もも	桃	42	4章
もーらす	漏	145	16章
もーる	漏	145	16章
もーれる	漏	145	16章
モン	紋	161	18章
や	矢	107	12章
や	弥	120	13章
ヤ	冶	211	24章
ヤク	躍	22	1章
ヤク	厄	109	12章
ヤク	疫	195	23章
やーせる	痩	198	23章
やなぎ	柳	68	7章
やみ	闇	109	12章
ユ	諭	27	2章
ユ	愉	54	5章
ユ	癒	197	23章
ユ	喩	208	24章
ユイ	唯	59	6章
ユイ	遺	140	15章
ユウ	裕	53	5章
ユウ	悠	53	5章
ユウ	憂	54	5章
ユウ	湧	70	7章
ユウ	雄	76	8章
ユウ	幽	110	12章
ユウ	猶	170	19章
ゆえ	故	140	15章
ゆーく	逝	140	15章
ゆーさぶる	揺	23	1章
ゆーすぶる	揺	23	1章
ゆーする	揺	23	1章
ゆずーる	譲	30	2章
ゆみ	弓	107	12章
ゆーらぐ	揺	23	1章
ゆーる	揺	23	1章
ゆるーい	緩	59	6章
ゆーるぐ	揺	23	1章
ゆるーむ	緩	59	6章
ゆるーめる	緩	59	6章
ゆるーやか	緩	59	6章
ゆーれる	揺	23	1章
ヨ	誉	139	15章
よい	宵	162	18章

読み	漢字	ページ	章
ヨウ	揺	23	1章
ヨウ	揚	43	4章
ヨウ	妖	110	12章
ヨウ	窯	154	17章
ヨウ	謡	158	18章
ヨウ	擁	174	20章
ヨウ	庸	177	20章
ヨウ	瘍	196	23章
ヨク	抑	23	1章
ヨク	翼	75	8章
ヨク	沃	211	24章
よーむ	詠	158	18章
よめ	嫁	36	3章
ラ	拉	168	19章
ラ	羅	186	21章
ラ	裸	198	23章
ラク	酪	91	10章
ラツ	辣	209	24章
ラン	濫	69	7章
ラン	欄	104	11章
ラン	藍	161	18章
リ	履	26	2章
リ	吏	146	16章
リ	痢	196	23章
リ	璃	211	24章
リツ	慄	209	24章
リュウ	柳	68	7章
リュウ	硫	72	7章
リュウ	竜	110	12章
リュウ	龍	110	12章
リュウ	隆	184	21章
リョ	侶	37	3章
リョ	慮	39	3章
リョ	虜	172	19章
リョウ	瞭	56	5章
リョウ	猟	91	10章
リョウ	糧	92	10章
リョウ	霊	110	12章
リョウ	陵	155	17章
リン	倫	101	11章
リン	臨	144	16章
リン	鈴	161	18章
リン	厘	210	24章
ル	瑠	211	24章
ルイ	累	142	16章
ルイ	塁	185	21章
レイ	霊	110	12章
レイ	零	143	16章
レイ	鈴	161	18章
レイ	隷	172	19章
レイ	麗	191	22章
レキ	暦	116	13章
レツ	裂	23	1章
レツ	劣	28	2章
レツ	烈	55	5章
レン	廉	142	16章
レン	錬	174	20章
ロ	炉	46	4章

さくいん

読み	漢字	ページ	章
ロ	呂	46	4章
ロ	露	71	7章
ロ	賂	168	19章
ロウ	郎	38	3章
ロウ	朗	52	5章
ロウ	浪	70	7章
ロウ	露	71	7章
ロウ	狼	76	8章
ロウ	糧	92	10章
ロウ	漏	145	16章
ロウ	籠	152	17章
ロウ	楼	155	17章
ロウ	弄	208	24章
ロク	麓	185	21章
わ ワイ	賄	168	19章
わ-かす	沸	43	4章
わき	脇	190	22章
ワク	惑	27	2章
わ-く	沸	43	4章
わ-く	湧	70	7章
わず-か	僅	178	20章
わずら-う	煩	54	5章
わずら-わす	煩	54	5章
ワン	椀	45	4章

解答

● p25　1章　行為1　復習
【1】①あわただしく　②さえぎって　③たえ　④てんかぶつ　⑤どうよう　⑥そうさ　⑦おさえて　⑧りゃくだつ　⑨かつやく　⑩こうい　⑪みがいた　⑫ふせて　⑬ぬって　⑭ちかった　⑮さまたげられ
【2】①貼って　②焦った　③撮影　④踏んで　⑤挑戦　⑥叱られた　⑦備蓄　⑧眺め　⑨黙った　⑩潜って　⑪唱えた　⑫裂いて　⑬浸水　⑭掲げて　⑮伴って

● p31　2章　行為2　復習
【1】①ゆずる　②めいわく　③ほめられる　④りれきしょ　⑤にせもの　⑥こうふん　⑦さしえ　⑧およんだ　⑨しんちょうに　⑩ぬって　⑪さとされて　⑫さくげん　⑬つぶして　⑭むさぼる　⑮にんたい
【2】①間隔　②遂げる　③粘った　④輝かせて　⑤控えて　⑥免除　⑦劣等感　⑧惜しんで　⑨慰めた　⑩取り締まり　⑪憩う　⑫熱狂的な　⑬嘆かわしい　⑭促した　⑮雪辱

● p32　1章・2章　アチーブメントテスト（配点：【1】【2】は各3点、【3】【4】は各5点）
【1】1.②　2.②　3.④　4.③　5.①
【2】1.①　2.③　3.②　4.④　5.③
【3】①はって　②せいやくしょ　③さとった　④にせもの　⑤おちいる　⑥あなどって　⑦かんかく
【4】1.撮った　2.尋ね　3.免許　4.休憩　5.聴講　6.妨げる　7.熱狂的な

● p34　1章・2章　クイズ
【1】1.磨 みがいて　2.蓄 ちょちく　3.妨 ぼうがい　4.履 りれきしょ　5.挿 そうにゅう　6.奮 こうふん
【2】1.駆（くし）　2.黙（ちんもく）　3.尽（じんりょく）　4.遂（すいこう）　5.及（ついきゅう）　6.貪（どんよく）
【3】1.慌　2.潜　3.扱　4.縫　5.慎　6.添　7.踏　8.拭　9.紛
【4】1.惑　2.慰　3.諦　4.挑　5.褒　6.耐　7.譲　8.嘆　9.驚

● p41　3章　人間関係　復習
【1】①えんだん　②しんせき　③おれ　④おんけい　⑤しんしふく　⑥こんいんとどけ　⑦しんろう　⑧おじょうさま　⑨さびれた　⑩めい　⑪あやしい　⑫うらやましい　⑬いきどおり　⑭しっと　⑮したって
【2】①転嫁　②家系　③自己　④匿名　⑤孝行　⑥対称　⑦孤独　⑧伯仲　⑨憧れて　⑩懐かしい　⑪感慨　⑫誇らしく　⑬衰え　⑭遠慮なく　⑮慈善

● p47　4章　食・住　復習
【1】①もも　②しょくたく　③とびら　④なべ　⑤けいよう　⑥しゅくしゃ　⑦かきね　⑧りょうてい　⑨あいかぎ　⑩なわ　⑪ぶんぼうぐ　⑫しぼって　⑬にこんだ　⑭はし　⑮だんろ
【2】①近郊　②漬け　③沸かす　④高騰　⑤自炊　⑥炒め　⑦蒸し暑い　⑧枕　⑨邸宅　⑩病棟

⑪倉庫　⑫綱　⑬鉢　⑭本棚　⑮元栓

● p48　3章・4章 アチーブメントテスト（配点：【1】【2】は各3点、【3】【4】は各5点）
【1】1．②　2．③　3．①　4．④　5．③
【2】1．①　2．③　3．②　4．②　5．③
【3】1．こりつ　2．かんてい　3．むし　4．こうとう　5．いきどおり　6．ほこらしく　7．わいた
【4】1．お盆休み　2．名称　3．恨まれる　4．絞って　5．感慨　6．怪しい　7．校舎

● p50　3章・4章 クイズ
【1】①てい　②もも　③いも　④ちゃきんしぼり　⑤いため　⑥むし　⑦たきこみ　⑧くり　⑨つけもの　⑩かき
【2】1．婚姻　2．匿名　3．慈悲　4．孝行　5．沸騰　6．縁起　7．校舎
【3】①花嫁　②憧れ　③令嬢　④親戚　⑤新郎　⑥縁
【4】縁（えん）　鉢（ばち）　呂（ろ）　呂（ろ）　栓（せん）　煮（に）　箸（はし）　棚（だな）　房（ぼう）

● p57　5章 状態1 復習
【1】①かんだい　②たいだ　③みじめな　④いやしい　⑤ごうか　⑥じんそくな　⑦かかんに　⑧ゆうゆう　⑨へいこう　⑩もうそう　⑪ねつれつな　⑫こうみょうな　⑬はんざつに　⑭こって　⑮もうしょ
【2】①幼稚園　②陰気　③暇　④乏しい　⑤穏やかな　⑥魅力的　⑦裕福な　⑧敏感　⑨矛盾　⑩後悔　⑪平凡　⑫哀愁　⑬愉快な　⑭飽和　⑮一喜一憂

● p63　6章 状態2 復習
【1】①こうれい　②ゆいいつ　③そえん　④てきぎ　⑤にごって　⑥じょじょに　⑦かんわ　⑧かんせいな　⑨くさって　⑩すます　⑪めつぼう　⑫とうめい　⑬うるおした　⑭かんばしい　⑮すでに
【2】①雰囲気　②瞬間　③微妙　④特殊な　⑤日頃　⑥頻度　⑦自信過剰　⑧滑って　⑨粗末　⑩純粋な　⑪膨大な　⑫臭う　⑬沿って　⑭熟読　⑮丁寧な

● p64　5章・6章 アチーブメントテスト（配点：【1】【2】は各3点、【3】【4】は各5点）
【1】1．③　2．①　3．④　4．②　5．④
【2】1．②　2．②　3．①　4．④　5．①
【3】1．なまけて　2．ひかげ　3．めいりょう　4．へいこう　5．ぎょうしゅく　6．かつ　7．ただし
【4】1．頑丈　2．哀れみ　3．巧みな　4．奇妙な　5．錯覚　6．至急　7．豆腐

● p66　5章・6章 クイズ
【1】1．自信過剰　2．徐行運転　3．喜怒哀楽　4．悠々自適　5．一目瞭然
【2】1．③　はんれい　2．①　せたけ　3．②　あらすじ　4．②　いんき　5．①　ひさん
【3】1．微量　2．敏感　3．怠惰　4．豪華　5．過疎化　6．膨張　7．過剰　8．特殊
【4】①幼稚園　②怠けて　③近頃　④凝り　⑤暇な　⑥余裕　⑦恒例

● p73　7章　自然　復習
【1】①めばえる　②しばい　③おうとつ　④はろうちゅういほう　⑤つつうらうら　⑥みぞ　⑦くもった　⑧はぐき　⑨じゅもく　⑩あねったい　⑪のうむ　⑫じき　⑬ひろうえん　⑭にじ　⑮ていぼう
【2】①幹部　②間伐　③氾濫　④素手　⑤鉛筆　⑥苗　⑦結晶　⑧没頭　⑨漂着　⑩首都圏　⑪酸味　⑫茂って　⑬峠　⑭最高潮　⑮経緯

● p79　8章　生物　復習
【1】①ちょう　②くじら　③えさ　④はとどけい　⑤からす　⑥ようけいじょう　⑦ほたる　⑧せきつい　⑨ひふか　⑩ぞうげ　⑪か　⑫かんじん　⑬かも　⑭ちょとつもうしん　⑮せんたくし
【2】①長蛇　②尾　③熊　④落胆　⑤獣医　⑥膜　⑦爪　⑧肺　⑨蜂蜜　⑩亀裂　⑪千羽鶴　⑫翼　⑬犬猿　⑭雌雄　⑮細胞

● p80　7章・8章　アチーブメントテスト（配点：【1】【2】は各3点、【3】【4】は各5点）
【1】1.②　2.①　3.④　4.②　5.④
【2】1.③　2.②　3.①　4.③　5.①
【3】1.じしゃく　2.きり　3.えじき　4.しば　5.だいたんふてきな　6.しも　7.ゆうべん
【4】1.昆虫　2.風潮　3.峠　4.素材　5.肝　6.最高潮　7.露天

● p82　7章・8章　クイズ
【1】
1．猿も木から落ちる　　　　　　その道にすぐれた者でも、時には失敗することがあること
2．鳩が豆鉄砲を食ったよう　　　同類のすることは、その方面の者にはすぐわかること
3．雀の涙　　　　　　　　　　　規律や統一もない人々の集まり
4．虎口を脱する　　　　　　　　ごくわずかなもの
5．蛇の道は蛇　　　　　　　　　突然の事にびっくりしている様子
6．鶴の一声　　　　　　　　　　多くの人の議論や意見をおさえつける、有力者・権威者の一言
7．烏合の衆　　　　　　　　　　危険な場所や状態からやっとのがれること

【2】1.五里霧中（ごりむちゅう）d　2.猪突猛進（ちょとつもうしん）b　3.虎視眈々（こしたんたん）e　4.津々浦々（つつうらうら）c
【3】①もうじゅう　②とら　③牙　④えさ　⑤熊　⑥猿　⑦へび　⑧苗　⑨おす　⑩めす　⑪つばさ　⑫鶴　⑬かも　⑭亀

● p89　9章　仕事　復習
【1】①そち　②ねんぽうせい　③かんげいかい　④おろしね　⑤しんちょく　⑥だきょうてん　⑦めぐる　⑧いたく　⑨うけおった　⑩とうは　⑪てきしゅつしゅじゅつ　⑫たいぐう　⑬きどう　⑭はんぼうき　⑮かえりみず
【2】①赴任　②奔放な　③披露　④交渉　⑤貢献　⑥障った　⑦提出　⑧選択　⑨把握　⑩宣伝　⑪概論　⑫派遣　⑬引き継ぎ　⑭勘違い　⑮該当

● p95　10章　産業　復習
【1】①がり　②かいこ　③せんぱく　④でんせんびょう　⑤ようしょく　⑥ひりょう　⑦しょうけん　⑧せんさいな　⑨しょくりょう　⑩ますい　⑪から　⑫ざっこくまい　⑬いなさくのうか　⑭かいこん　⑮らくのうか
【2】①獲得　②刈る　③福祉　④所属　⑤開拓　⑥収穫　⑦栽培　⑧耕して　⑨淡い　⑩搭乗　⑪組織　⑫維持　⑬搬入　⑭修繕　⑮密猟

● p96　9章・10章 アチーブメントテスト（配点：【1】【2】は各3点、【3】【4】は各5点）
【1】1．②　2．③　3．②　4．②　5．④
【2】1．③　2．①　3．②　4．④　5．④
【3】①かんしょう　②ていけい　③さいたく　④しんせい　⑤つちかわれた　⑥ごしゅいん　⑦あわい
【4】①染めた　②肥やして　③収穫　④食糧危機　⑤請求　⑥軸足　⑦無報酬

● p98　9章・10章 クイズ
【1】1．宣告（せんこく）　2．摘発（てきはつ）　3．中継（ちゅうけい）　4．要請（ようせい）　5．待遇（たいぐう）
【2】1．舶来品　2．繁華街　3．干拓地　4．託児所　5．披露宴　6．搭乗券
【3】1．①繊　②染　2．①穫　②獲　3．①渉　②障　4．①鋼　②甲
【4】①いね　②かる　③さいばい　④つんで　⑤きぬ　⑥ふくし　⑦ていしゅつ　⑧こうけん　⑨せんげん　⑩せんたく

● p105　11章　教育　復習
【1】①きょてん　②こくめい　③りんり　④こころざした　⑤こうせき　⑥すいり　⑦しょうがくきん　⑧かいていばん　⑨じこう　⑩げんこう　⑪ほんやく　⑫とうしょ　⑬かんとく　⑭へんけん　⑮かっこ
【2】①基礎　②実践　③推薦　④範囲　⑤規模　⑥諸国　⑦検索　⑧載る　⑨表彰　⑩一括　⑪箇条書き　⑫誠　⑬桁　⑭分析　⑮優秀な

● p111　12章　物語　復習
【1】①じんぐう　②こうきょ　③へいか　④ひ　⑤こうてい　⑥すいま　⑦きち　⑧ほうてい　⑨みょうり　⑩かくう　⑪ゆうれい　⑫しょうそう　⑬かね　⑭きしゅ　⑮なぞ
【2】①冒険　②幻想的　③暗闇　④妖精　⑤典型的な　⑥弓道　⑦真剣に　⑧閉鎖　⑨座禅　⑩聖書　⑪鬼　⑫厄介な　⑬国旗　⑭竜巻　⑮矢面

● p112　11章・12章 アチーブメントテスト（配点：【1】【2】は各3点、【3】【4】は各5点）
【1】1．②　2．①　3．②　4．③　5．④
【2】1．③　2．②　3．②　4．④　5．①
【3】①しょうそう　②ひいでた　③けた　④きゅうご　⑤うたひめ　⑥ひとはた　⑦しき
【4】①模範　②特典　③繰り越される　④記載　⑤志　⑥空欄　⑦推す

● p114　11章・12章 クイズ
【1】1．啓発（けいはつ）　2．倫理（りんり）　3．警鐘（けいしょう）　4．連鎖（れんさ）　5．克服（こくふく）　6．監督（かんとく）
【2】
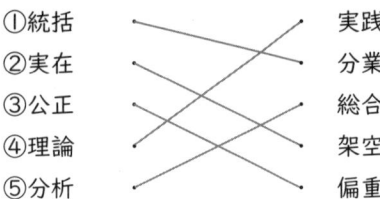
①統括　　実践
②実在　　分業
③公正　　総合
④理論　　架空
⑤分析　　偏重

【3】①拠　②項　③功　④釈
【4】①くらやみ　②けんめい　③ゆうれい　④りゅう　⑤きし　⑥けん　⑦くさり　⑧ひめ　⑨そうりょ　⑩ようかい　⑪おに　⑫しょこく　⑬ていこく　⑭しきてん　⑮こうたいし　⑯ちゅうせい　⑰まほう　⑱しんせいな　⑲せんにん　⑳なぞ

● p121　13章　文化　復習
【1】①とう　②おもむき　③つり　④ちょうこく　⑤ふうぞく　⑥びょうしゃ　⑦しょうぞうが　⑧まんが　⑨とうき　⑩たいこ　⑪すいぼくが　⑫めんるい　⑬こもりうた　⑭せきひ　⑮こふん
【2】①発祥　②開幕　③世紀　④庶民　⑤暦　⑥弦楽器　⑦郷土　⑧一抹　⑨親睦会　⑩煎餅　⑪楽譜　⑫印鑑　⑬演奏会　⑭創作　⑮優雅な

● p127　14章　司法・行政　復習
【1】①まさつ　②しこう　③じゅんしゅ　④みんじそしょう　⑤しんさ　⑥べんしょう　⑦すりきず　⑧ぎせい　⑨じゅんきょうじゅ　⑩おそわれて　⑪とうびょう　⑫さぎ　⑬ほうじん　⑭かんかつ　⑮こうてつ
【2】①秘書　②賠償　③衝突　④訴えられた　⑤執筆　⑥憲法　⑦廃止　⑧破棄　⑨返却　⑩精密　⑪逮捕　⑫弁当　⑬阻止　⑭貫いた　⑮陳列

● p128　13章・14章 アチーブメントテスト（配点：【1】【2】は各3点、【3】【4】は各5点）
【1】1．④　2．③　3．②　4．③　5．①
【2】1．③　2．①　3．④　4．③　5．②
【3】1．とう　2．かんれき　3．きんせん　4．さしょう　5．しゅうげき　6．とる　7．はいせき
【4】1．阻止　2．本邦　3．施した　4．熱弁　5．告訴　6．却下　7．逮捕

● p130　13章・14章 クイズ
【1】①たいほ　②かんかつ　③ていこう　④つらぬいて　⑤さぎ　⑥こふん　⑦さんせいき　⑧きねんひ　⑨かく　⑩せんべい
【2】①邦　②審　③密　④闘　⑤娯　⑥犠　⑦擦　⑧衝　⑨是
【3】①却　②棄　③訴　④襲　⑤密

【4】①しゅみ ②つり ③そうさく ④すいぼくが ⑤まんが ⑥ちょうこく ⑦めん ⑧かんしょう ⑨ががく ⑩げんがっき

● p132　必修編　まとめテスト（配点：【1】【2】は各3点、【3】【4】は各5点）
【1】1. ① 2. ② 3. ① 4. ④ 5. ③
【2】1. ④ 2. ② 3. ① 4. ① 5. ④
【3】1. ほめられた 2. かたより 3. えんぎ 4. えんそう 5. がっぺい 6. ふっしょく 7. せんぼう
【4】1. 是非 2. 蒸し 3. 諦める 4. 栓 5. 如実に 6. 怪しい 7. 紛らわす

● p141　15章　慶弔　復習
【1】①きびき ②きゅうせい ③きんしん ④くんしょう ⑤たまわり ⑥あいさつ ⑦けんい ⑧つつしんで ⑨ふほう ⑩かんすい
【2】1. ③ 2. ④ 3. ③ 4. ① 5. ③

● p147　16章　財務・行政　復習
【1】①るいけい ②さいはい ③しさ ④じしゅく ⑤はたん ⑥てっかい ⑦しへい ⑧ていかん ⑨へいがい ⑩りんきおうへん
【2】1. ① 2. ② 3. ① 4. ① 5. ②

● p148　15章・16章　アチーブメントテスト（配点：【1】【2】は各4点、【3】は各5点）
【1】1. ① 2. ③ 3. ② 4. ① 5. ④
【2】1. ③ 2. ④ 3. ① 4. ② 5. ③
【3】1. そぜい 2. げっぷ 3. れいさい 4. いくた 5. しょうろく 6. けんそん 7. けいじ 8. しょうかん 9. けっさく 10. いつだつ 11. やっかん 12. いっしゅうき

● p150　15章・16章　クイズ
【1】1. 廉（せいれんけっぱく） 2. 冠　葬（かんこんそうさい） 3. 寿（へいきんじゅみょう） 4. 遵（ほうれいじゅんしゅ） 5. 懇（こんせつていねい）
【2】C D E A B
【3】1. ①采配　さいはい ②宰相　さいしょう ③逝く　ゆく/いく ④派閥　はばつ ⑤倹約　けんやく ⑥中枢　ちゅうすう ⑦故人　こじん ⑧弔問　ちょうもん
2. ①累積　るいせき ②臨時　りんじ ③破綻　はたん ④謹慎　きんしん ⑤自粛　じしゅく ⑥遺憾　いかん

● p157　17章　生活様式　復習
【1】①ほそう ②どたんば ③ろうきゅうか ④かばん ⑤すきま ⑥せいとん ⑦せっちゅう ⑧しょさい ⑨つぼ ⑩いす
【2】1. ③ 2. ③ 3. ④ 4. ② 5. ①

● p163　18章　伝統文化　復習
【1】①にしき　②ぎんみ　③よんだ　④けいこ　⑤ししょう　⑥いご　⑦むだづかい　⑧じょじゅつ　⑨ようし　⑩しんじゅ
【2】1. ③　2. ①　3. ③　4. ①　5. ④

● p164　17章・18章　アチーブメントテスト（配点：【1】【2】は各4点、【3】は各5点）
【1】1. ①　2. ④　3. ②　4. ④　5. ③
【2】1. ②　2. ①　3. ②　4. ④　5. ③
【3】1. めいさつ　2. ふた　3. こっけいな　4. しっき　5. かもん　6. かだん　7. かようきょく　8. ずいじ　9. がんぐ　10. しょうちゅう　11. りんかく　12. ふせん

● p166　17章・18章　クイズ
【1】①紋　②錠　③酵　④扇　⑤珠　⑥駒　⑦朽　⑧鎌　⑨芯　⑩鞄
【2】①楷　②暁　③匠　④斧　⑤瓦
【3】①ぎんみ　②しっき　③うるし　④あいぞめ　⑤えり　⑥そで　⑦かもしだす　⑧かご　⑨いしょう　⑩たんせい

● p173　19章　犯罪・戦争　復習
【1】①けいかい　②むじゃきな　③せいは　④わいろ　⑤ちちしぼり　⑥らち　⑦ぎゃくたい　⑧えんせい　⑨きょうかつ　⑩ゆうかい
【2】1. ③　2. ④　3. ①　4. ②　5. ③

● p179　20章　行為・状態　復習
【1】①ぼうちょう　②できあい　③しずまって　④しょせん　⑤じんだいな　⑥ちみつな　⑦あんたい　⑧あいまいな　⑨わずか　⑩けんちょに
【2】1. ③　2. ①　3. ③　4. ①　5. ②

● p180　19章・20章　アチーブメントテスト（配点：【1】【2】は各4点、【3】は各5点）
【1】1. ②　2. ③　3. ④　4. ①　5. ②
【2】1. ②　2. ①　3. ③　4. ①　5. ④
【3】1. ちょうかい　2. はかった　3. きぐ　4. うえて　5. きんさ　6. ぼうかん　7. こくしょ　8. じんだいな　9. ごうもん　10. じゃま　11. えんせい　12. せんさく

● p182　19章・20章　クイズ
【1】1. はけん　けんざいか　かさく　さくしゅ　2. しゅうじん　じんち　ちかん　かんぺき　3. せいち　ちせつ　せっとう　とうぞく
【2】1. 剥　2. 蹴　3. 鍛　4. 鎮　5. 搾
【3】1. 錬　2. 傲　傍　3. 略　4. 拷　5. 葛　6. 劾　勃
【4】①たんていだん　②きゅうかく　③ゆうかい　④わずかな　⑤かいぞく　⑥らち　⑦ほりょ　⑧てきじん　⑨せいぜつな　⑩むじゃきな　⑪そうなん　⑫おうせいな　⑬かもくな　⑭あいまいな　⑮とらえる　⑯いしゅく　⑰きゅうち　⑱ちみつ　⑲けんちょに　⑳こう

● p189　21章　大陸・航海　復習
【1】①ばくせん　②ふもと　③けいこく　④きばん　⑤たいせき　⑥もうら　⑦みぞう　⑧うず　⑨こはん　⑩じゅんぷうまんぱんな
【2】1. ②　2. ①　3. ①　4. ②　5. ③

● p193　22章　感情　復習
【1】①まゆ　②ほほ　③ひじ　④わきみ　⑤しりもち　⑥さわやかな　⑦そぼくな　⑧くちびる　⑨けいべつ　⑩ひざ
【2】1. ②　2. ①　3. ①　4. ②　5. ②

● p199　23章　医療　復習
【1】①げり　②もうどうけん　③きとく　④るいせん　⑤しょうあく　⑥らがん　⑦のうこうそく　⑧あご　⑨かいぼうがく　⑩ねんざ
【2】1. ④　2. ②　3. ②　4. ③　5. ②

● p200　21－23章　アチーブメントテスト（配点：【1】【2】は各4点、【3】は各5点）
【1】1. ①　2. ④　3. ④　4. ③　5. ③
【2】1. ③　2. ②　3. ④　4. ②　5. ①
【3】1. しゅよう　2. きょうてい　3. ゆちゃく　4. ざしょう　5. ぐん　6. じよう　7. がけ　8. かいそう　9. きんき　10. せつなてきな　11. みだらな　12. どうこう

● p202　21－23章　クイズ
【1】1. 膝（ひざもと）　2. 股（また）　3. 喉元（のどもと）　4. 裸（せきらら）　5. 髄（しんずい）　6. 唾（まゆつば）
【2】たろう：D　はなこ：E　たくや：C
①はれ　②こうじょうせん　③げり　④ねんざ　⑤だっきゅう　⑥あと
【3】1. 匂→勾　2. 髄→骸　3. 岳→窟　4. 艇→鑑　5. 撃→摯　6. 痘→疫　7. 頒→須　8. 抗→坑
【4】①みにくい　②みさき　③やばんな　④のろって　⑤えんこん　⑥やせて　⑦つや　⑧しょうもう　⑨ふせっせい　⑩ひとみ

● p204　熟達編まとめテスト（配点：【1】【2】は各4点、【3】は各5点）
【1】1. ④　2. ①　3. ②　4. ③　5. ③
【2】1. ③　2. ①　3. ①　4. ②　5. ④
【3】1. ごうまんな　2. じばん　3. しょうもうひん　4. きちょうひん　5. あまもり　6. あいさつ　7. そくばく　8. かんきせん　9. よくそう　10. じょうざい　11. ようご　12. こはん

漢字マスター N1 改訂版
Kanji for advanced level

2022 年 12 月 30 日　第 1 刷発行
2024 年 1 月 20 日　第 2 刷発行

編著者　アークアカデミー
　　　　遠藤 由美子　齊藤 千鶴　樋口 絹子　是永 晴香　澤野 亜紀　塚本 亜美
　　　　増田 麻美子　下重 ひとみ　岸 啓太　石橋 彩　細田 敬子

発行者　前田 俊秀
発行所　株式会社三修社
　　　　〒150-0001　東京都渋谷区神宮前 2-2-22
　　　　TEL 03-3405-4511　FAX 03-3405-4522
　　　　振替　00190-0-72758
　　　　https://www.sanshusha.co.jp
　　　　編集担当　田中 由紀

編集協力　浅野 未華
デザイン　土屋 みづほ
DTP　　　ファーインク
イラスト　ヨコヤマサオリ
印刷・製本　壮光舎印刷株式会社

©2022 ARC Academy Printed in Japan ISBN978-4-384-05961-8 C2081

JCOPY〈出版者著作権管理機構 委託出版物〉
本書の無断複製は著作権法上での例外を除き禁じられています。複製される場合は、
そのつど事前に、出版者著作権管理機構（電話 03-5244-5088 FAX 03-5244-5089
e-mail: info@jcopy.or.jp）の許諾を得てください。